Despertar en el cielo

CRYSTAL MCVEA
Y ALEX TRESNIOWSKI

Despertar en el cielo

Un viaje al cielo cargado de esperanza

ATRIA ESPAÑOL

Nueva York   Londres   Toronto   Sídney   Nueva Delhi

ATRIA ESPAÑOL

Un sello de Simon & Schuster, Inc.
1230 Avenida de las Américas
Nueva York, NY 10020

Primera edición en rústica de Atria Español abril 2016

ATRIA ESPAÑOL y su colofón son sellos editoriales de Simon & Schuster, Inc.

Para obtener información respecto a descuentos especiales en ventas al
por mayor, diríjase a Simon & Schuster Special Sales al
1-866-506-1949 o al siguiente correo electrónico:
business@simonandschuster.com.

La Oficina de Oradores (Speakers Bureau) de Simon & Schuster puede
presentar autores en cualquiera de sus eventos en vivo. Para obtener
más información o para hacer una reservación para un evento, llame al
Speakers Bureau de Simon & Schuster, 1-866-248-3049 o visite nuestra
página web en www.simonspeakers.com.

Impreso en los Estados Unidos de América

10 9 8 7 6 5 4 3 2

Library of Congress Cataloging-in-Publication Data

Names: McVea, Crystal, author. | Tresniowski, Alex, author.
Title: Despertar en el cielo : un viaje al cielo cargado de esperanza /
Crystal McVea y Alex Tresniowski.
Other titles: Waking up in heaven. Spanish
Description: First [edition]. | New York : Atria Español, 2016.
Identifiers: LCCN 2015041440 (print) | LCCN 2015042599 (ebook)
Subjects: LCSH: Heaven—Christianity—Miscellanea. | Near-death
experiences—Religious aspects—Christianity. | McVea, Crystal.
Classification: LCC BT848 .M3818 2016 (print) | LCC BT848 (ebook) | DDC
236/.2—dc23
LC record available at http://lccn.loc.gov/2015041440

ISBN 978-1-5011-2019-0
ISBN 978-1-5011-2020-6 (ebook)

Quisiera dedicarle este libro a Dios.

Me encontraste en mi hora más oscura y me cambiaste para siempre. Anhelo el día en que vuelva a estar en tu presencia, esta vez eternamente.

ÍNDICE

PRÓLOGO

En diciembre de 2011 abrí un mensaje de Facebook de una persona a la que no conocía. «Laura, me llamo Crystal —comenzaba— y he sentido el impulso de escribirte después de haberte visto en el programa del Dr. Phil.» Por aquel entonces yo estaba promocionando mi nuevo libro, *El hilo invisible*, donde se narra la historia de mi amistad con Maurice Mazyk, un mendigo callejero que tenía once años en 1986, cuando nos conocimos, y un buen amigo hoy en día. A diario recibía muchos correos electrónicos de gente que se sintió conmovida por la lectura de la citada obra, pero en el de Crystal había algo distinto. «También a mí me dieron una segunda oportunidad, el 10 de diciembre de 2009. Ése fue el día de mi muerte.»

No es muy habitual encontrarse con frases como ésta, así que continué leyendo. De este modo me enteré de que Crystal McVea era una maestra de escuela, madre de cuatro hijos, que vivía en el suroeste de Oklahoma. En 2009 la ingresaron en el hospital por un dolor abdominal y de repente dejó de respirar. En los frenéticos minutos que transcurrieron entre su muerte y el momento en que los médicos lograron reanimarla, Crystal subió al cielo y estuvo con Dios. Por sí solo, éste era un tema que me interesaba, porque me encantan las historias sobre el cielo y siempre he tratado de imaginar lo que sería encontrarme cara a cara con Dios. Pero había otra cosa que me intrigaba. La historia de Crystal me recordó a algo que le había pasado a mi madre.

Cuando yo tenía veinticinco años, la larga batalla de mi madre, Marie, contra el cáncer de útero se aproximaba a su recta final. Lo había combatido valientemente durante varios años hasta que se quedó sin fuerzas. Perder a nuestra madre era algo que ninguno de sus hijos estábamos preparados.

El mismo día en que yo cumplía los veinticinco años, mi madre me pidió que no la dejase sola. Me dijo que sentía algo raro y tenía miedo. Entonces le aseguré que habría alguien a su lado durante todo el día y toda la noche. A la mañana siguiente no pudimos despertarla, así que llamamos a una ambulancia. Antes de que llegase, mi madre despertó y comenzó a sollozar de manera incontrolable. Estaba petrificada por el terror y sabía que su vida estaba llegando a su fin. Nunca la había visto así, y traté desesperadamente de consolarla. Hasta le dije que sólo la llevábamos al hospital para hacerle un chequeo.

—Prométeme que volveré a casa —me pidió.

Como no sabía lo que debía hacer, se lo prometí.

Al llegar a la sala de emergencias del hospital Memorial Sloan-Kettering de Nueva York, su oncólogo la examinó y a continuación nos sugirió que llamáramos a un sacerdote para que le diese la extremaunción. Mi hermana Annette y yo rezamos una plegaria junto con el religioso mientras el médico y la enfermera esperaban detrás de nosotros. Una vez que terminamos, éste volvió a examinar a mi madre. Nos miró y afirmó:

—Se ha ido.

Annete y yo nos abrazamos y lloramos tratando de encontrar consuelo en la idea de que nuestra madre estaba en paz, con Dios. Esta imagen tan potente ha servido para aliviar a mucha gente en sus momentos más duros y allí, en la sala de emergencias, a nosotras nos confortó. Lógicamente, a todos nos gustaría tener la certeza de que nuestros seres queridos están en un lugar mejor, pero ése es un regalo que no cabe esperar. Y desde luego no era un regalo que yo esperase.

Pero entonces, a los pocos minutos de que el médico hubiera declarado muerta a mi madre, una enfermera de la sala de urgencias nos comunicó algo impensable:

—¡Oh, Dios mío, su madre está viva! Hable con ella. ¡Hable con ella!

La enfermera había visto que mi madre volvía a respirar y abría los ojos. Nos quedamos allí un momento, totalmente estupefactas, y entonces nos volvimos hacia el oncólogo, que estaba tan asombrado y perplejo como nosotras. Durante las semanas previas, mi madre sólo había estado lúcida en contadas ocasiones, pero de repente parecía libre de todo dolor y plenamente dueña de su mente y su cuerpo. Pero lo más llamativo de todo era la sonrisa cálida y apacible que iluminaba sus facciones, una expresión que llevábamos mucho tiempo sin ver. Estaba radiante y ya no parecía asustada. Y entonces nos dejó aún más sorprendidas al hablar con una voz fuerte y clara, para decirnos lo siguiente:

—No puedo creer que me hayan dado el tiempo y las fuerzas para deciros todo lo que siempre he querido.

Las seis horas siguientes sólo se pueden definir como un milagro. Los signos vitales de mi madre eran inexplicablemente fuertes, y ella parecía totalmente tranquila y dueña de sí. La trasladaron a una habitación privada, donde, uno a uno, habló con sus cinco hijos y con su marido, mi padre, Nunzie, para transmitirnos un amoroso mensaje de esperanza y fuerza.

—Siempre has sido una hija muy buena —me hizo saber—. Laurie, me siento muy orgullosa de ti. Te quiero mucho.

¿Puedes imaginarte lo que se siente al oírle decir a tu madre que te quiere después de que la has dado por muerta? Sus médicos eran sencillamente incapaces de explicar lo que había sucedido. Sólo ella podía:

—He visto el otro lado —nos contó—. Es mucho más hermoso y apacible de lo que os podéis imaginar. Ahora sé, en el fondo de mi corazón, que podré cuidar de todos vosotros desde allí.

Le preguntamos al médico si podíamos llevarla a casa. Le había hecho una promesa y, por increíble que pueda parecer, ahora tenía la oportunidad de cumplirla. Éste no sabía lo que iba a suceder, pero nos dio permiso para averiguarlo. Entonces llegó la sorpresa final.

—No quiero irme a casa —nos expuso mi madre—. Quiero quedarme aquí hasta que llegue la hora de marchar a mi nuevo hogar.

Por mucho que deseásemos que nuestra madre se quedase con nosotros, Dios tenía otros planes para ella. Y a pesar de ello, le había dejado volver para compartir con nosotros un hermoso mensaje, un mensaje que cada uno de sus hijos llevaría en el corazón durante el resto de sus días.

Poco después, se incorporó y nos dijo que Dios la estaba llamando. Nos pidió que nos cogiésemos de la mano, rezásemos un padrenuestro y luego la dejásemos ir en paz. Al cabo de uno o dos minutos estaba en coma. Pocos días después murió, a la edad de cuarenta y siete años.

Al leer la nota de Crystal pensé inmediatamente en mi madre, pero más tarde descubrí con sorpresa que, aunque me había visto en el programa del Dr. Phil, en realidad no había leído mi libro. No conocía la historia de mi madre. Me había escrito porque, mientras tenía la televisión puesta de fondo, de pronto había sentido el irrefrenable impulso de ponerse en contacto conmigo. Dios le había mostrado el camino que tenía que seguir.

«No soy más que una madre de familia y una maestra de escuela —me explicaba en su mensaje—, pero sé que Dios quiere que cuente la historia de lo que he vivido y me gustaría que usted me ayude a hacerlo.»

Le envié un mensaje de respuesta y finalmente hablamos por teléfono. Me contó la historia del tiempo que había pasado en el cielo, que me dejó sin habla. Es una historia maravillosa, muy distinta a lo que me esperaba, y en cuanto la oí supe que quería ayudarla en todo lo que estuviese a mi alcance. Así que la puse en contacto con mi colega escritor, Alex Tresniowski, a quien le conmovió tanto como a mí. Con nuestra ayuda, Crystal consiguió un agente literario y un contrato con Howard Books, la editorial de *El hilo invisible*.

Incluso hoy sigo asombrada por la sucesión de acontecimientos que condujeron hasta el libro que tienes entre las manos. Era una ejecutiva de publicidad retirada y tenía la suerte de contar con algunos contactos que me habían ayudado a obtener un contrato para publicar mi libro. Pero incluso con esos contactos, sabía que había sido un golpe de suerte increíble. Hay mucha gente con historias emocionantes e inspiradoras, pero sólo una pequeñísima fracción de ellos llegan a tener la ocasión de compartirlas con el resto del mundo. La publicación de mi libro me hizo sentir bendecida, y más aún el hecho de que éste pasase más de veinte semanas en la lista de los más vendidos de *The New York Times*. Siempre he sabido que era mi madre quien, desde el cielo, me encaminó hacia Maurice en la esquina de la 56 con Broadway en Manhattan aquel día de 1986, y también sé que ha tenido mucho que ver en todo el éxito del que hemos gozado tanto Maurice como yo desde entonces. Pero también soy consciente de que he tenido mucha, mucha suerte.

Crystal, en cambio, no tenía contactos como los míos. No conocía absolutamente a nadie en la industria editorial y las probabilidades de que su historia llegase a ser publicada eran aún más reducidas que las mías. En los meses que habían transcurrido desde su muerte, había pasado mucho tiempo rezando sobre la extraña situación en la que se encontraba: mientras estaba en el cielo, Dios le había pedido que compartiese su historia con el mundo, pero no parecía haber puesto en sus manos los medios necesarios para hacerlo. Era maestra, no escritora. Pasó meses preguntándose cuándo le enviaría Dios a alguien que pudiera ayudarla a contar su historia. Y durante dos años no sucedió nada.

Hasta que una tarde nos vio a Maurice y a mí en antena. Tenía la televisión de fondo, sin prestarle demasiada atención, mientras doblaba sábanas y toallas, pero a pesar de ello sintió lo que ella llama un «empujoncito», y al instante supo que debía encontrar el modo de ponerse en contacto conmigo. La idea se le antojaba absurda: ¿por qué iba una completa desconocida a dar crédito a una historia tan insólita como la suya y mucho menos prestarle su ayuda para contarla? Rezó durante días y trató de reunir el valor necesario para enviarme un mensaje; hasta que finalmente desechó sus temores y, siguiendo las órdenes de Dios, me escribió. Yo podría haber ignorado su mensaje o responder con una simple nota de cortesía, pero no lo hice. Mi colega escritor, Alex, podría no haber sentido el menor interés por su historia o haber estado ocupado con otro proyecto, pero no fue así. Y la maravillosa gente de Howard Books podría haber rechazado la idea, pero no lo hicieron. Un millón de cosas podrían haber salido mal; sin embargo, todo salió bien.

Y no creo que fuese por accidente.

El título de mi libro deriva de un antiguo proverbio: «Un hilo invisible conecta a aquellos que están destinados a conocerse, independientemente del tiempo, el lugar o las circunstancias. Este hilo puede estirarse o enredarse, pero nunca se rompe». Maurice y yo estamos conectados por un hilo invisible y lo mismo nos pasaba a Crystal y a mí: nuestros caminos estaban destinados a cruzarse. Crystal no había leído mi libro y no sabía nada sobre la historia de mi madre, pero, aun así, difícilmente habría podido encontrar a alguien más receptivo a lo que vivió. Así es, ahora lo sé, como actúa Dios: pone en contacto a la gente que se necesita. He llamado hilo invisible al insólito vínculo que me une a Maurice, pero también podría decir que es la poderosa mano de Dios en acción. Los escollos superados por Crystal para convertir el libro que tienes entre las manos en realidad constituyen una prueba de la gloriosa presencia de Dios en la Tierra. Y la propia historia de Crystal es, asimismo, una prueba de los muchos dones que Él puede otorgarnos con que sólo abramos nuestros corazones a sus numerosas e inesperadas bendiciones.

Me siento extremadamente orgullosa del pequeño papel que he desempeñado para ayudar a Crystal, y espero con impaciencia que vuelvas esta página y comiences a leer su historia. Sé que te hará sentir tan conmovido e inspirado como a mí y comprenderás que su historia tiene el poder de cambiarle la vida a los demás. Vivimos en tiempos complicados y traicioneros, y el mundo necesita todos los mensajes positivos que puedan aparecer. El que transmite *Despertar en el cielo* —el de que Dios existe, el cielo es un lugar maravilloso y cada una de nuestras vidas es, a su manera, un milagro— permanecerá en tu corazón durante el resto de tu vida.

LAURA SCHROFF
Autora de *El hilo invisible*

INTRODUCCIÓN

Cualquier día de éstos, uno de mis preciosos mellizos de tres años me preguntará: «Mami, ¿qué te pasó cuando te moriste?».

Algún día me oirán contar la historia y querrán saber más sobre ella. Me mirarán con sus grandes e inocentes ojos y tratarán de comprender lo que están oyendo. No siempre es fácil explicar lo que me pasó, ni siquiera a los adultos, así que ¿cómo voy a hacerlo con mis niños?

Hay tantas cosas que quiero compartir con ellos, tantas cosas que quiero que sepan... Verás, la mía es una historia sobre esperanza, perdón y salvación y sobre el glorioso poder curativo de la presencia de Dios. Es la historia de lo que vi y lo que aprendí cuando, durante una visita al hospital, abandoné mi cuerpo durante nueve minutos y subí al cielo para estar con Dios. Y es la historia de los cambios profundos y permanentes que experimentó mi existencia al regresar a la Tierra, cambios que llegaron hasta la médula misma de mi ser.

Pero también es una historia que me resistí a contar durante mucho tiempo.

Vivo en un maravilloso pueblo del sur de Oklahoma, una comunidad de gente amigable y temerosa de Dios, un lugar donde el amor a Jesús está profundamente arraigado. Sin embargo, soy consciente del daño que puede hacer un jugoso cotilleo en un sitio como éste. Yo era maestra —una persona a la que los padres encomiendan la enseñanza y cuidado de sus hijos— y temía que, si contaba mi historia, me dieran la espalda, me ridiculizaran e incluso pudieran despedirme.

Temía que la gente pensara que estaba majareta.

Y aunque las instrucciones que me había dado Dios no podían estar más claras —«Cuéntales lo que puedas recordar»—, no lograba comprender por qué me había escogido a mí y qué quería exactamente que hiciese.

Y me costaba comprenderlo porque soy la persona menos indicada para contar nada sobre Dios.

Por expresarlo en pocas palabras, nunca estaré en una lista de santos. He sido una pecadora desde el principio de mi vida y estoy segura de haber quebrantado cada uno de los Diez Mandamientos. Sí, no sólo algunos de ellos: los diez.

Hasta el más serio de ellos: no matarás. Cuando era más joven cometí un pecado tan grave y tan imperdonable que estaba convencida de que Dios, si es que existía, jamás podría perdonarme.

Y hay otra cosa que debo decir sobre mí: por lo que a la existencia de Dios se refiere, era escéptica. Había crecido en el corazón del Cinturón Bíblico, me habían bautizado (no una, sino cuatro veces), acudía a la iglesia con regularidad y había oído un millón de sermones sobre Dios. Pero, aun así, en el fondo de mi corazón no estaba convencida. Constantemente retaba a Dios para que me demostrase su existencia y Él siempre lo hacía. Pero entonces levantaba un nuevo escollo en su camino, un nuevo desafío para que lo superase.

Concebía las penurias de mi vida como una prueba de que Dios no tenía ningún interés en protegerme de las cosas malas. Lo cuestionaba y lo maldecía. Y a veces hasta le pedía que acabara con mi vida.

Y, aun así —¡a pesar de todo!—, Él me seguía, me cortejaba y me amaba. Me escogió y luego me devolvió a este mundo para compartir un mensaje.

De este modo, finalmente, comencé a compartir mi historia con los demás. Se la contaba a desconocidos en restaurantes, a clientes en el supermercado y a los parroquianos de la cafetería mientras se tomaban un helado... en cualquier momento y lugar en los que sintiese el ya conocido empujoncito de Dios.

—Disculpe —comenzaba diciendo—. Me llamo Crystal McVea y en 2009 me morí y subí al cielo.

No está mal para romper el hielo, ¿eh?

Y lo que sucedió cuando comencé a compartir el relato de mi viaje al cielo es, por sí misma, otra historia asombrosa y milagrosa.

Ahora la estoy compartiendo contigo en esta obra. Puedes creerme cuando te digo que escribir un libro no estaba precisamente en mi lista de «cosas pendientes» (como llevar a mis hijos a un musical de Broadway o visitar el Gran Cañón del Colorado), y cada día de los que pasé trabajando en él tuve que pellizcarme para asegurarme de que no estaba soñando.

Pero en cuanto conseguí superar mis temores y comencé a dar testimonio, supe que mi papel en el plan de Dios era compartir con toda la gente posible lo que me había sucedido. Y, francamente, el número de horas que podía pasarme cada día en la cola del supermercado acosando a la clientela era limitado. Así que me di cuenta de que escribir un libro me dejaría mucho más tiempo libre para prepararles la cena a mis hijos.

Ahora bien, ¿habrá gente que crea que soy una farsante, una fanática religiosa o una perturbada? Seguro que sí. Puede que algunos de los que comiencen a leer este libro lo abandonen antes de terminarlo, considerándolo una ficción. «¿Quién es esta maruja de Oklahoma que dice que ha estado con Dios? ¿Por qué debemos creer en lo que dice?» Algo que me comentan a veces es: «Oh, Crystal, creo que crees que viste a Dios. Lo que no sé es si lo creo yo». Es una forma educada de decir que estoy loca o soy una mentirosa, sin decirlo abiertamente.

La verdad es que sé que a algunas personas les costará creer mi historia. Sé que lo que experimenté va más allá de lo que podemos vivir en la Tierra. Más aún, si, antes de que me sucediera todo esto, alguien se hubiera presentado ante mí para decirme que había muerto y había estado con Dios, estoy segura de que yo también lo habría mirado con escepticismo.

Pero también sé que este libro trata de las preguntas más grandes e importantes del mundo: ¿Existe el cielo? ¿Existe Dios? ¿Cuál es su plan para nosotros? ¿Por qué estamos aquí?

Desde luego, no pretendo tener todas las respuestas. De hecho, sigo llena de preguntas. Y tampoco digo que sea nadie especial. Soy una madre del montón que vive en el corazón de Estados Unidos. Me paso el día tratando de conseguir que mis gemelos duerman la siesta, llevan-

CRYSTAL McVEA

do a mis hijos mayores a sus actividades extraescolares y luchando para comer mejor y perder unos kilitos (sin demasiado éxito, a veces). Antes de que me sucediese esto amaba la vida que llevaba como madre, esposa y maestra, una vida que me colmaba profundamente.

Pero lo que me pasó, realmente sucedió y ahora sé —tras una vida entera de ignorancia— que Dios existe de verdad. Y que es algo glorioso, hermoso y maravilloso.

Y como Dios me dijo que contase toda mi historia, eso es justamente lo que estoy haciendo, por mucho que una parte importante de ella resulte dolorosa y no siempre aleccionadora. A medida que te adentres en este libro descubrirás que, durante la mayor parte de mi vida, he vivido acompañada por una terrible vergüenza y una serie de secretos horribles. Durante muchos años sentí verdadera aversión por mí misma y creí que no valía nada y, a consecuencia de ello, tomé muchas decisiones equivocadas.

Pero fue importante saber quién era para comprender en quién me he convertido.

A quienes hayan leído otras historias sobre gente que ha regresado de la muerte les sonarán algunas de las cosas que cuento sobre mi estancia en el cielo —la naturaleza de la luz, el trémulo brillo de la entrada, la presencia de los ángeles—, pero seguramente otras no. Todo lo que describo es absolutamente, al cien por cien, tal como lo recuerdo: ésta ha sido siempre mi única regla a la hora de transmitir mi testimonio; no hay nada exagerado o embellecido. Como siempre digo: «Si me hubiera inventado esta historia, la habría hecho mucho más dramática»; lo que escribo es lo que viví, ni más ni menos.

Lo que puedo decir es que las cosas que me mostró Dios eran simplemente pasmosas por su poder y su importancia y que, desde que las conocí, mi corazón exuda la realidad de la presencia de Dios cada día. La verdad es que estuve más viva durante aquellos nueve minutos que en todos los años que he pasado en esta Tierra.

Y ahora mi única esperanza es que, a través de mis descripciones, por inadecuadas que puedan ser, sientas siquiera una fracción del poder, la fuerza y la absoluta gloria de lo que yo experimenté.

Hace poco leí una encuesta del Centro de Investigaciones Pew a nivel nacional, en la que quedaba de manifiesto que el número de estadounidenses jóvenes que tienen dudas sobre la existencia de Dios está creciendo. En 2007, sólo el 17% de las personas de treinta años o menos dudaba que Dios fuese real. En 2012, el porcentaje había ascendido al 32%. Esto quiere decir que aproximadamente un tercio de los estadounidenses encuestados no estaban seguros de que Dios existiese.

Luego está el comentario realizado recientemente por el profesor Stephen Hawking, el famoso científico de Cambridge: «No existen el cielo ni la otra vida —dijo en 2012, en el transcurso de una entrevista—. Todo eso no es más que un cuento de hadas para gente a la que le da miedo la oscuridad».

Tal vez la encuesta Pew y el comentario de Hawking deberían disgustarme, pero no es así. Y la razón es que antes yo era una de esas personas que dudan. Comprendo el escepticismo porque por mis venas todavía corre un rastro de él. De niña me lo cuestionaba todo, y de adulta sigo metiendo la nariz en todas partes en busca de respuestas.

Y aunque ya no tengo dudas sobre Dios y su poder, soy consciente de que soy una privilegiada, porque he estado en su presencia. Para la mayoría, la fe consiste en creer en un Dios al que no han visto. Y para algunos, creer en un Dios sobre el que tienen preguntas. Pero tener preguntas no significa que no puedas tener fe.

Lo que quiero decir es que no puedo demostrar que lo que me sucedió sea cierto. Para leer este libro hace falta un poco de fe. En última instancia, lo que extraigas de mi historia dependerá de lo que creas.

En el pasillo de nuestra casa, junto a la puerta del dormitorio donde mi hija pequeña juega con su burrito de peluche morado y mi hijo pequeño inventa aventuras para su robotito de madera, no muy lejos de donde mi hijo mayor levanta pesas y mi hija adolescente intercambia un sinfín de mensajes de texto con sus amigas, hay un versículo de la Biblia estarcido en letras negras sobre la pared que reza así:

«Es pues la fe la sustancia de las cosas que se esperan, la demostración de las cosas que no se ven.»

HEBREOS 11,1-3

Debido a lo que me sucedió sé que Dios es real. Pero no hace falta que te mueras y estés en su presencia para llegar a esta misma conclusión.

Lo que hace real a Dios para cualquiera es la fe.

Así que, cuando mis gemelos acudan a mí y me pidan que les explique mi historia, ¿qué les contaré? Supongo que me sentaré con ellos y comenzaré diciendo: «Hijos míos, existe un cielo y es un lugar maravilloso».

CAPÍTULO 1

Todo empezó por un ataque de pánico.

Había sufrido otros en el pasado y sabía lo que sucedía cuando me sentía como si mis pulmones dejaran de funcionar de repente. Pero el que padecí en diciembre de 2009 fue peor. Empecé a jadear y atragantarme mientras pugnaba por inhalar un poco de aire, pero fui incapaz de hacerlo durante al menos un minuto. Y cuanto más se prolongaba la imposibilidad de respirar, más se acrecentaba el pánico, lo que provocaba a su vez que respirar me resultara más y más complicado. Posteriormente, los ataques comenzaron a repetirse con mayor regularidad y en un par de ocasiones fueron tan graves que tuvieron que llevarme de urgencias al hospital para administrarme oxígeno.

Fui a ver a mi médico, quien me derivó a un especialista en medicina interna de otro pueblo, situado también en las polvorientas llanuras del suroeste de Oklahoma. Por entonces contaba treinta y tres años y disfrutaba de buen estado de salud, aunque en los últimos tiempos me había sentido un poco estresada. Dicho especialista me hizo una radiografía de tórax y me dio un inhalador, pero los ataques continuaron. El siguiente paso fue practicarme una endoscopia (es decir, meterme por la garganta un tubo en cuyo extremo hay una pequeña cámara para examinar mi esófago y mi estómago). Después de eso me hicieron una ERCP (siglas en inglés de Colangio-pancreatografía Retrógrada Endoscópica), una prueba más seria con la que te examinan los conductos biliares y el páncreas.

Así fue como encontró una especie de obstrucción en uno de los conductos que comunica el páncreas y el hígado, por lo que decidió colocar una endoprótesis vascular —un pequeño dispositivo metálico expandible— para solucionarla. No tenía nada que ver con mis problemas respiratorios; sin embargo, dado que se trataba de un procedimiento sencillo, decidió realizarlo.

Pero al despertar de la ERPC sentí un dolor espantoso.

Era una agonía punzante, constante e insoportable, hasta tal extremo que me impedía incluso moverme. Los médicos, tras realizar un par de pruebas rápidas, determinaron que sufría una pancreatitis, una inflamación del páncreas provocada por la colocación de la endoprótesis vascular. Al parecer, no era una circunstancia demasiado infrecuente. Siempre que se toca ese órgano o la vesícula biliar se corre el riesgo de provocar una pancreatitis. Es extremadamente dolorosa y el único modo de tratarla es hidratar al paciente y administrarle fuertes dosis de calmantes.

El médico me dijo que debería permanecer unos días en el hospital y yo, como estaba más que harta de hospitales —acababa de pasar diez semanas en uno, que fueron las más largas y duras de mi vida—, le dije que no, gracias, que prefería solicitar el alta. Los fármacos que me habían administrado funcionaban tan bien que creí que esa decisión no entrañaba ningún peligro. Y, además, por decirlo lisa y llanamente, siempre he sido una cabezota. Así que, en contra del criterio facultativo, firmé el alta voluntaria.

Aquella misma noche me despertó un dolor espantoso y, al amanecer, volvía a estar en urgencias.

Los médicos me conectaron a un gotero de suero salino IV para mantenerme hidratada y trajeron un sistema ACP (Analgesia Controlada por el Paciente) que, como indican sus siglas, podía manejar yo misma. Me suministraban Dilaudid, un calmante muy potente: cuando el dolor se volvía insoportable, bastaba con que pulsara un botón para que el sistema me proporcionara una dosis, aunque el número de dosis a la hora estaba limitado.

Durante aquel primer día en el hospital, mi malestar fue aumentando más y más. Vomitaba constantemente y me sentía como si estuviese a cuarenta de fiebre. Mi madre, Connie, que estaba conmigo, enjugaba pacientemente las perlas de sudor que se formaban sobre mi frente y me embadurnaba las piernas con mi crema favorita, Noel Vanilla Bean. No obstante, el dolor no hacía más que incrementarse. Los médicos insistían en que no había que alarmarse, que lo que sentía era normal.

Al llegar la tarde estaba realmente atontada. Recuerdo que, en un momento dado, abrí los ojos y vi a mi madre sentada en una silla al pie de la cama, viendo el programa «The Bonnie Hunt Show» en la televisión, que a ambas nos encantaba, y de repente le pregunté:

—¿En qué año estamos?

—¿Tú en cuál crees que estamos?

—1984.

Mi madre se echó a reír.

—Bueno, cielo, yo estoy en 2009, así que será mejor que vuelvas.

Entonces le dije:

—Te quiero, mami.

Y ella respondió:

—Y yo a ti.

Ella siguió viendo la televisión, y yo cerré los ojos para descansar. Nada más hacerlo, comenzó a invadirme una increíble pesadez, como si estuviera hundiéndome poco a poco en la almohada. Sentí que el dolor desaparecía y mi mente se sumergía en un sueño sin fondo.

Desde su silla, mi madre me tocó la pierna y notó que se enfriaba. Me cubrió los pies con la manta y, cuando se levantó para hacer lo propio en los brazos y hombros, vio que estaba temblando y me oyó exhalar un profundo e inusual ronquido.

Levantó la mirada hacia mi rostro y vio que tenía los labios azules.

Como tenía nociones de primeros auxilios, lo primero que hizo fue acercarme la oreja a los labios para ver si captaba mi respiración. Al no hacerlo, me puso un dedo en la carótida y buscó el pulso. También en vano. Entonces gritó:

—¡Que venga una enfermera!

De inmediato trató de bajar la cama para hacerme respiración boca a boca. Acto seguido, entró una enfermera y comenzó a realizarme un firme masaje en el esternón con los nudillos, al tiempo que preguntaba:

—Crystal, ¿estás bien? ¿Puedes oírme?

Pero mi cara también estaba tiñéndose de azul, un azul tan oscuro que parecía casi negro. El ronquido que había oído mi madre no era tal: era mi último aliento.

—¿Puedes oírme, Crystal? —seguía preguntando la enfermera—. ¿Estás bien?

Finalmente, mi madre estalló:

—¡Basta, por el amor de Dios! —gritó—. No respira y no tiene pulso. ¡Se está muriendo!

En ese momento entró precipitadamente una enfermera de mayor rango y, al ver el color de mi cara, se quedó paralizada. Luego llegó una auxiliar, a la que casi se le cae el portapapeles que llevaba en las manos.

—Dios mío, ¿qué sucede? —exclamó.

—Hay que declarar un Código Azul, pero tiene que ser ella la que lo haga —dijo agitada una de las enfermeras señalando a la de mayor rango, que seguía paralizada.

—¡Declara el código! —le gritó la auxiliar—. ¡Declara el código, ya!

Y la enfermera declaró finalmente el Código Azul, el máximo nivel de emergencia hospitalaria. En unos segundos, alguien llegó corriendo con un carrito de reanimación, seguido por alguien más con una bolsa Ambu® (que se utiliza para bombear manualmente oxígeno a los pulmones). A continuación entró un médico y después otro, un sacerdote y un trabajador social. Más de diez personas se apelotonaron alrededor de mi cuerpo en aquel cuartito.

Una de ellas me arrancó de un tirón el camisón de hospital. Otra me dio un golpe en el pecho. Seguía sin respirar y sin pulso. Una enfermera me puso una mascarilla y empezó a estrujar la bolsa Ambu®. Hubo un incesante entrar y salir de personal. Otros pacientes se congregaron junto a la puerta tratando de averiguar lo que pasaba; y en medio de toda aquella conmoción, mi madre me repetía lo mismo una vez tras otra:

—¡Por favor, no te vayas, Crystal! —rogaba—. ¡Quédate con nosotros, por favor!

Pero yo no la oía. No sentía la mascarilla que me habían puesto ni los golpes que me daban sobre el pecho. Tampoco había visto irrumpir en mi habitación a los médicos, las enfermeras ni al resto del personal, ni siquiera había llegado a oír el frenético grito de «¡Código Azul!».

No recuerdo nada de lo que pasó allí después de que le dijese a mi madre que la quería, cerrase los ojos y perdiese el conocimiento.

Lo siguiente que recuerdo es que desperté en el cielo, con Dios.

LA LUMINOSIDAD

El momento en que cerré los ojos en la Tierra fue el mismo en que los abrí en el cielo. Sucedió en el mismo instante, tal como pasa con todas las cosas en el cielo. Allí todo ocurre a la vez.

Cuando hablo de ello ahora lo explico como una secuencia, porque nosotros sólo podemos comprender las cosas de una en una. Sucede algo, y luego otra cosa. Pero en realidad no fue así: todo transcurrió a la vez, insisto... pero sin ningún sentido de precipitación o urgencia. En cierto modo, ni siquiera «transcurrió»: mi percepción de ello fue instantánea, como si todo perteneciese a un saber ancestral que siempre hubiera formado parte de mí. No fue como si experimentase algo durante un minuto y luego otra cosa durante dos minutos. En el cielo no existen los minutos, las horas ni los días; no existe lo que nosotros llamamos «tiempo».

¿Se desarrollan los acontecimientos de manera distinta en el cielo? ¿O lo distinto es sólo nuestra manera de percibirlos? No lo sé. Pero allí todo pareció suceder en un mero parpadeo.

En el mismo instante en que salí de mi profundo sueño supe que ya no tenía un cuerpo físico. Lo había dejado atrás y me hallaba en forma espiritual. No es que la viese, es que simplemente era consciente de ello, del mismo modo que uno sabe que tiene diez dedos en los pies sin tener la necesidad de comprobar que los tiene. Mi forma espiritual no era una forma, tal como nosotros comprendemos el término, con límites y volúmenes definidos, pero era —con toda certeza— forma y también presencia.

Y a pesar de no tener un cuerpo físico, supe que seguía siendo «yo». La misma que había existido en la Tierra y la misma que acababa de decirle a su madre que la amaba justo antes de morir.

Al contrario que en la Tierra, donde vivía atormentada por dudas y temores, en el cielo no había otra cosa que una certeza total sobre mi identidad. Aquélla era una representación de mi espíritu y mi corazón mucho más completa de lo que habría sido posible en la Tierra, una noción de mí misma mucho más profunda que la colección de esperanzas, miedos, sueños y cicatrices que me habían definido en vida. Me invadió un profundo conocimiento de mí misma, y toda la basura que asfixiaba mi identidad en la Tierra desapareció al instante para dejar al descubierto, por primera vez, a la auténtica yo. «Antes de que te formase en el vientre te conocí», dice Dios en Jeremías 1,5. Y en esos momentos yo me conocía a mí misma.

Imagínatelo: la primera persona a la que conoces en el cielo eres tú mismo.

CRYSTAL McVEA

Lo que más me cuesta es encontrar las palabras para describir en su totalidad lo que experimenté en el cielo, porque los sentidos que transmite el léxico humano se quedan cortos. Jugueteo con palabras como «hermoso», «brillante» y «asombroso», pero resultan totalmente inadecuadas. Lo que viví en el cielo fue tan real, tan lúcido, tan absolutamente intenso que, en comparación, mis experiencias terrenales resultan nebulosas y desenfocadas. Es como si el cielo fuese la realidad, y la vida, tal como la conocemos, un mero sueño. Todo lo que describo era tan grande y sobrecogedor como parece, sólo que mucho, muchísimo más.

Además, cuando salí de mi sueño y me di cuenta de que mi forma era espiritual, me encontré envuelta en lo que llamo «la luminosidad».

Mucha gente que describe la muerte cuenta que se encontró en medio de una esfera de luz, pero a mí esta descripción no me parece suficiente. Para empezar, el término «esfera» sugiere que está confinado dentro de unos límites, cuando en realidad era algo vasto e ilimitado, sin principio ni fin. Además, no era únicamente una luz... al menos como nosotros la entendemos. Se parecía al color que nosotros llamamos «blanco», sólo que un trillón de veces más blanco que el blanco más impoluto que hayas podido ver o imaginar. Era brillante, radiante y hermosamente luminoso, y por eso lo llamo «luminosidad». Tal como dice el profeta Juan en Revelaciones 21,23: «Y la ciudad no tenía necesidad de sol ni de luna para que resplandezcan en ella; porque la gloria de Dios la iluminaba, y el Cordero es su luz».

Pero, además, tenía otra dimensión. También transmitía una sensación de limpieza. Era como un sentimiento de pureza y perfección absolutas, de algo sin mácula ni grieta algunas, y el hecho de sentirme sumergida en ella me provocaba una paz y un sosiego como jamás hubiera conocido en la Tierra. Era como bañarse en amor. Era una luminosidad que no se veía, sino que se sentía. Y era algo familiar, como si lo recordarse o incluso lo reconociese.

El mejor modo de describirlo es éste: era mi hogar.

Así que, en un mero instante, me encontré en medio de aquella luminosidad ultraterrena, comprendí que no tenía cuerpo físico y cobré conciencia de mi verdadero yo: tres experiencias increíbles que tendrían que haberme alterado siquiera un poco. Pero, sin embargo, las asimilé sin darme cuenta, porque tenían todo el sentido del mundo para mí. Por muy asombrosa que fuese cualquier revelación, allí no me costaba nada aprehenderla. En el cielo no hubo nada que me inspirase confusión.

Y aquí agrego algo más: no estaba sola.

Lo que sucedió entonces fue la experiencia más profundamente milagrosa y bella que pueda imaginarse. Mi espíritu aún echa a volar con sólo rememorar lo que descubrí. Dios, en su infinita sabiduría, me concedió un regalo tan glorioso y perfecto que apenas puedo escribir sobre él sin derramar lágrimas de dicha. Fue un regalo que transformó por completo todo cuanto había sucedido antes... y todo lo que vendría después.

No obstante, para comprender hasta qué punto sacudió el regalo de Dios los cimientos de mi alma, para apreciar en plenitud el poder de lo que me mostró, debes comprender los terribles sucesos que lo precedieron. Debes conocer las razones por las que, hasta entonces, me había costado tanto creer que Dios me amaba para apreciar toda la gloria y la maravilla de lo que hizo para demostrarme que sí lo hace.

CAPÍTULO 2

Tenía cinco años cuando mi padrastro me cogió de la mano, me llevó a un cuarto oscuro y me presentó a Satanás.

Puede que me hubiera portado mal, aunque no recuerdo haber hecho nada digno de un castigo así. Puede que le hubiese respondido mal a él o a mi madre, cosa que hacía mucho de niña. Era una niñata impertinente y una bocazas, y sé que no era fácil hacerme callar. Todavía hoy no lo es.

Aquel día, mi padrastro me dijo que quería mostrarme algo y me llevó a la planta de arriba de la casa, a la sala de costura que usaba su madre cuando venía de visita. Ésta vivía en el mismo pueblo que nosotros, un sitio pequeño y monótono situado no muy lejos de las montañas de Wichita. El cuarto de costura era el sitio donde cosía y hacía ganchillo, y yo tenía prohibido entrar en él. Por eso me sorprendió que Hank me llevase. Traspasamos el umbral y cerró la puerta detrás de nosotros, pero no encendió la luz: la habitación estaba tan oscura como boca de lobo. A continuación posó una de sus rodillas en el suelo y me hizo sentar sobre su otra pierna, aunque en la oscuridad apenas podía verlo.

—Crystal —dijo—, ¿crees en el Diablo?

No respondí. No sabía qué decir. Hacía dos años que iba en un autobús que llevaba a los niños del barrio a la iglesia baptista de la ciudad para colaborar en labores sociales y estaba empezando a conocer los rudimentos de la Biblia. Sabía que alguien había construido un arca, que a alguien se lo había tragado una ballena y que un hombre llamado Jesús había muerto en una cruz. También creía en Papá Noel, el conejo de Pascua y el Ratoncito Pérez, como la mayoría de los niños de mi edad. Y sí, creía en Satanás, aunque no sabía gran cosa sobre él. Lo único que sabía era que no quería conocerlo, y menos en una habitación a oscuras.

—Yo puedo llamar al Diablo para que venga a ocuparse de las niñas que han sido malas —me informó—. Y voy a llamarlo para que se ocupe de tí.

Entonces, de repente, gritó:

—¡Ven a por ella! —E iluminó la pared de enfrente con una linterna.

Y allí, bajo el haz de luz, lo vi.

Su rostro estaba teñido de un rojo espeluznante y le salían unos cuernos grandes y puntiagudos de la cabeza. Sus ojos eran de un blanco que contrastaba aterradoramente con el rojo y su expresión, dura y cruel. Al cruzarse nuestras miradas lancé un grito y me levanté de un salto. Traté de escapar, pero no pude encontrar la salida. Empecé a agitar los brazos en la oscuridad, hasta que finalmente la puerta se abrió y la habitación se llenó de luz: era mi madre, Connie, que había subido para comprobar a qué venía tanto alboroto.

Corrí hasta ella y la abracé con fuerza. Recuerdo que

mi padrastro se echó a reír y que mi madre lo reprendió mientras me llevaba abajo.

Estoy segura de que aquella noche no dormí bien. La imagen de la cara roja se había grabado a fuego en mi mente... y aún permanece en mí. Lo que vi aquella noche es algo que nunca le he contado a nadie, ni siquiera a mi madre.

Pasarían años antes de que volviese a poner el pie en aquel cuarto. Tenía diez u once años cuando mi madre me mandó a buscar algo en el armario de esa habitación.

Para entonces yo había cambiado bastante; ya no creía en todo lo que creen los niños. De hecho, no creía en nada. Pero, a pesar de ello, el corazón me retumbaba en el pecho mientras subía la escalera y, cuanto más me acercaba al cuarto, más ralentizaba el paso, hasta el punto de que al final avanzaba arrastrando los pies. Al llegar a la puerta, la abrí de un empujón, corrí hasta el armario y hurgué frenéticamente en su interior, desesperada por encontrar lo que había ido a buscar y salir de allí lo antes posible.

Y en ese momento vi algo que reconocí en el suelo del armario, detrás de unos zapatos: dos ojos que ya había visto me devolvieron la mirada.

Era el mismo rostro de brillante color rojo de aquella noche.

Al instante supe que no era el Diablo. Sólo era un gran cuadro enmarcado de un conquistador, con el rostro pintado de rojo para la batalla y tocado con un casco de dos cuernos.

Así que el «Diablo» no era más que un estúpido cuadro que mi padrastro había utilizado para divertirse a mi costa.

Uno de los terribles misterios de mi infancia acababa de resolverse, aunque en aquel momento eso no me alivió. Puede que no hubiera visto al Diablo, pero seguía teniéndole miedo, a pesar de no saber con certeza si era real. De niña le tenía miedo a muchas cosas: a la oscuridad, a las habitaciones vacías... Sí, leía la Biblia como los demás niños, pero, para mí, las Escrituras no eran más que palabras, y el mensaje de cariño y protección del Señor no me llegaba.

Me habían enseñado que Dios me amaba y que me salvaría, y que si creía en su gracia y su poder nadie podría hacerme daño. Sin embargo, en mi vida no había nada que me convenciese de que aquello era cierto.

Cuando he dicho que me encanta hablar, no era una exageración. Siempre he sido una persona llena de preguntas, con una inagotable curiosidad sobre el mundo y la razón de las cosas. De niña hablaba tanto y preguntaba tantas cosas que mi profesora de primaria tuvo que urdir un plan para conseguir que estuviese más callada. Cortó un folio en cinco y me dio los trozos.

—Crystal, cada vez que quieras decir algo tienes que darme uno de los trozos de papel —me dijo—. Cuando se te acaben, ya no puedes decir nada más.

«¡¿Nada más!? ¡Menuda tortura!» Así que decidí administrar con cuidado los papelitos para asegurarme de que no se me terminaran. A pesar de mi empeño, en cuestión de quince minutos ya había usado cuatro de ellos.

Entonces decidí sacar las tijeras y cortar el último trozo en otros cinco. Creí que era una treta bastante inteligente, pero mi maestra no pensó lo mismo. Me quitó los papeles y me dijo que tenía que pasarme en silencio el resto del día.

No sé por qué era tan parlanchina. Tal vez porque casi no sobrevivo al nacer. Fui una niña prematura que llegó a este mundo mediante una cesárea de emergencia. El parto duró veinticuatro horas y, llegado un momento, cuando los monitores mostraron que mi ritmo cardíaco comenzaba a acelerarse, los médicos decidieron que no podían esperar más. Al nacer pesaba poco más de dos kilos y mi madre dice que era una cosita tan diminuta que resultaba absurda. Pero también dice que era adorable, como una muñequita de porcelana de pelo brillante y rojizo y ojos verde esmeralda. Mi aspecto sorprendió tanto a una de las enfermeras que le comentó a mi madre:

—Vaya, si esta niña hubiera nacido hace cien años, con ese pelo rojo y esos ojos verdes, la habrían quemado en la hoguera.

Mi madre le pidió que se callase y saliera del cuarto.

Los médicos informaron a mi madre de que sufría de algo que llamaron «déficit de crecimiento», lo que quería decir que durante aquellas primeras semanas de mi estancia en la Tierra a duras penas logré sobrevivir. El problema no era sólo mi pequeño tamaño, sino también que llegué al mundo decidida a hacer las cosas a mi manera. No quería saber nada del biberón y era imposible obligarme a tomarlo. Lo máximo que logró mi madre fue administrarme pequeñas dosis de leche con una pajita. Estaba tan delgadita y era tan frágil que la piel me hacía arrugas como a los cachorros de shar pei. Los médicos lo llamaron «déficit de crecimiento»; mi madre, «tozudez».

Supongo que cuando conseguí salir adelante, estaba tan emocionada por seguir viva que ya no pude dejar de parlotear sobre cualquier cosa, por insignificante que fuese.

Parece un patrón de mi existencia: estar a punto de morir, salir adelante y, luego, hablar por los codos.

Cuando finalmente me dieron el alta y me llevaron a casa, mi madre se pasó los seis primeros meses durmiendo conmigo enganchada al pecho. A veces, cuando lloraba, me costaba respirar o dejaba de hacerlo por completo, mi madre me paseaba por el dormitorio hasta que me tranquilizaba del todo y volvía a respirar con normalidad. Mi padre, que estaba encantado de tener una niñita, trataba de ayudarla siempre que podía, pero ella no quería perderme de vista ni un instante. Por último, un pediatra le aconsejó que era mejor que me dejase en otro cuarto y cerrase la puerta. Mi madre se negó. Lo máximo que logró el médico fue convencerla de que durmiera en una cuna, que ella colocó pegadita a su cama.

Durante aquellos primeros meses era tan frágil y diminuta que mi madre dudaba que pudiera sobrevivir. Uno de los médicos tenía la amabilidad de pasar todas las noches a verme de camino a su casa. Al cabo de pocos meses, mi madre le dijo que agradecía mucho su amabilidad, pero que no podía pagarle.

—¿Cree usted que le cobraría por venir a ver a la diablilla pelirroja más guapa del mundo? —repuso él.

Mi madre dice ahora que no supo lo que era el amor verdadero hasta que me vio.

Y gracias a ese amor, finalmente empecé a crecer. Seguía siendo muy menudita, pero también era fuerte. A los ocho meses empecé a caminar. Alrededor de la misma época pronuncié mi primera palabra —«Ma»— y desde entonces no he dejado de hablar.

Ay, cómo quería a mis padres. Seguro que la mayoría de los niños dicen lo mismo, pero yo pensaba que formaban la pareja más bonita de la Tierra. Mi madre, con su cabellera larga y lisa de color rubio, tan sonriente y alegre, siempre capaz de conseguir que todo aquel que estuviera a su alrededor se sintiese bien, era una auténtica preciosidad. Y mi padre me parecía el tío más alucinante que uno pueda imaginarse: guapo, encantador, seguro de sí mismo, la clase de persona que se convierte en el centro de atención en cuanto entra en una habitación. Siempre me llamaba Osito de Azúcar y no sabes lo maravilloso que era sentir que tenía un nombre especial sólo para mí.

También vivía rodeada por el amor de la madre de mi madre, la abuela Ernie. Siempre venía a vernos a Oklahoma o iba yo a visitarla a San Antonio, donde vivía, y cuando estábamos juntas me colmaba de mimos. Recogíamos flores de su precioso jardín o veíamos pastar las vacas en los campos colindantes. Recuerdo que siempre llevaba unos largos vestidos hawaianos, brillantes y coloridos, debajo de los cuales me encantaba refugiarme cuando quería ocultarme del mundo.

—¿Alguien ha visto a Crystal? —decía mi abuela y a mí se me escapaba una risilla desde debajo del vestido.

La abuela Ernie era una pianista maravillosa y enseñaba a tocar a los niños del barrio en su viejo y querido Everett. Hoy en día, el ajado piano, con sus paneles de madera, descansa en el salón de mi casa. Está desafinado, pero aún se puede tocar. Y siempre que alguno de mis hijos lo hace, me acuerdo de ella y de lo mucho que nos queríamos.

Tengo que dar gracias a Dios por haber tenido a mi madre y a mi abuela, porque de niña no tenía muchos más amigos. O más bien, durante algún tiempo, no tuve ninguno. Supongo que mi insistencia en hacer las cosas a mi manera no gustaba demasiado a los niños del vecindario. Al principio mi madre invitaba a otros niños a venir a casa, pero yo era tan mandona que nunca los dejaba jugar con mis cosas. Es más, les ordenaba que se sentasen en un sitio determinado y me mirasen jugar a mí. Por supuesto, al cabo de algún tiempo dejaron de venir.

Mi madre recuerda una ocasión, cuando yo tenía tres o cuatro años, en que me empeñé en que me pusiera mi vestido más bonito, me peinase e incluso me maquillara un poco para sentarme en el porche a esperar a que viniesen mis amigos. A ver, no es que los hubiéramos invitado, ni nada parecido. Sencillamente, me senté con la esperanza de que pasasen algunos niños y quisieran entrar. Mi madre dice que al verme allí sentada, soplando para desprender los pelitos de los dientes de león mientras esperaba a un amigo que nunca llegó, se le partió el corazón.

Pero es que muchas veces, cuando se me presentaba la ocasión de hacer nuevos amigos, la arruinaba. Mi madre me apuntó a unas clases de ballet y yo estaba loca de felicidad por ir. Me puse el tutú y fui dando saltitos hasta la academia. Al llegar allí y descubrir con fascinación lo brillante y resbaladizo que parecía el suelo de parquet, un extraño pensamiento apareció en mi cabeza: me pregunté a cuántas niñas podría derribar si me tiraba al suelo y rodaba a modo de la bola que se lanza para derribar los bolos. Así que elegí un grupo de cinco o seis niñas situadas en medio del estudio, cogí un poco de carrerilla y me arrojé rodando sobre el parquet con una sonrisa en la cara. Creo que logré derribar al menos a cuatro de ellas... la primera vez.

Al terminar la clase, la profesora le pidió amablemente a mi madre que no volviese a llevarme.

No era mala, sólo traviesa. Por alguna razón creía estar en pie de igualdad con los adultos, así que siempre estaba haciéndoles preguntas y sugerencias y tratando de portarme como una de ellos. Recuerdo una vez en que estaba jugando a un juego de mesa que me encantaba, Candy Land, con mi tío Chris, que estaba en la Marina. Era un juego muy sencillo, en el que sacabas tarjetas de colores y movías tu pieza por un tablero formado por casillas también de colores. Pues bien, antes de que nos sentáramos a jugar, manipulé el mazo de tarjetas. Lo preparé para que me salieran todas las que necesitaba para recorrer el tablero de una tirada y ganar con facilidad. Por aquel entonces tenía tres años y estaba muy satisfecha con la astucia de mi plan. Mi tío no se percató durante un rato de lo que estaba pasando, pero finalmente lo hizo. Y entonces se levantó y dejó de jugar.

—Eres una tramposa —me espetó— y ya no juego más contigo.

Me escoció lo que me dijo, pero tenía razón: era una tramposilla.

Y también una secuestradora.

A los cinco años iba a una guardería por la mañana y a un parvulario por las tardes. Un día en el que estaba planificada una actividad educativa en este último, se me ocurrió otra de mis brillantes ideas. Había una niña en la guardería, algo más pequeña que yo, que me caía realmente bien, así que pensé que podía llevármela al parvulario. No tanto para que viese las cosas que iban a enseñarnos como para enseñársela a los demás. Cuando llegó el autocar que nos llevaba hasta él, me las arreglé para que subiera de manera subrepticia. Una vez en la clase, se sentó a mi lado y esperamos a que empezara la actividad. Pero la maestra no tardó mucho en reparar en que había una carita nueva en el aula y entonces nos llevó a ver al director, el señor Booker.

—¿Quién es esta niña? —preguntó éste.

Le dije que era mi prima —una mentira, obviamente—. Pensé que si se lo creían dejarían que se quedara. Pero el director llamó a la guardería y finalmente se enteró de lo que estaba pasando. Me entristecí mucho, porque había dado al traste con la posibilidad de dejar boquiabiertos a los demás.

Así era yo de niña: curiosa, pícara y cabezota. Tenía montones de preguntas y no paraba hasta tener todas las respuestas. Siempre sentía mucha curiosidad por saber lo que pasaría si me portaba así o asá. A los tres años, una de las profesoras de la guardería me mandó a un rincón por hacer una travesura. Por desgracia, junto al rincón había un enchufe. Esto sucedió en los años setenta, cuando aún no era habitual que hubiera protectores para enchufes. Como no podía ser de otra forma, me quité una de las horquillas rojas que llevaba en el pelo y la metí en uno de los agujeros. La descarga eléctrica me lanzó tres metros hacia atrás. Me miré los dedos y vi que estaban negros. La profesora me puso un poco de hielo y se sentó conmigo en una mecedora hasta que me tranquilicé.

Al menos aprendí lo que pasa cuando metes una horquilla en un enchufe...

Por desgracia, así es como he aprendido la mayoría de las lecciones de mi vida: por medio de experiencias realmente dolorosas.

Sin embargo, el recuerdo más importante de los primeros años de mi infancia, el que domina todos los demás, es el del desmoronamiento del matrimonio de mis padres. Mi padre, que sólo tenía veinte años cuando se casaron, estaba locamente enamorado de mi madre y su enlace, celebrado en una iglesia de la zona, fue un acontecimiento feliz. Sus hermanos decoraron el coche con latas y espuma de afeitar, y el pastor acudió expresamente desde Illinois para oficiar la ceremonia. Pero pronto descubrirían que se habían casado demasiado jóvenes, sin darse cuenta de que aún tenían que crecer mucho. Las primeras grietas comenzaron a aparecer al poco tiempo de contraer matrimonio.

Tras pasar por las Fuerzas Aéreas, mi padre se convirtió en disc-jockey en una discoteca de la zona y, según me ha contado él mismo, se dejó arrastrar hacia una vida de fiestas y alcohol. Pasaba fuera de casa seis noches a la semana y nunca tenía mucho tiempo para mi madre o para mí. Y cuando estaba en ella, no hacían más que discutir.

CRYSTAL MCVEA

Es triste, pero sólo conservo un recuerdo de mis padres juntos y es el de una pelea que tuvieron en el salón, con gritos y empujones. Insisto: es la única imagen que tengo de los dos juntos durante su matrimonio. Mi madre recuerda aquella pelea, pero, según mi padre, nunca sucedió. Es más o menos igual que la historia de su separación: dos bandos opuestos, recuerdos contradictorios y muy pocas cosas a las que yo pudiera aferrarme entonces —o incluso ahora— como verdades. Los dos eran muy jóvenes, como he dicho, y los dos cometieron errores. Y, desde mi punto de vista, ésta es una explicación tan válida como la que más para lo que les sucedió.

Lo que sí sé con certeza es que cuando mis padres se separaron, mi vida cambió de manera radical. Su divorcio, cuando yo tenía tres años, marca un punto de inflexión muy claro para mí. Fue entonces, creo, cuando me volví vulnerable.

Fue el momento en el que comenzó la batalla por mi alma.

Mi madre volvió a casarse al cabo de un año. Mi padrastro, Hank, era un mecánico especializado en motores diésel que se había criado en los remotos bosques del este de Oklahoma. Era un hombre flaco y duro, con una áspera barba castaña y una cabellera rojiza y tupida. Al principio me parecía simpático y divertido. Le gustaba llevarme a cuestas, ocasiones en las que me decía «saquito de patatas». O hacer lo que él denominaba «bocadillos familiares»: mamá y él eran el pan y yo, el relleno. Me rodeaban en un enorme abrazo y yo chillaba diciendo:

—¡Soy la salsa boloñesa!

Hank fue también el que me regaló mi primer perro,

un cachorrito peludo y de color pardo al que llamó *Critter*, al que yo adoraba. Pero el mejor recuerdo que conservo de Hank es el del día que me llevó a la feria y entramos en la Casa del Terror. Era tan oscura como boca de lobo y de todos sus rincones salían monstruos intentando asustarnos. Mi madre decía que gritamos hasta desgañitarnos, hasta el punto que uno de los feriantes tuvo que abrir una puerta lateral para dejarnos salir.

Pero por esa época le sucedió algo horrible a Hank y fue él quien se transformó en un monstruo.

Engañarme para hacerme creer que había visto a Satanás no fue lo peor que hizo después de unirse a la familia, ni mucho menos. Una vez, cuando yo tenía cinco años, mi madre y él tuvieron una pelea terrible, peor que cualquiera de las que ella había tenido con papá. Hank estaba drogado, borracho o ambas cosas y, llegado un momento de la discusión, fuera de sí, cogió su fusil y subió a mi habitación.

Yo estaba totalmente dormida en mi bonito cuarto, con sus cortinas de cuadros amarillos y su edredón a juego, abrazada a *Snoozy*, un enorme oso de peluche con pijama, zapatillas y gorrito rojo y blanco que me había regalado Hank en mi tercer cumpleaños. No oí la pelea ni lo que pasó después. Desoyendo a mi madre, que corría hacia él gritando que se detuviera, Hank se metió en mi cuarto y apuntó hacia mi cama con el arma.

Entonces apretó el gatillo.

La explosión detuvo a mi madre en seco. Entonces, Hank salió, con el arma humeante en las manos, y la miró.

—Ahí tienes —dijo—. La he matado.

CAPÍTULO 3

La bala pasó a treinta centímetros de mi cabeza. Abrió un enorme agujero en la pared, justo encima del cabecero. Aunque parezca asombroso, ni siquiera entonces me desperté. Nunca supe si Hank había fallado deliberadamente sólo para aterrorizar a mi madre —del mismo modo que me había aterrorizado a mí con el cuadro del supuesto Diablo— o lo había hecho porque estaba demasiado borracho para apuntar bien. Sea como fuere, faltó poco.

Hank no era siempre un monstruo. Recuerdo con claridad que yo lo quería, porque había estado a mi lado después del difícil divorcio de mis padres. En aquellos primeros años, yo estaba desesperada por ver a mi padre todo lo posible, por conseguir que me abrazase y volviese a llamarme Osito de Azúcar. Sin embargo, las cosas no salieron como yo esperaba y al final acabé viéndolo sólo un par de veces al año. La sentencia de divorcio le había concedido derechos de visita, pero había muchísimas veces en las que éstas, programadas con antelación, sencillamente no se producían. Mi madre recuerda que yo me vestía y salía al porche a esperarlo y luego, al cabo de varias horas, volvía a entrar en casa con el corazón roto. Claro que, por otro lado, mi padre recuerda haber venido a casa a buscarme y habérsela encontrado vacía. Recuerdos contradictorios, versiones distintas y ninguna manera de conocer la verdad.

Entonces, cuando yo tenía cuatro años, mi madre volvió a quedarse en estado. Cuando me lo contó, mi primera reacción fue de indignación: estaba enfadada porque Hank y ella habían decidido tener un hijo sin mi participación. No sabía cómo se hacían los bebés: suponía que era algo así como meter una masa de pastelería en el horno. Lo único que sabía es que parecía divertido y lo habían hecho sin mí, y eso me puso furiosa.

Como es natural, exigí a mi madre que me explicara por qué no habían contado conmigo. Ella sabía que no dejaría de incordiar hasta tener una respuesta, de modo que se sentó conmigo y me explicó el origen de la vida. ¡Menuda sorpresa! Tanto me impactó que, al día siguiente, reuní a los demás niños de la guardería y les describí, rebosante de orgullo, de dónde venían los bebés. A la profesora no le hizo demasiada gracia mi improvisada clase de biología, así que la cortó en seco y luego le contó lo sucedido a mi madre.

Lo cierto es que estaba emocionada por la perspectiva de tener un hermanito o una hermanita. Recuerdo que mi madre me enseñó la prueba de embarazo positiva —imagino que yo me empeñaría en verla— y que me quedé hipnotizada frente a aquel misterioso y pequeño recipiente de cristal (porque fue antes de que se comercializaran las tiras que se utilizan ahora). Le hice tener el frasco encima del televisor durante semanas, porque creía que era el bebé y quería verlo crecer.

CRYSTAL MCVEA

La llegada de mi hermanito sólo suponía un problema. Como habría un bebé en la casa, mi perro, *Critter*, tenía que irse. Mi madre y Hank me repitieron mil veces lo estupendo que sería tener un nuevo miembro en la familia y que *Critter* iba a vivir en una casa estupenda, así que, aunque un poco de mala gana, accedí a que se marchase.

El día que sus nuevos dueños vinieron a buscarlo, salí con él al porche delantero a esperar. Era una pareja joven y me dijeron que tenían una casa grande, con un maravilloso patio trasero que a *Critter* le encantaría. También me dijeron que podría ir a verlo siempre que quisiera. Entonces, el hombre lo cogió de la correa, se lo llevó al coche, cerró la puerta y arrancó. Y así, sin más, desapareció mi único amigo de verdad. Durante los meses siguientes le pedí muchas veces a mi madre que me llevase a verlo, pero por alguna razón nunca lo hizo.

Lo echaba muchísimo de menos, pero, aun así, me moría de impaciencia por la llegada del bebé. Entonces, una mañana, mientras estaba en la guardería, vino una de las profesoras a buscarme al patio y me dijo que tenía una llamada. A los niños nunca nos llamaban por teléfono, así que supuse que pasaría algo. Corrí hasta un despacho y cogí el auricular.

—¿Sabes qué, Crystal? —dijo la voz de mi madre—. Tienes un hermano pequeño. ¡Ya eres la hermana mayor!

Al día siguiente, Hank me llevó al hospital para que conociese a mi nuevo hermano, Jayson. Recuerdo haberme sorprendido al ver lo minúsculo que era. Al volver a casa, mi madre me dejó que lo abrazara y, nada más hacerlo, me enamoré de él.

Cuidaba de Jayson como una leona. Tenía una salvaje mata de pelo rojizo y era como un pequeño y vivaz torbellino, dulce como el caramelo un instante e intratable al siguiente. Una vez, mientras lo empujaba en un columpio para niños que teníamos en el jardín de atrás, entró el enorme perro negro de la casa de al lado. El animal era más grande que nosotros dos juntos y al verlo me quedé aterrorizada. Traté de bajar a Jayson del columpio, pero se le quedaron atascadas las piernas. Volví a mirar al perro, que se acercaba cada vez más. Por último, presa del pánico, entré en casa a la carrera, dejando a Jayson en el columpio mientras el gigantesco animal seguía aproximándose.

—¡Mami, mami, un perro enorme se va a comer a Jayson! —grité. Mi madre corrió al jardín. Yo esperaba encontrarme el columpio vacío y al perro relamiéndose. Pero lo que vi fue que el sabueso había desaparecido y Jayson seguía en el columpio, muy sonriente. Supongo que debió de propinarle al chucho un buen puntapié en las costillas. Así era mi hermano: un bomboncito muy duro.

A los ocho años mi madre ya lo dejaba a mi cuidado. La mayoría de las veces era muy divertido, como, por ejemplo, aquella en que, después de ver el programa de ciencia «Mr. Wizard» en la televisión, intentamos prender una servilleta y terminamos abriendo un agujero del tamaño de un melón en la alfombra del salón. (Puntualizo: fue divertido hasta que llegó mi madre.) Pero otras veces, Jayson sabía exactamente lo que tenía que hacer para sacarme de mis casillas. Le encantaba hacerme enfurecer y lo hacía siempre que se le presentaba la ocasión. Si, por ejemplo, venía a verme alguna amiga, Jayson salía corriendo en calzoncillos, porque sabía que eso me molestaba muchísimo.

Sin embargo, por mucho que nos peleáramos, siempre sentí un fortísimo instinto protector hacia él, casi como si fuese su segunda madre. Y es que en muchos aspectos lo era. Cuanto más se complicaban las cosas en nuestra familia, más solos y abandonados a nuestros propios recursos estábamos los dos. Y cuanto más crecía a nuestro alrededor la locura de nuestros padres, más procuraba proteger a Jayson de ella, aunque para ello tuviera que absorberla yo.

Pero sólo era una niña y descubrí que no siempre podía proteger a Jayson o a mí misma de las cosas malas. Al igual que el enorme perro negro que se había colado en nuestro jardín, el mal era algo que no podía detener... Era algo de lo que, como mucho, podía tratar desesperadamente de escapar.

Más o menos en la misma época en que nació Jayson, asesinaron al hermano pequeño de mi padrastro, Joe. Nunca me han contado la historia entera, pero lo que sé es que lo mataron de una paliza en su propia casa. Y sé que el suceso cambió profundamente a Hank. Fue entonces cuando cayó en el alcohol y las drogas.

El matrimonio de mi madre se transformó en una pesadilla de peleas y violencia. Pero mi madre era aún muy joven e ingenua y no comprendió lo que le estaba pasando a su marido. Crisis tras crisis, volvía a perdonarlo y empeñaba todas sus fuerzas en conseguir que el matrimonio no se fuese a pique. Hasta convenció a Hank para que acudiese a terapia con ella, aunque sin gran éxito.

Para entonces, Hank era como un tren sin frenos y se dirigía a toda velocidad a una colisión inevitable. Era arisco, distante, bruto e impredecible. Cuando no andaba por ahí desaparecido, de juerga, estaba gritándole y faltándole el respeto a mi madre. Una noche se produjo una pelea terrible en casa. Recuerdo la imagen de mi madre, hecha un ovillo en el suelo, tratando de protegerse de los puñetazos de Hank. Corrí hacia ella y me eché encima de su cuerpo para tratar de protegerla y mientras estaba allí, escudándola, el terror puro que sentía hizo que me orinase encima.

Luego llegó la noche en que Hank estuvo a punto de matarme con el fusil mientras dormía.

Después del disparo, mi madre entró corriendo en el dormitorio, me cogió en brazos, fue a buscar acto seguido al pequeño Jayson, nos metió en el coche y arrancó. Se dirigió a casa de mi padre, Brad, que, por aquel entonces, aún vivía en la ciudad. Sin bajarnos a mi hermano y a mí del coche, le preguntó si podíamos quedarnos allí. Su matrimonio había terminado muy mal y ambos albergaban mucho resentimiento mutuo, pero aquello era una emergencia y mi madre estaba segura de que nos acogería.

—Crystal puede quedarse —dijo, sin embargo, mi padre—, pero vosotros no.

Mi madre se negó a abandonarme, así que volvió al coche y se dirigió a casa de su amiga Bridget. Apenas alcanzo a imaginar lo asustada y vulnerable que debió de sentirse al verse rechazada de aquel modo por mi padre, pero aun así se lió la manta a la cabeza e hizo lo que tenía que hacer para proteger a sus hijos. De hecho, yo seguía dormida en el coche mientras sucedía todo esto y mi madre nunca me contó que mi padre nos había rechazado; sólo me enteré de ello años después, en el transcurso de una conversación con él.

En retrospectiva, me confesó, aquélla es una de las decisiones que más lamenta haber tomado en su vida. Pero lo que yo comprendería más adelante es que lo hizo porque estaba sumido en un profundo pozo de dolor. Cuando era niña, sólo oía los lamentos de mi madre y sólo podía ver su padecimiento, así que supuse que era la única que había sufrido con el divorcio. No obstante, también mi padre resultó profundamente herido: a fin de cuentas, había perdido a su familia.

También me enteré más adelante de que aquella noche, en cuanto nos marchamos, mi padre cogió su coche y fue en busca de Hank. Se conocían e incluso en una época habían sido amigos, pero mi padre estaba decidido a matarlo. Por suerte no lo encontró. De haberlo hecho, la vida habría sido muy distinta para todos nosotros... sobre todo para él, que muy probablemente habría terminado entre rejas.

El descenso de Hank hacia la locura generó una atmósfera de caos en casa, y en esa vorágine sucedían cosas malas sin que yo tuviese la menor oportunidad de controlarlas. Así, en la espiral de decadencia del segundo matrimonio de mi madre, las cosas fueron empeorando por momentos. Las funciones establecidas que rigen la existencia de una familia —la presencia de unos padres que cuidan de sus hijos, desarraigan los valores erróneos y cultivan los buenos— se desmoronaron por completo, y Jayson y yo, sólo dos niños, quedamos a merced de una jauría de depredadores.

CAPÍTULO 4

Cuando antes he dicho que había secretos horribles en mi vida, me refería a algo que he mantenido escondido durante treinta años. Me cuesta mucho hablar de ello, porque durante la mayor parte de mi vida nunca se lo he contado a nadie, ni siquiera a mi madre. Simplemente, me limité a ocultarlo detrás de un velo de vergüenza cada vez más tupido.

Tenía tres años de edad cuando abusaron sexualmente de mí por primera vez. Mi madre me dejó en casa de una niñera y fue allí donde tuvieron lugar los abusos. Comencé a tener problemas para ir al baño y cuando mi madre me preguntó por ello, le conté que había sucedido algo en esa casa. Me llevó a un médico y éste confirmó que me había pasado algo grave... algo mucho peor que unos tocamientos indecentes. También dijo que, como era tan pequeña, no recordaría nada y que lo mejor que se podía hacer era no hablarme sobre ello. Así que mi madre no sacó nunca el tema ni yo tampoco; de hecho, hemos estado casi treinta años sin hacerlo.

Cuando tenía cinco años y medio volvió a suceder, esta vez en casa de una niñera distinta. Estaba casada con un hombre mayor, quien, según recuerdo, me decía que me sentara en su regazo. Yo no quería, pero tenía la sensación de que debía hacerlo. Mi hermano Jayson estaba conmigo, profundamente dormido en su carrito. Recuerdo haberlo mirado y haber pensado: «Mientras me quede en su regazo, no tocará a Jayson».

Esta vez no le conté nada a mi madre sobre lo que estaba pasando, porque quería evitarle más malas noticias. Incluso a aquella edad ya era consciente de que llevaba una vida muy dura, con lo de Hank, la escasez de dinero y todas las demás preocupaciones. Lo último que necesitaba era un problema más, por lo que no se lo mencioné, ni a ella ni a nadie.

Pero no fue sólo por eso. Los abusos estaban volviendo a suceder. No era la primera persona la que me sometía a ellos, y yo me preguntaba: «¿Qué me pasa? ¿Cómo puedo permitir que esto se repita?». Comencé a sentirme sucia y rota por dentro. Ésa fue otra de las razones por las que no conseguí dar el paso de contárselo a mi madre: por lo mal que me sentía conmigo misma. Por primera vez en mi vida, que pueda recordar, sentía vergüenza.

A la edad de seis años ya había visto desmoronarse los dos matrimonios de mi madre y había sufrido la espantosa experiencia de los abusos sexuales. Así que a partir de entonces, cuando me veía en una situación dañina para mí, ni siquiera me daba cuenta de ello. Desde mi punto de vista, era lo «normal». La realidad de los abusos sexuales a edad temprana es algo que te identifica, que se convierte en parte de lo que eres. Provoca que se rompa algo dentro de ti y, una vez que ha sucedido, te hace vulnerable a nuevos abusos. Eso fue lo que me pasó a mí. La vergüenza, el asco y el quebranto que sentía se trasformaron en mi identidad. Eso es lo que era.

Mi madre no nos dejó mucho tiempo con aquella segunda niñera, pero cuando yo tenía seis años, comenzó a llevarnos a visitar a la madre de Hank una vez por semana. Todos los jueves, después de mis clases de piano, me recogía y me llevaba al dúplex donde la madre y el padrastro de Hank vivían con sus dos hijas adolescentes. A pesar de que por entonces se había divorciado de él, no había cortado las relaciones con su familia. Y dicha familia era, por expresarlo de una manera suave, un verdadero ejemplo de disfunción.

Las que cargaban con el verdadero peso de todo ello eran las dos hijas: Alice y Rita. Hasta donde yo sé, sus padres las trataban básicamente como esclavas. No podían tener amigas ni hacer llamadas de teléfono y todos los días tenían que volver directamente a casa al salir del colegio. Una vez en ella, se pasaban toda la tarde limpiando y cocinando.

Mi madre charlaba con la madre y el padrastro de Hank en el piso de arriba mientras nosotros esperábamos abajo. Cuando los adultos necesitaban algo, daban un golpe en el suelo: una vez para llamar a Alice, dos para llamar a Rita. Éstas subían corriendo para ver qué precisaban y bajaban sin perder un instante para cumplir con las instrucciones recibidas. Recuerdo verlas subiendo y

CRYSTAL McVEA

bajando sin parar con cervezas y cosas de comer. Saltaba a la vista que vivían totalmente amedrentadas, hasta el punto de que su espíritu estaba totalmente aplastado.

Aparte de las pobres Alice y Rita, todo el rato de aquí para allá como sirvientas, las noches que nos quedábamos en esa casa siempre había gente entrando y saliendo de ella. Subían y se unían a la fiesta mientras Jayson y yo nos quedábamos abajo. En una atmósfera así —rara, caótica, tóxica— pueden pasarles muchas cosas malas a unos niños a los que nadie vigila. Por desgracia, sucedió una de las peores... y me sucedió a mí.

Alguien en aquella casa abusaba sexualmente de mí durante mis visitas semanales. Comenzó por unos tocamientos inapropiados pero luego fue a más, a mucho más. No sucedía todas las veces, pero sí muchas. Y siguió sucediendo durante cinco años. No se lo conté a nadie: ni a mi madre, ni a mis amigos. A nadie. Para empezar, porque no sabía cómo contarlo. La mera idea de convertir en palabras lo que me estaba pasando y tener que explicarlo me ponía enferma. Pero, además, por aquel entonces estaba convencida de que era culpa mía. Que hubiese sucedido una sola vez era una cosa. Pero ¿tres? ¿Con tres personas distintas?

El denominador común era yo. El problema tenía que estar dentro de mí.

¿Y dónde estaba Dios mientras tanto? ¿Dónde estaba el Creador del que tanto me habían hablado? Mi madre nos llevaba a misa y a la escuela dominical todas las semanas

—primero en una parroquia baptista y luego en una metodista— y todas las semanas me hablaban de la grandeza y la gloria del Padre celestial. Pero el concepto de Dios como un padre amoroso carecía de sentido para mí.

Verás, yo no podía ni concebir la idea de un padre cariñoso y completamente entregado. Apenas pasaba tiempo con el mío, y mi padrastro no era precisamente un buen ejemplo de amor paterno. Así que cuando los pastores me hablaban de un padre amoroso que siempre me protegería, para mí no tenía demasiado sentido. Nada de lo que oía en aquellos sermones y en las clases sobre la Biblia parecía ser aplicable en mi vida. Y lo que sí sabía perfectamente era que Dios no me había protegido del mal. Así que, al tiempo que arraigaban cada vez más profundamente en mi interior los sentimientos de vergüenza e inutilidad, lo hacían las dudas sobre la existencia y bondad de Dios.

Ahora bien, Jesucristo... Eso ya era otra cosa. Todo cuanto oía sobre Él lo hacía cada vez más atractivo a mis ojos. Para empezar, era un ser humano y no una criatura celestial. Además, había muerto en la cruz por nuestros pecados. Había muerto tratando de salvarme a mí. Al cabo de algún tiempo empecé a sentir que amaba a Jesús y quería estar más cerca de él. Así que a los nueve años le dije a mi madre que quería que me bautizaran.

Estaba en la iglesia la primera vez que le oí decir a un pastor que el bautismo limpia el alma, y la palabra «limpiar» se me quedó grabada. Recuerdo haber pensado: «Eso es lo que yo quiero: estar limpia». Me habían sucedido muchas cosas malas y la idea de desprenderme de toda la vergüenza y el dolor al ser sumergida en el agua

era, desde mi punto de vista, emocionante. Le di un co-
dazo a mi madre en medio del oficio, le dije que quería
que me bautizaran y, acto seguido, me llevó a la primera
fila de bancos, desde donde pude escuchar cómo la congregación rezaba por mí. Esa misma tarde se celebraría
mi bautismo.

Al llegar la hora acordada, entré en un cuarto, me cambié de ropa y me puse un sencillo camisón blanco. Al salir, me dirigí hacia la pila bautismal, que estaba un poco
elevada, rodeada por un balaustre que permitía que todos los feligreses pudieran contemplar el acto. Me acerqué lentamente a la pila, con la respiración entrecortada.
¡Ahí estaba! ¡Me iban a limpiar! Entré en ella y avancé a
través del agua templada, que me llegaba casi a la altura
del pecho, hasta el pastor, que me puso la mano en la espalda y me sumergió, me sacó y me volvió a sumergir. Al
salir chorreaba agua por todo el cuerpo y por la boca. Había aceptado a Jesucristo en mi vida.

Y sí, me sentía limpia. Me sentía como si acabasen de
lavarme el alma. Todavía hoy recuerdo aquella sensación tan mágica.

Por desgracia, no duró demasiado. El bautismo, supongo, no tuvo en mí el efecto esperado. Había asumido
que salvación significaba que me salvarían de todas las
cosas descarnadas que estaba sufriendo, no que Jesús iba
a salvar mi alma. Al ver que las cosas que me hacían sentir sucia volvían a repetirse, pregunté a mi madre si podían bautizarme otra vez. Así que, al cabo de pocos meses, volvieron a hacerlo.

En total me han bautizado cuatro veces: la primera en
una iglesia católica, al nacer, otras dos en una iglesia bap-

tista y una última en una parroquia metodista, a los doce años. Y después de cada una de ellas me sentí realmente limpia.

Sólo que la sensación no duró mucho.

De modo que empecé a preguntarme si mi salvación sería posible... o si habría un Dios en el cielo, capaz de hacerlo. Al fin y al cabo, si Dios podía salvarme, ¿por qué no lo había hecho aún? Parecía que el camino que estaba tomando mi vida sólo me llevaba más lejos de Dios, en lugar de acercarme a Él. Deseaba sentirme como una hija devota del Señor, pero, lejos de lograrlo, seguía con la sensación de ser sucia e indigna.

Pero sobre todo sentía que estaba sola. Sentía que no tenía protector, héroe ni paladín. Realmente creía que, en un mundo hostil como aquél, no tenía a nadie.

Cuando ahora recuerdo cómo era por entonces y me doy cuenta de lo aislada y abandonada por Dios que me sentía, se me parte el corazón. Ojalá pudiera decirle a la joven Crystal que no debía sentirse tan asustada y sola, porque —como comprendo ahora— nunca estamos solos, ni siquiera en los peores momentos. «Pues que a sus ángeles mandará cerca de ti, que te guarden en todos tus caminos» (Salmos 9,11). La verdad es que sí tenía protectores, tenía héroes y no estaba sola, como no lo está ninguno de nosotros.

Dios siempre está a nuestro lado. Y sus ángeles nos protegen a lo largo de todo nuestro camino.

LOS ÁNGELES

Al instante cobré conciencia de dos seres que había delante de mí, a mi izquierda, y supe lo que eran: ángeles.

Pero no eran unos ángeles cualesquiera: eran mis ángeles.

Los reconocí inmediatamente. Despedían tal luminosidad que me era imposible distinguir sus rasgos. Pero no eran masas amorfas: poseían una forma definida, similar en términos generales a la del cuerpo humano, alargada y estilizada. El de la derecha era un poco más grande que el de la izquierda. No se movían, ni flotaban en el aire, ni nada parecido. Simplemente estaban allí.

Y lo que sentí por ellos nada más captar su presencia fue amor.

Un amor tan grande y abrumador que me desbordó.

Era como los mejores amigos que uno imaginarse pueda, aunque la palabra «amigos» se queda muy corta para describirlos: los ángeles eran mis protectores, mis maestros, mis mentores, mis héroes, mi fuerza, mi espíritu, mi corazón, todo. Me sentí como si hubieran formado parte de mi existencia y de mi travesía vital desde el principio, como si hubieran estado a mi lado en cada lágrima que había derramado, cada decisión que había tomado y cada día que me había sentido sola, y no sólo en la Tierra sino para toda la eternidad. En su presencia me sentí increíblemente segura y libre, feliz y colmada. Comprendí para qué estaban allí: para recibirme cortésmente a mi llegada y guiarme de regreso a casa. Eran el mejor comité de bienvenida que hubiera podido desear.

Y lo que es más, comprendí que existía una comunicación instantánea y total entre nosotros. ¿Qué quiero decir con ello? Imagínate que pudieras pulsar un botón y, en cuanto lo hicieras, lo sabrías todo sobre alguien y ese alguien lo sabría todo sobre ti. O usar una contraseña que te diera acceso a todo lo que has dicho, pensado, sentido, escrito o creído alguna vez en tu vida —pasado, presente y futuro— y viceversa. Ese botón y esa contraseña imaginarios permitirían comprendernos a un nivel superior a lo que es posible en este mundo. Bueno, pues así es como era: la sensación de que todo cuanto éramos, todo cuanto importaba, circulaba libremente entre mis ángeles y yo, afianzando una conexión profunda y un vínculo eterno. No quedaba espacio alguno para secretos, vergüenza, malentendidos o circunstancias negativas de ninguna clase.

Sólo cabía aquella maravillosa y bella sensación de conocer que nutría mi alma.

Me gustaría poder decir que los reconocí como personas de mi pasado en la Tierra, pero no es así. Muchos de los que cuentan la historia de su muerte describen su encuentro con algún familiar especialmente importante, que los estaba esperando al otro lado. Hablan de lo extraordinariamente dichoso que resultó aquel reencuentro en el cielo. A mí me habría encantado volver a encontrarme con mi querida abuela Ernie. No digo que no pase. Sólo que no formó parte de mi experiencia. Sin embargo, el encuentro con mis ángeles me colmó de felicidad. Nunca habían dejado de estar a mi lado y supe que nunca lo harían.

Pero además de mis ángeles de la guarda, había otra criatura a mi derecha, que reconocí también al instante. Y al hacerlo me sentí como si mi forma espiritual se rompiera en mil pedazos y cayese frente a aquel ser. Fue algo así como si, de haber tenido un cuerpo físico, me postrase de rodillas, alzase los brazos y me inclinase en una profunda reverencia de alabanza y veneración.

¡Yo! ¡Crystal! ¡La pecadora y la escéptica, la de las mil preguntas!

En presencia de Dios.

CAPÍTULO 5

No quiero que pienses que mi infancia fue una sucesión de miserias, porque en realidad no fue así. Como ya he dicho, no sabía lo que era una infancia normal, así que a mí me pareció bastante normal. Y tengo montones de recuerdos realmente felices. Hasta en mis peores momentos, siempre encontraba alguna razón para reír. Es un rasgo que he heredado de mi madre y creo que es algo que nos ha ayudado a ambas a sobrevivir. Por muy mal que se pusiesen las cosas, siempre les veíamos el lado divertido y, en lugar de llorar, nos echábamos a reír... Como la noche que mi madre decidió hacer adornos de Navidad comestibles.

En efecto, yo tenía cuatro o cinco años y mi madre me dejó que la ayudara a amasar, modelar y cortar la masa con formas como pirulís, renos y muñecos de nieve. Cuando terminamos las metió en el horno y me fui a la cama. Un par de horas más tarde, entró corriendo en mi habitación para despertarme.

—¡Ven! —me dijo—. ¡Tenemos que marcharnos!

Resulta que había pintado los adornos con aerosol en la cocina, en lugar de hacerlo en el patio de atrás, por lo que la casa estaba inundada por vapores tóxicos, hasta el punto de que ni siquiera bastaba con abrir todas las ventanas. Hank y ella me sacaron precipitadamente de la cama y los tres tuvimos que quedarnos en el porche, en medio de una fría noche de invierno, hasta que desaparecieron esos vapores.

Aquel suceso potencialmente dramático se convirtió en uno de los mejores recuerdos de mi infancia. Tras dejarme en el porche, mi madre volvió a entrar corriendo en casa y salió con todos mis juegos de mesa favoritos.

—¡Noche de juegos! —proclamó.

Nos recuerdo a los tres allí sentados, en los escalones del porche —yo con mi pijama y el abrigo—, jugando a mi juego preferido, Hook, Line y Stinker, ese en el que tenías que pescar unos pececillos diminutos con pequeñas cañas magnéticas. Me senté entre mami y Hank y me sentí como si fuese el centro del mundo. Jugamos, nos reímos y bromeamos hasta altas horas de la madrugada y ninguno de nosotros se acordó de los vapores un solo instante.

Sacarle el mejor partido a las malas situaciones, eso era lo que mejor se nos daba.

Cuando mi madre finalmente se divorció de Hank, después del episodio del disparo, nos convertimos en un equipo de tres: la zarandeada pero aún hermosa Connie, su impertinente y lenguaraz hija y su travieso hijo pequeño. Los años en los que mi mami nos crió como madre soltera fueron duros: no éramos pobres de solemnidad, pero sí bastante. Pero, aun así, cuando hoy los recuerdo, me hacen sonreír. ¿Por qué? Porque siempre encontrábamos el modo de que ser pobres pareciese una gran aventura.

Mi madre había acudido a la universidad para convertirse en higienista dental y después de su divorcio empezó a trabajar largas horas para dos dentistas distintos de la ciudad. Estiraba lo que ganaba hasta donde le era posible, pero todo tenía un límite. Recuerdo que siempre nos ponía de cenar lo que llamaba los «espaguetis de pobres», es decir, espaguetis con salsa de tomate, sin carne. Hasta pasado mucho tiempo no me di cuenta de que los pobres del nombre del plato éramos nosotros.

Mi madre intentaba que todas las ocasiones pareciesen especiales. El primer día de colegio siempre era un auténtico acontecimiento. De algún modo, cada semestre lograba reunir el dinero necesario para comprarnos ropa y calzado nuevos y siempre nos dejaba elegir nuestras mochilas y loncheras. Si a alguno de los dos le daban un premio en la escuela, por insignificante que éste fuese, siempre acudía a la ceremonia de entrega para aplaudirnos. Si hacíamos de arbusto o de copo de nieve en una obra de teatro del cole, nuestra madre estaba allí, en primera fila. Cuando estuve en las Girls Scouts, entre primero y quinto, me ayudó a vender miles de galletas. Recuerdo que teníamos el salón literalmente a rebosar de cajas de galletas, que había que clasificar y repartir por toda la ciudad. Puede que al final no consiguiese más que un pequeño osito de peluche como premio, pero la verdadera recompensa fue todo el tiempo que pasé con mi mami en aquel salón abarrotado de galletas.

Puedo recordar un sinfín de modestos actos de cariño por su parte. Todos los días nos preparaba la comida para la escuela y siempre me escribía una notita en la servilleta, donde me decía que esperaba que pasase un día estupendo o que estaba impaciente por volver a verme. Otra cosa que me encantaba era ir con ella al cine de verano. Preparaba montones de palomitas y llenaba una bolsa de la compra, de esas de papel marrón, para que nos la lleváramos. Extendía una manta junto al coche y dejaba que los niños nos tumbáramos allí mientras ella se sentaba a nuestro lado en una silla plegable. Te juro que aún puedo sentir el sabor salado de las palomitas y ver la cara de mi hermano, iluminada por la luz de la pantalla.

Mi madre siempre era muy dulce conmigo, aun cuando no me lo merecía. Un verano compró una pequeña piscina desmontable para el patio de atrás y nos pidió a Jayson y a mí que la ayudáramos a armarla. Como siempre, Jayson obedeció sin vacilar. Pero era un día especialmente caluroso y yo no me sentía con muchas ganas de arrimar el hombro, así que no lo hice.

—El que no ayude luego no se baña —me advirtió mi madre.

—Pues vale —repliqué—, no me baño.

Y me marché malhumorada.

Más tarde, al asomarme por la ventana de la cocina, vi que mi madre y mi hermano estaban dándose un chapuzón. La verdad es que parecía que se lo estaban pasando bomba. Chica lista como era, me puse el bañador y me acerqué a la piscina a esperar a que mi madre se apiadara de mí y me dejara meterme. Sabía por propia experiencia que muchas veces me levantaba los castigos. Y en efecto, al cabo de un rato dejó que me bañase con ellos. Me había portado bastante mal, pero aun así ella quería que pasase un día estupendo. Nunca he olvidado ese pequeño gesto de cariño.

Los recuerdos afloran en diferentes formas, algunos brillantes y soleados como días de verano y otros mucho más sombríos. Por mucho que mi madre intentara ayudarme a prolongar la infancia todo el tiempo posible, lo cierto es que ya se me estaba escurriendo entre los dedos.

Recuerdo la primera vez que le dije a Dios que lo odiaba.

Tenía siete años y estaba en segundo. No había muchos sitios donde me sintiese a salvo, pero había uno infalible: junto a la abuela Ernie.

Ella era la única persona del mundo que parecía estar siempre de mi lado. Era mi defensora y mi mayor fan. Recuerdo una vez en que me quedé a dormir en su casa y quería ver un programa de televisión en su salón. Le pregunté a su marido, un viejo simpático aunque un poco gruñón llamado Jim (al que yo llamaba Paw Paw), si podía hacerlo. Me dijo que no, porque él estaba viendo otra cosa. Bueno, pues la abuela Ernie se acercó y se lo llevó al dormitorio, donde tuvo que ver su programa en un televisor diminuto. Y yo me quedé con la tele grande para ver el que yo quería.

Pero el caso es que, de repente, tener el aparato grande para mí sola dejó de parecerme divertido, así que me fui al dormitorio y seguí viendo la tele con Paw Paw.

Sí, era un gruñón, pero también me hacía reír... y no siempre intencionadamente. Recuerdo una vez en que me llevaron al zoológico y estaba echándome un sermón sobre algo en el aparcamiento. Justo cuando estaba diciéndome «¿Lo entiendes, jovencita?», un pajarito se hizo

CRYSTAL McVea

caca justo encima de su calva. Me reí con tantas ganas que casi me hago pipí encima. Otra cosa que me gustaba es que siempre se quedaba dormido cuando se suponía que debía vigilarme. Un verano, la abuela Ernie compró una piscina hinchable y le pidió a su marido que me vigilara mientras me bañaba en el patio trasero. Bueno, pues el caso es que al poco rato Paw Paw estaba tan dormido que pude entrar a hurtadillas en la casa y cogerle a mi abuela el frasco de sales de baño.

La piscina no tardó demasiado en rebosar de burbujas. Cuando la abuela Ernie volvió a casa y miró por la ventana de la cocina para buscarme, lo único que pudo ver fue una montaña de burbujas de la que sobresalía mi cabecita. Aquel baño de sales provocó la única discusión entre ellos que recuerdo haber presenciado. Él quería echar la espumosa agua a las flores para que no matara el césped y ella quería echarla en el césped para que no matara las flores. No recuerdo quién ganó, pero lo que sí recuerdo es ver a Paw Paw arrastrando la piscina deshinchada hasta el garaje, donde la arrojó sin contemplaciones.

La abuela Ernie me hacía sentir protegida y querida de muchas maneras distintas. Aún recuerdo lo extraño que me parecía que me pusiese cubitos en la leche o el pudín de pistachos que siempre me preparaba: aún hoy el olor penetrante de esos pudines me recuerda a ella y me hace sentir reconfortada. Otra de las cosas que recuerdo con más cariño es que me dejara dormir entre Paw Paw y ella en su cama (que en realidad estaba formada por dos camas individuales unidas, cubiertas con una única sábana bajera). Siempre terminaba colándome entre las dos camas y ése era mi lugar preferido del mundo, medio hundida entre ellas, a salvo de todo.

Pero entonces me enteré de que la abuela Ernie estaba enferma.

No entendía casi nada de lo que decía la gente sobre ella, aparte del hecho de que le estaba fallando el corazón. Solo tenía sesenta años y pico, pero fumaba mucho. Recuerdo que, con el paso de los años, fue quedándose cada vez más delgada y más débil. Finalmente la ingresaron. Mi madre nos llevó en coche a San Antonio para visitarla; sin embargo, cuando llegamos ya era tarde, así que lo que hicimos fue llamarla por teléfono. Me puse al aparato y empecé a contarle lo emocionante que había sido el día que había pasado, pero entonces me dijo que estaba demasiado cansada para hablar. Me sorprendió esa reacción: la abuela Ernie era la única persona del mundo que nunca me hacía callar y siempre decía: «La gente que habla mucho suele tener muchas cosas interesantes que decir». Aquello hirió mis sentimientos, pero, aun así, le dije que iría a verla nada más levantarme.

—Buenas noches, ángel mío —me deseó—. Te quiero.

A las pocas horas, algo me despertó en mitad de la noche. No sé lo que era, pero me hizo sentir como si alguien me estuviera zarandeando... sólo que no había nadie. Fui a buscar a mi madre en su cama, pero no estaba en ella.

Al instante supe que la abuela Ernie había muerto.

Fui a la cocina y allí me encontré a mi madre, paseando de un lado a otro. En ese momento sonó el teléfono. En mitad de la noche, el timbrazo resultó ensordecedor. Vi que mi madre cogía el auricular, escuchaba unos instantes y luego caía de rodillas, entre gritos y llantos.

—¡No, papá, no! —gritó. Corrí hacia ella y me estrechó entre sus brazos con fuerza. Nos quedamos allí sentadas, en el suelo de la cocina, abrazándonos y llorando. Me aferré a mi madre mientras ella perdía a la suya.

Aún hoy sigo sin comprender cómo supe que había muerto la abuela Ernie antes de que llegase aquella llamada. Me gusta pensar que tal vez fuese ella misma quien me despertó para poder despedirse de mí.

Poco después le dije a Dios que lo odiaba.

Sé que la rabia es una de las cinco fases del pesar, pero, caray, yo me pasé mucho tiempo atrapada en aquella fase. La muerte de mi abuela me había dejado desolada y me sentía furiosa porque sentía que me habían arrebatado a una persona que me amaba incondicionalmente. Recuerdo haberle dicho a Dios que ojalá se hubiera llevado a cualquier otro en su lugar. Sé que suena atroz, pero, por aquel entonces, a los siete años, no era capaz de asimilar la muerte de alguien a quien quería tanto. Me parecía un acto de crueldad espantosamente fortuita, dirigido de forma expresa contra mi persona. ¿Por qué tenía que llevarse Dios precisamente a la abuela Ernie? ¿Por qué me hacía algo así?

—Te odio —le dije aquel día—. Te odio. Te odio. Te odio.

Tendrían que transcurrir muchos años para que me diese cuenta de que —incluso en los peores momentos de mi vida, incluso cuando mi fe en Él llegó a su punto más bajo— nunca había dejado de hablar con Dios. Es posible que nuestras conversaciones no contuviesen más que preguntas, maldiciones, dudas y exigencias, pero, en cualquier caso, eran conversaciones. Me juré muchas veces que sacaría a Dios de mi vida y a veces lo hice, pero no durante mucho tiempo.

Por la razón que fuese, incluso cuando no creía que me estuviera escuchando, seguí manteniendo los canales abiertos y conversando con Dios.

Perder a la abuela Ernie aceleró todavía más mi crecimiento. Su muerte me dejó sumida en un estado de rabia y confusión. Al cabo de algún tiempo, después de que mi abuelo volviese a casarse, me sorprendí a mí misma al entablar amistad con su nueva esposa, Mary. Era una mujer vivaracha y divertida a la que yo llamaba abuelita Galletita. Treinta años después seguimos siendo amigas. Pero antes de eso, a la muerte de la abuela Ernie, yo me sentía inconsolable. Como ya he contado antes, siempre había sido un poco precoz y me gustaba hablar con los adultos como si fuesen mis iguales, pero a la muerte de mi abuela tuve la sensación inequívoca de que mi infancia estaba tocando a su fin.

Por desgracia, la situación en casa no hacía más que empeorar. Una parte del problema residía en mi tozudez, como seguramente ya habrás podido imaginar. De hecho, era tozuda incluso antes de nacer, pues me negué a salir durante veinticuatro horas, hasta obligar a los médicos a venir a buscarme. De niña me resistía a todos los intentos de mi madre de convertirme en una niñita bonita. Yo era más bien un desafiante chicazo, que nunca permitía que le tocasen el pelo o le pusieran vestiditos de volantes (salvo una vez, en Pascua, cuando me vestí para una cita imaginaria). Todas las demás niñas se presentaron en su fiesta de graduación de primaria con preciosos vestidos de colores; yo, con una camisa de franela y unos vaqueros. Y, sólo en primaria, me gané unos azotes de la maestra tres veces: una por meter el pelo en la pila del agua un día muy caluroso y las otras dos —¡oh, sorpresa!— por hablar de más.

A pesar de que era una niña difícil, tampoco creo que fuese tan mala. Sacaba buenas notas, casi siempre notables y sobresalientes. En este sentido, los dos dólares que se había comprometido a pagarme mi padre —que, por lo demás, no estaba involucrado en mi educación— por cada sobresaliente que sacase resultaron la mar de útiles. Recuerdo muy bien lo orgullosa que me sentí cuando lo llamé para decirle lo que me debía. Me dijo, en broma, que iba a hacerlo caer en la bancarrota. Pero yo sabía que estaba impresionado y eso me hizo sentir realmente bien.

Así que, aunque podía ser un poco mandona y rebelde —y a veces desobediente— tampoco era eso que llaman una niña problemática. No era una mala chica.

Sin embargo, cuando Hank entró en nuestras vidas y en los años posteriores a su marcha, todo ello empezó a cambiar.

Al recordarlo, creo que tenía buenas razones para estar enfadada con el mundo. Mi padre, al que yo adoraba, apenas estaba presente en mi vida y me pasaba largos períodos de tiempo sin tener noticias de él. Recuerdo que en quinto, la profesora me preguntó sobre mis padres. Me eché a llorar y le dije que llevaba cinco meses sin hablar con mi padre. Pareció sorprenderse, pero para entonces yo ya sabía que no tener un padre a jornada completa iba a ser una circunstancia normal de mi vida.

Luego vinieron los años que mi madre llama su «fase salvaje». Cuando se divorció de Hank seguía siendo joven y bonita y empezó a salir bastante. No recuerdo gran cosa de los hombres con los que salía, aparte del hecho de que les cogí cariño a algunos de ellos justo antes de que desapareciesen para siempre.

Durante aquellos años, cuando mi madre no tenía un compañero permanente en su vida, solía confiarme muchas cosas. Sabía perfectamente lo pobres que éramos, la de facturas que no podíamos pagar y lo negro que se presentaba nuestro futuro. A veces también hablaba mal de mi padre y me contaba cosas que yo no tenía manera de confirmar. Era demasiada información para una niña.

Y así fue como me transformé en su compañera de maternidad. Alrededor de la época en que se marchó Hank, mi madre me nombró algo así como la niñera permanente de Jayson. Me pasé muchas noches cuidando de mi hermano mientras ella estaba por ahí de parranda. Lo bañaba, limpiaba la casa y a veces hasta preparaba la cena. Más que la hija de mi madre, me convertí en su pareja.

Y, sin embargo, no podía sentir resentimiento hacia ella por ello, porque creía que era responsabilidad mía proporcionarle una vida mejor. Sabía que trabajaba todo el día en las consultas de los dentistas y que andábamos justos de dinero. Y sabía que era muy buena. Así que hacía cuanto podía por aliviar su carga, por intentar que fuese un poco más feliz. No quería que mi madre se sintiese triste y sola.

Pero entonces, de la noche a la mañana, cuando yo tenía diez años, dejó de salir. De repente decidió que quería ser una madre mejor. Después de tres años de fiesta ininterrumpida, comenzó a quedarse en casa, a establecer nuevas normas y a marcar límites donde hasta entonces no los había habido.

Como podrás imaginar, aquello no me sentó demasiado bien. Estaba furiosa y resentida por todo lo que había tenido que sufrir, por todo aquello de lo que nadie me había protegido. Tenía la sensación de que era demasiado tarde para que mi madre se pusiera protectora.

Para entonces ya había aprendido que, si quería sobrevivir, tenía que arreglármelas sola. Amaba a mi madre, pero pensaba que no podía depender realmente de nadie que no fuese yo misma. Los abusos continuaban en casa de la madre de Hank y no había nadie a quien pudiera contárselo... y menos que nadie a mi madre, cuya carga aspiraba a aliviar y no a multiplicar. Estaba sola y cada día que pasaba cargaba con un poco más de responsabilidad y perdía un poco más de inocencia. A los diez años, ya era una adulta.

Así que, cuando mi madre decidió reclamar su puesto, la recibí con uñas y dientes. Hacía siempre lo contrario de lo que me decía. Cualquier intento de disciplina era recibido por mi parte con gritos y desafíos. Nos peleábamos constantemente por todo: la limpieza de mi cuarto, la televisión, los deberes del cole... Todo. Me había arrebatado la oportunidad de ser una niña normal por todos los problemas de adulto que me había cargado sobre los hombros y yo ya no estaba muy segura de querer volver a ser una niña. Y tampoco había sobrevivido a tantas cosas malas para que, de buenas a primeras, me arrojasen de nuevo a la infancia. Para mí, esa etapa era cosa del pasado y nada podría cambiar ese hecho.

Los dos años siguientes fueron una pesadilla para ambas. Si mi madre me ordenaba cualquier cosa, yo me negaba a hacerla y le contestaba con malos modos. Si me hablaba mal, yo no me quedaba atrás. Al poco tiempo librábamos auténticas peleas en el salón, bajo la horrorizada mirada de Jayson. De vez en cuando mi madre intentaba meternos en vereda dándonos unos azotes, para lo que a veces se servía de una cuchara de madera o un cinturón. Pero aquellos castigos me enfurecían y respondía con todas mis fuerzas. A los doce años tuvimos una pelea especialmente horrible: no recuerdo si quería pegarme con un cepillo o qué, pero de lo que sí me acuerdo es que la empujé con fuerza y ella me devolvió el empujón, por lo que me caí de culo en la bañera y arranqué las cortinas de cuajo.

Para mí, aquella pelea —sumada a todo lo que estaba pasando en la casa de la madre de Hank— fue la gota que colmó el vaso. Al día siguiente cogí el poco dinero que había ahorrado trabajando como niñera en el barrio y le comuniqué a mi madre que quería invitarla a comer en Braum's. Tomamos unos bocadillos y un helado y, al terminar, le solté lo que había ido allí a decirle. Me escuchó, bajó la cabeza y rompió a llorar.

Acababa de decirle que me marchaba de casa. Y lo hice.

CAPÍTULO 6

Mi plan no consistía en ir haciendo autoestop hasta California, ni subirme a un tren de cargas ni nada parecido. Lo que le comuniqué a mi madre aquel día fue que quería ir a vivir con mi padre en Illinois.

Como mínimo le partí el corazón: era ella la que se había quedado conmigo, la que me había criado, alimentado y vestido mientras mi padre hacía mutis por el foro y de pronto yo le soltaba que prefería estar con él. Supongo que podría haber opuesto resistencia y negarse a dejarme ir, pero posiblemente comprendiese que era una lucha abocada al fracaso. Mi decisión estaba tomada: me marchaba.

Por suerte para mí, mi padre accedió a acogerme. Poco antes de la fecha de mi partida, mi madre me organizó una fiesta de despedida en una pista de patinaje del barrio. Pusieron globos y carteles y todos mis amigos estuvieron allí para decirme adiós. Un par de días más tarde, mi padre condujo desde Illinois para venir a buscarme. No recuerdo si lloré aquel día al separarme de mi madre, pero me consta que ella sí lo hizo. La verdad es que no había en este mundo nadie más próximo a mí que ella. Y muchos años más tarde me daría cuenta de que era la única persona de mi vida que jamás me había abandonado. Era mi mejor amiga, pero también mi peor enemiga. No era una madre perfecta, pero me quería, y verme marchar de aquel modo la estaba matando. No obstante, creo que también ella era consciente de que era el único camino. Así que hice el equipaje con todas mis cosas, incluido mi querido osito de peluche *Snoozy*, me subí al coche de mi padre y abandoné a mi madre.

Aunque mi padre no se había criado en una familia pobre, tampoco podía decirse que vivieran desahogados. Recuerda que, de niño, siempre era consciente de todas las cosas que tenían los demás niños del barrio y no sus hermanos y él. Se prometió que cuando fuese mayor trabajaría sin descanso para ofrecerles a sus hijos todo aquello que a ellos les había faltado.

Y eso incluía lo que más anhelaba de sus propios padres: atención. Odel y Mardel eran una pareja de católicos muy estrictos que, aunque amaban profundamente a sus hijos, no siempre se lo demostraban. Puede que, simplemente, no supieran cómo. Así que el plan de mi padre consistía en dar a sus hijos toda la atención y aprobación que él no había recibido en su infancia. Por desgracia, la vida se interpuso en el camino.

Cuando fui a vivir con él, no escatimó esfuerzos para hacerme sentir como en casa. Me preparó una habitación con cortinas rosas, una mesilla de noche con un reloj y un escritorio para hacer los deberes. Parecía muy contento de tenerme allí y gozar al fin de la oportunidad de conocerme. Sin embargo, a medida que pasaban los días fui dándome cuenta de que le costaba mucho expresar sus sentimientos cuando estaba conmigo. Era un gran cambio con respecto a la vida con mi madre. Mientras que ella tenía un temperamento impredecible, tan pronto amable y cariñosa como furibunda y gritona, mi padre siempre era igual: frío y distante. Yo estaba acostumbrada a que mi madre gritase, maldijese y dejase salir todas sus emociones, tanto buenas como malas, y de repente me encontraba viviendo con alguien que apenas demostraba alguna. Durante la mayor parte del tiempo, mi padre se limitó a ser una mera sombra en mi vida.

Tenía negocios en el mundo de la noche y éstos absorbían prácticamente la totalidad de su tiempo. Justo tras divorciarse de mi madre, había abierto un pequeño local a las afueras de su ciudad natal y, siempre que lo había visto por esa época, iba al volante de un cochazo y andaba con alguna chica despampanante. Poseía gran magnetismo personal y, por lo que me contaron, siempre era el alma de la fiesta. En Illinois había abierto una discoteca, que lo mantenía ocupado seis noches a la semana, lo que, desgraciadamente, quería decir que teníamos horarios incompatibles. El único modo de pasar tiempo con él era acompañarlo los fines de semana a la discoteca con la excusa de ayudarlo a limpiar... En términos generales puede decirse que vivía sola.

Aun así, abracé con entusiasmo mi nueva vida: entré en el equipo de porristas de mi nuevo colegio e hice un montón de amigos en la clase (séptimo curso, por entonces). Durante algún tiempo, las cosas funcionaron bien y mi padre se esforzó de verdad por comportarse como tal conmigo. Se presentaba en algunas de las reuniones de las porristas o nos llevaba a mis amigos y a mí a los partidos y después a tomar un helado o al Burger King. Recuerdo que una vez me llevó a una cena de madres e hijas organizada por el colegio y que era el único padre presente. En otra ocasión tuve un pequeño «imprevisto femenino» durante la jornada escolar. En condiciones normales habría llamado a mi madre, quien se habría presentado discretamente en el cole para llevarme lo que necesitaba, pero aquella vez tuve que pedírselo a mi padre. Al rato, una secretaria del centro me llamó a su despacho; nada más entrar vi sobre su mesa una enorme bolsa de papel marrón llena a rebosar de cajas y cajas de todos los productos de higiene femenina imaginables. La mujer, al ver mi cara de espanto, permitió que dejara la bolsa allí en lugar de tener que acarrearla por todo el colegio.

Aquel mismo día, al llegar a casa, mi padre me miró y dijo:

—No vuelvas a pedirme que compre esas cosas, por favor.

—No te preocupes —respondí—. No lo haré.

Si había una emergencia, mi padre se ponía en acción como impulsado por un resorte... Como la vez en que, al tratar de rizarme el cabello, me toqué uno de los ojos con la plancha para el pelo y me quemé el globo ocular: me llevó al optometrista, quien me dio un parche para el ojo. O la vez en que intenté prepararle tocino para desayunar: lo tosté tanto que hizo saltar la alarma de incendios y mi padre, al bajar corriendo la escalera, tropezó y cayó rodando hasta el suelo. Yo me quedé paralizada en el sitio, con la espumadera en la mano, mirándolo con horror (aunque a día de hoy los dos nos reímos al recordar la historia).

El problema era que no podía verlo todo lo que quería. De todos los cumpleaños que celebré durante mi infancia y mi adolescencia, no recuerdo que viniese más que en dos ocasiones. Y no recuerdo una sola vez en que nos sentáramos y mantuviésemos una conversación seria. Ya sabes lo mucho que me gusta hablar. El resultado fue que no tenía a nadie a quien confiarle mis temores e inseguridades, ni a quien hablarle sobre el sentimiento de odio por mí misma que siempre había albergado y que me carcomía por dentro.

Nadie salvo Dios, claro está.

Fue en la época que pasé viviendo con mi padre cuando desarrollé lo que yo llamaría una rutina de oración saludable. Mi madre me hacía rezar todas las noches y seguí haciéndolo incluso después de haber dejado de escucharla. Y cuando estaba con mi padre, rezaba aún más. ¡Ojo!: no es que de repente hubiera empezado a creer que Dios era real o que, incluso en el caso de que lo fuese, me escuchaba. Pero como me pasaba sola la mayor parte del tiempo —y como, repito una vez más, me gustaba tanto charlar— empecé a hablar con Dios casi todas las noches. Rezaba por los mendigos, por mi familia y por los niños. Desde que era adolescente había empezado a sufrir un grave problema de acné, así que también rezaba mucho por eso. En definitiva, le pedía a Dios que arreglase todo cuanto iba mal en mi vida.

Pero al menos el acné no daba indicios de mejorar, así que le supliqué a mi padre que me llevase a ver a un especialista, ya que, por alguna razón, se resistía a hacerlo. Algunos días llegaba de la discoteca a las dos de la mañana y yo estaba esperándolo para insistir, pero él siempre decía lo mismo, que no tenía dinero. Así que cada día despertaba con peor aspecto... y más deprimida.

Decidí seguir probando con las plegarias. Se hicieron más sencillas y concretas: le pedí a Dios que mi padre me llevase al médico. Recé noche tras noche. Sin embargo, para gran consternación mía, las cosas no cambiaron. Llegué a la conclusión de que, si Dios existía, no estaba interesado en mis problemas.

Cuando eres adolescente, tus sentimientos se magnifican. Si te sientes sola y herida, puedes llegar a pensar que la vida no tiene sentido. Y eso es lo que me sucedió a mí: había huido de casa para escapar de los abusos, pero cuando estaba tumbada en la cama, con los ojos cerrados, volvía a ver cómo sucedía todo, claro y meridiano. Había cambiado a una madre con la que estaba todo el día peleándome por un padre al que nunca veía. En el colegio, los compañeros se burlaban de mí por mi acné y no sabía cómo hacerlo desaparecer. Sentía que no tenía control alguno sobre mi vida, que era impotente para impedir que me sucedieran todas esas cosas. Ni siquiera Dios, al que rezaba con tantas ganas, podía ayudarme a escapar de mi vida.

Así que, al cabo de algún tiempo, decidí que el único modo de hacerlo era renunciar a ella.

Una noche especialmente infausta, cuando mi padre estaba trabajando y yo me encontraba en casa, sola, me metí en su baño y abrí el armarito de espejo donde guardaba los medicamentos. Cogí varios frascos de los estantes de cristal y eché varias pastillas de cada uno de ellos sobre su cama. Luego, fui al mueble bar y volví con una botella de vodka. Acto seguido, me metí todas las pastillas en la boca y me las tragué con la ayuda de dos buenos tragos de licor. Por alguna razón, al acabar rellené la botella con agua para que mi padre no se diese cuenta de que faltaba un poco, como si creyese que ésa sería la primera cosa en la que se fijaría al volver a casa.

Tras tomarme las pastillas, me senté sobre los escalones enmoquetados y esperé. De repente me entró miedo. Me hice un ovillo sobre el suelo y empecé a llorar y a gemir, diciendo:

—¡Oh, Dios, oh, Dios!

Pero no lamentaba lo que había hecho, ya que lo que perseguía con ese acto, más que nada, era que el dolor y el miedo terminasen. Era una niña deshecha y no había forma de arreglarlo, y aquélla era la única que se me ocurría de conseguir que todo parara. No era que quisiera escapar de la vida, sino que quería escapar de mí misma.

Así que me fui a la cama, cerré los ojos y dejé que el sueño se me llevara.

Al despertar, había amanecido y yo seguía allí. Aparte de una intensa sensación de malestar, nada parecía muy distinto. Mi padre había vuelto a casa y no se había percatado de nada inusual: ni de las pastillas que faltaban en los frascos ni de que había tocado el vodka. (Bueno, de lo del vodka se daría cuenta, pero sólo semanas más tarde, cuando un invitado se quejó de que su copa era aguachirle.) La verdad es que no pensé demasiado en lo que había hecho ni en las razones por las que no había salido bien. Me limité a suspirar y continuar con mi miserable vida a partir del punto donde la había dejado.

Al poco tiempo, mi madre llegó a Illinois para asistir a mi graduación de octavo curso. Cuando me vio la cara llena de acné, se quedó horrorizada, algo de lo que me di cuenta al instante. Estoy segura de que también se percató de que mi espíritu, que ella siempre había creído indomable, parecía prácticamente aniquilado. Lanzó una mirada de hostilidad a mi padre e hizo lo que hacía siempre en momentos conflictivos: gritar.

—¡Te la confié para que cuidaras de ella! —lo reprendió—. ¡Mira lo que has hecho!

Es decir, otra pelea más, con mi padre a un lado, mi madre a otro y yo en medio, sin saber con quién alinearme.

Pero ese episodio hizo que me diese cuenta de otra cosa importante: echaba de menos a mi madre. Por mucho que me sintiese adulta, la verdad es que no lo era, necesitaba la atención de mi madre más de lo que pensaba. Mi madre me miró y dijo:

—Te llevo a casa ahora mismo.

Y sin titubear, accedí.

Así que volví a Oklahoma para vivir de nuevo con ella tras haber pasado dos años con mi padre. Por primera vez me sentía optimista. Creía que las cosas serían distintas entre nosotras y que mi madre y yo lograríamos finalmente llevarnos bien. A fin de cuentas, yo la necesitaba a ella y ella a mí. Ambas lo sabíamos en esos momentos. Volvíamos a ser un equipo, juntas contra el mundo, listas para cuidar la una de la otra.

Y claro, lo primero que hizo mi madre fue llevarme a un dermatólogo, que acabó con mi acné.

En aquel tiempo no reconocí la mano de Dios en lo que estaba sucediendo. No le atribuí el mérito de que mi padre se me hubiera llevado entonces e interrumpiese el ciclo de los abusos sexuales en mi vida, ni el de que mi madre reapareciese cuando más la necesitaba, porque no me daba cuenta de que, a veces, Dios pone a gente en tu camino como respuesta a tus plegarias. Y tampoco me preguntaba por qué había sobrevivido después de tomarme todas aquellas pastillas. Supongo que lo atribuí simplemente a la suerte. Al recordarlo, estoy convencida de que, en el nerviosismo del momento, cogí un montón de pastillas inocuas, como aspirinas y vaya usted a saber qué más. Pero al mismo tiempo, me percato de que no fue cosa del azar.

Era Dios, que utilizaba toda la porquería de mi vida para reafirmar su gloria. Era Dios, que acudía a mi rescate en mi momento más negro (algo que volvería a suceder más adelante, una vez tras otra). Era Dios, que se llevaba las mismas cosas que el enemigo utilizaba para destruirme —rabia, amargura, desprecio por mí misma— y las reemplazaba por salvación y pruebas de su existencia. Sólo muchos años más tarde llegaría a darme cuenta de que el Dios al que ahora venero me había encontrado en medio de mi oscuridad, y de que era en aquella oscuridad donde al fin acabaría por ver su luz.

Antes de que pasase mucho tiempo, volvería a necesitar la ayuda de Dios y esta vez más que nunca, porque nada más volver a vivir con mi madre, ella trajo de nuevo a mi vida a un monstruo de mi pasado.

A los pocos días de mi regreso, comenzó a verse de nuevo con Hank. Según me han contado, un día se le acercó en la iglesia y le pasó una nota. Decía: «Te amo y amo a mis hijos y os quiero a todos a mi lado». Así que decidió volver con él.

Fue un golpe devastador para mí. El hombre que casi me había disparado a la cabeza y que había pegado a mi madre hasta hacerla sangrar volvía de pronto a llevar a mi hermano al colegio y a visitarnos en casa, como si no hubiera sucedido nada. Y lo que es peor, como mi madre quería que fuésemos una gran familia feliz, decidió que tenía que ser una progenitora estricta. Mi vena rebelde se reavivó. La antigua dinámica del tira y afloja entre las dos reapareció donde la habíamos dejado: con gritos, empujones y constantes agravios mutuos. Todo llegó a su clímax en mi decimoquinto cumpleaños.

Yo esperaba que mi madre montase algo grande para la ocasión, como había hecho siempre. Era algo que se había convertido en costumbre: que me hiciese sentir especial en mi día. Pero aquel año, justo antes de mi cumpleaños, nos anunció que íbamos a ir a Texas a reunirnos con la familia de Hank. No sabía lo que yo había estado sufriendo durante años en la casa de la madre de éste, así que tampoco podía saber que aquello me parecía una traición monumental. No obstante, el caso es que incluso el mero hecho de planificar el viaje durante el fin de semana de mi cumpleaños me parecía insultante. Le dije a mi madre, lisa y llanamente, que no pensaba ir. Así que Hank, Jayson y ella se fueron y yo me quedé en casa de mi tía Bridget.

El problema no era quedarse con mi tía —de hecho, me encantaba estar con ella y su marido, Al: eran los que nos habían acogido después de que Hank me disparara, cuando no teníamos ningún otro sitio adonde ir—, pero por mucho que quisiera a mis tíos, era mi madre la que siempre hacía que mis cumpleaños fuesen especiales. Y en ése, el de mis quince años, ni siquiera estaba conmigo. Mis tíos me compraron un pastelito de chocolate con una velita, un bonito gesto, pero no suficiente para compensar lo que yo sentía que me faltaba.

En lugar de recibir algo maravilloso por mi cumpleaños, perdí algo: dejé de creer que importaba; abandoné la idea de que contase como ser humano. Si mi madre no me quería lo bastante como para anteponerme a un exmarido violento, tampoco yo me querría. El sentimiento de desprecio por mí misma, que había estado filtrándose en mi alma desde hacía tanto tiempo, comenzó a apoderarse de ella. Me culpé por todas las cosas malas que me habían sucedido y me dije que la razón de que nadie me pusiera por delante era que no me lo merecía.

Comencé a creer que no valía nada y decidí que, si no valía nada, me comportaría conforme a ello.

Al poco de cumplir los quince comencé a ir al instituto y a salir con chicos. Al principio era algo inocente. Conocía a un chico, dábamos una vuelta en su coche y trasnochábamos todo lo que podíamos. Recuerdo haber ido a una fiesta con una vieja amiga del colegio, haber visto a un adolescente alto y guapo y haber pensado que sería genial que se acercase y me hablase. Y eso fue, para mi sorpresa, precisamente lo que hizo. Nos fuimos a su coche, dimos una vuelta y finalmente aparcamos en un callejón para charlar, a pesar de que por aquel entonces yo tenía hora de llegar a casa —creo que eran las once de la noche—, y ya era mucho más tarde. Alrededor de las tres de la mañana, oímos que un coche paraba bruscamente delante de nosotros: era su madre y no estaba lo que se dice muy contenta.

No recuerdo si lo castigaron, pero sí que tampoco me preocupaba demasiado. No mucho después, me encapriché del nieto de una pareja de ancianos a la que mi madre conocía de la iglesia. Después del servicio salimos juntos, fuimos a dar una vuelta en coche por la ciudad y estuvimos por ahí hasta altas horas de la madrugada. Esta vez fue un coche patrulla el que nos encontró, con el coche aparcado en el quinto pino. Un agente me llevó a casa, donde mi madre me esperaba con las maletas hechas junto a la puerta.

—Te vas a Safe House —me dijo. Safe House era una especie de reformatorio para jóvenes con problemas de actitud.

Tras varios años de riñas y violencia, mi madre y yo habíamos llegado a un punto muerto insuperable. Nos pasábamos el 90% del tiempo peleándonos, sin vislumbrar siquiera el final de las hostilidades. La cosa había llegado a tal punto que yo desafiaba su autoridad incluso cuando sabía que tenía razón, pero más que rebelarme contra ella, lo hacía contra el mundo. Cuanto menor era el control que sentía sobre mi propia vida, más me revolvía, presa de rabia y frustración. Y, finalmente, mi madre se hartó: me echó, y la verdad es que yo estaba encantada de irme.

—Muy bien —le dije—. Pero no vengas a buscarme. No pienso volver nunca.

Al llegar a Safe House me dijeron que podía quedarme treinta días, lo que me pareció estupendo: un mes entero sin tener que aguantar a mi madre. Sin embargo, al día siguiente comencé a comprender lo que significaba aquello en realidad. Una trabajadora del centro me despertó casi de madrugada y me mandó a limpiar los baños comunitarios: a las seis de la mañana estaba frotando suelos e inodoros asquerosos. Otra chica que estaba también limpiando me preguntó por qué estaba allí.

—Por llegar tarde —respondí—. ¿Y tú?

—Le clavé a mi madre unas tijeras —me contestó.

Aquella tarde llamé a mi madre, me disculpé y le pedí que, por favor, por favor, viniese a buscarme. Y lo hizo.

Pero si alguien esperaba que mi paso por Safe House me hubiera enseñado una importante lección, se llevó un buen chasco. Al poco tiempo entablé amistad con una chica mayor del instituto, Jennifer, quien me introdujo en el mundo de la juerga de verdad. Me llevó a una base de las Fuerzas Aéreas, donde unos militares estaban dando una fiesta, y allí bebí mi primera cerveza... y luego algunas más... hasta que me emborraché hasta el punto de perder el conocimiento. Jennifer me llevó a casa, pero al día siguiente me encontraba tan mal que no podía dejar de vomitar. Eso sí, a mi madre le conté que había cogido una gripe estomacal.

Empecé a quedarme muchas noches en casa de Jennifer, porque ella no tenía hora de llegada e iba a todas las fiestas de la base de las Fuerzas Aéreas. Me encantaba estar con aquellos chicos tan guapos en sus barracones. Cuando quise darme cuenta, ya estaba locamente enamorada de uno de ellos, un chico guapo, con cierto aspecto de golfo, una piel suave y bronceada y unos ojos castaños, casi negros. Además, era increíblemente dulce y atento. En mi cumpleaños me regaló un ramo de preciosas rosas de tallo largo y al verlas casi me desmayo. Cumplía dieciséis años; él tenía veintidós.

Era mi primera historia de amor y me lancé a ella de cabeza. Estaba completamente atrapada por la embriagadora pasión del amor, sentía que aquello era algo totalmente mío, algo que nadie podía arrebatarme, así que poco después de aquel cumpleaños, me entregué voluntariamente a un hombre por primera vez.

Dos semanas más tarde me abandonó con el pretexto de que yo era demasiado joven.

La euforia de mi primer amor se vio, así, reemplazada por la profunda desesperación de mi primer desengaño amoroso. A pesar de todo el dolor y las penurias que había padecido en mi infancia, nunca había sentido algo tan completamente devastador. Me pasaba horas y horas en la cama, escuchando canciones de amor y llorando con mis amigas por teléfono. Mi madre estaba al otro lado de la puerta durante una de aquellas conversaciones y, de ese modo, se enteró de que me había acostado con él. Cuando la vi entrar, pensé que iba a gritarme, pero, para mi sorpresa, se sentó en la cama y me abrazó con fuerza. Supongo que había vuelto a olvidarme de que era capaz de grandes actos de bondad.

Tardé meses en recobrarme, pero poco a poco volví a entrar en el ritmo normal de la vida escolar. Al poco tiempo me fijé en un chico muy guapo, algo mayor que yo. Se llamaba Phillip y era uno de los alumnos más populares del instituto. Era alto y tenía un aire un poco canalla y una camioneta roja impresionante: todo en él resultaba atractivo, por lo que comenzamos a salir. Pasábamos la mayoría de las noches recorriendo Main Street en su camioneta, que era lo que se hacía en aquella época, cuando la gasolina estaba a 13 céntimos el litro: recorrer esa calle de un lado a otro, dar la vuelta y volver, y así toda la noche, tocando el claxon al ver a los amigos, cambiando de coche, parando a comprar batidos o metiéndose en los aparcamientos sólo por diversión.

Con Phillip probé la marihuana por primera vez. Luego él pasó a cosas más duras; yo no: quería ser una chica mala, pero no tanto. De vez en cuando me pasaba con la bebida, pero las drogas duras no me interesaban. Aquello provocó problemas entre nosotros y empezamos a discutir casi todas las noches. Yo empezaba a ver esas peleas como una forma de vida, así que no pensaba que fuese algo inusual, o siquiera insano. Pero Phillip comenzó a tratarme mal, a menospreciarme, a insultarme y a desaparecer para poder irse de parranda con sus colegas.

Un día, después de una de aquellas peleas, en la puerta de su casa, me empujó y me caí rodando por los escalones del porche y aterricé en el suelo. Me arrojó el bolso y se metió dentro dando un portazo, mientras yo me quedaba allí aún tumbada en el suelo, llorando y recogiendo mis cosas. Cuando mi madre se enteró de lo que había hecho, me llevó a la comisaría para pedir una orden de alejamiento.

Otro corazón roto, otra vez a revolcarse por el fango. Mi autoestima, que nunca había sido muy elevada, estaba en mínimos históricos. Abandoné el grupo de danza del instituto porque creía que estaba demasiado gorda para llevar el tutú. En realidad, con algo menos de metro sesenta y cincuenta kilos de peso, era muy menudita, pero yo me sentía como una criatura asquerosamente obesa y poco agraciada. La verdad es que, desde los doce años y durante toda la educación secundaria, sufrí de bulimia. Era otro de mis secretos oscuros y mi manera de ejercer al menos un poco de control sobre mi vida. Un día, mi hermano se enteró y fue corriendo a contárselo a nuestra madre. El secreto dejó de serlo, pero tendrían que pasar muchos años para que finalmente pudiera acallar a los demonios que subyacían tras él.

Las cosas fueron de mal en peor a partir de entonces. Abandoné el instituto y conseguí que mi madre me ingresara en una escuela alternativa para estudiantes con problemas sociales y disciplinarios. Algunos de los alumnos eran chicos que se creían demasiado guays para el instituto normal y a los que les gustaba beber, salir de fiesta y fumar marihuana, como yo. Otros no encajaban en los colegios normales por sus horribles circunstancias familiares. Aquel centro no tenía horario fijo: ibas cuando querías y estudiabas lo que te gustaba. Había muchas chicas embarazadas y otras tantas que acudían a clase con bebés recién nacidos. Creo que lo que buscábamos todos era un camino mejor hacia un futuro más brillante. En un mundo donde a la mayoría nos habían etiquetado como fracasados, nuestros nuevos profesores estaban haciendo todo cuanto podían para que nos diésemos cuenta de que no lo éramos.

Mi paso por aquel instituto hizo que me diese cuenta de que yo también quería ser maestra algún día.

Por aquel entonces conseguí un trabajo como camarera en un Sizzler's, donde me pagaban unos dos dólares la hora, más propinas. Quería ahorrar todo lo posible para no depender tanto de mi madre. Ya tenía coche, un enorme Cutlass Supreme de color marrón de segunda mano que me había comprado en Navidad. Sabía que habría tenido que estarle agradecida por aquel gesto, pero la primera vez que lo vi me eché a llorar y no precisamente de alegría porque era muy grande, muy viejo y muy poco *cool*: horrible. En invierno ni siquiera arrancaba y tenía que meter un bolígrafo en un tubo del motor antes de darle al contacto. Debía de haber sido de una banda de narcotraficantes antes de llegar a mis manos, porque tenía una matrícula dorada y fruslerías de idéntico color por toda la tapicería. No tenía amortiguadores y brincabas como un descosido en su interior al coger el menor bache. Así que terminé por ir a la escuela tarde y marcharme temprano todos los días para que nadie me viese con aquel espantoso armatoste.

Sin embargo, aquel objeto de mi vergüenza no tardaría en resultarme muy útil. Las peleas con mi madre iban a peor y tuvimos otra de nuestras épicas batallas. En medio de los gritos, los empujones y los tirones de pelo, mi madre dijo que si no me gustaban sus normas, podía largarme. Le tomé la palabra.

Metí todas mis cosas en mi enorme coche y, básicamente, me pasé el mes siguiente viviendo en él. Iba a casa de mis amigas cuando podía y no falté a la escuela un solo día. Disfrutaba de mi nueva libertad. Es más, durante las tres primeras semanas ni siquiera me molesté en llamar a mi madre para decirle que estaba bien. Finalmente, un día pasó por la escuela y me dijo que me quería y estaba preocupada por mí. Al final accedí a volver a casa con una condición: adiós al «toque de queda». Mi madre se vio obligada a reconocer que era una persona adulta y prometió empezar a tratarme como tal.

A los diecisiete años conocí a otro hombre en una fiesta. Dean estaba divorciado y tenía la custodia de su hija de tres años. Era seis años mayor que yo, pero a mí eso no me importaba en absoluto. Siempre me había sentido mayor de lo que decía mi carnet de identidad y estaba acostumbrada a estar con gente más adulta. Además, Dean era muy atento y yo parecía gustarle de verdad, cosa que me encantaba. Nuestra relación pasó de cero a cien en cuestión de días. Era el tercer gran amor de mi alocada vida adolescente.

Pero, por supuesto, aquella historia, como las demás, no duró demasiado, y tras un verano tumultuoso terminó tan repentinamente como había empezado. Esta vez tampoco me hundí demasiado, porque estaba emocionada por mi inminente ingreso en la universidad. Lo que no sabía entonces, pero averiguaría al poco tiempo, era que mi ruptura con Dean no sería tan definitiva como yo había creído. De hecho, no tenía nada de definitiva. Una tarde, al llegar a casa, mi madre me encontró llorando desconsoladamente en el sofá del salón.

—¿Qué pasa? —preguntó—. Cuéntame lo que te pasa.

Pero no pude, las lágrimas no me dejaban. Finalmente, inhalé aire suficiente para balbucearlo entre sollozos.

—Mamá —dije—, estoy en estado.

CAPÍTULO 7

Sólo había pasado un mes desde la ruptura con Dean cuando me enteré de que estaba embarazada. La separación no había sido especialmente dramática. Después de tres meses de relación —en los que habíamos ido a ver carreras de coches y yo había hecho de niñera de su niña pequeña—, un buen día me dijo que pensaba que teníamos que dejar de vernos. Estábamos sentados en un banco de madera, en un parque, cuando me lo soltó. Me quité el anillo que me había regalado con motivo de mi graduación y se lo tiré a la cara. Eso fue todo. La ruptura me dolió, sí, pero para entonces ya me parecía el inevitable final de todas mis relaciones.

Cuando le dije a una de mis amigas que tenía un retraso, me llevó a una farmacia para comprar un test de embarazo. Me metí en el baño de la casa de sus padres, pero no supe descifrar los resultados. Mi amiga lo examinó y, de repente, vi que se le abrían los ojos como platos. En aquel mismo instante supe que estaba embarazada.

Tenía diecisiete años e iba a tener un bebé.

¿Cómo había sucedido? Bueno, ya sabía cómo sucedían esas cosas. Pero lo que quería decir es ¿cómo había podido sucederme a mí? Tomaba la píldora (que me suministraban en los centros de planificación familiar de la ciudad), pero supongo que es posible que me olvidara de tomarla un día. Bueno, puede que más de uno. Sólo había sido un pequeño descuido, pero cuyas consecuencias me cambiarían la vida de manera drástica. Por mucho que me empeñase en pensar que era una adulta, la realidad es que sólo era una muchacha confusa. Y desde luego no estaba lista para la responsabilidad de cuidar de un hijo sola.

Lo primero que hice tras enterarme fue llamar a Dean. Vino a la casa de mi amiga, nos sentamos en la cama y hablamos sobre el asunto. No estaba alterado ni molesto, pero se mostró muy claro con respecto a lo que sentía.

—No quiero más hijos —me aclaró—. Si decides abortar, yo lo pago. Pero si tienes el niño, no cuentes conmigo.

Era la primera vez que oía la palabra «abortar» en una conversación de la que yo fuese la protagonista y me sentó como un puñetazo en el estómago. Me eché a llorar, pero Dean se mostró inflexible. No estalló ni cargó contra mí, simplemente me dijo que no quería saber nada de mí ni de nuestro hijo.

Me fui directamente a casa y repetí la prueba. El resultado fue el mismo: dos rayitas de color rosa. Me tumbé en el sofá y lloré como nunca. El abrumador sentimiento que me embargaba era el terror: un pánico frío como el hielo dentro de los huesos. «¿Y ahora qué? ¿Qué voy a hacer? ¿Acabo de arruinar mi vida?» Tener un hijo significaba decirles adiós a todos mis grandes planes y sueños. Quería ir a alguna universidad importante y quería convertirme en maestra. Y, por encima de todo, quería salir de mi casa y ver mundo. Pero aquella noticia significaba dar carpetazo a todos esos planes. Con diecisiete años, me sentía como si mi vida hubiera terminado.

Fue entonces cuando mi madre llegó a casa a cenar y me encontró llorando.

Había temido el momento de contárselo desde el mismo instante en que me enteré de ello. Se enfurecía cuando no respetaba la hora de llegar a casa. ¿Qué iba a hacer cuando se enterase de que estaba embarazada? Pensé en mentirle, pero en cuanto entró en el salón sentí el impulso de soltarlo todo. Así que lo hice: le dije a mi madre que estaba embarazada.

Su rostro quedó petrificado, me miró fijamente y dijo:

—¿Cómo lo sabes?

Le respondí que me había hecho un test de embarazo y que el cartucho estaba sobre mi cama. Entró en mi dormitorio y no salió hasta cuarenta y cinco minutos más tarde. No sé lo que hizo allí dentro, pero estaba convencida de que cuando saliese, me gritaría como jamás lo había hecho. Me hice un ovillo en el sofá y, llorando, me dispuse para aguantar el chaparrón. Después de lo que se me antojó una eternidad, mi madre salió del cuarto con el cartucho en la mano. Me preparé para los gritos, pero no los hubo.

En su lugar, se acercó, se sentó a mi lado y me dio un abrazo. Sollocé contra su hombro, asombrada por su reacción.

—Todo va a salir bien —susurró—. Me da igual lo que diga la gente del pueblo. Vas a ir con la cabeza muy alta. Te quiero y es mi nieto. No quiero que te avergüences. Esto no te define.

En ese mismo instante supe que iba a tener el niño.

Mi madre estaba conmigo cuando me hicieron la ecografía en la que me enteré del sexo de mi hijo. El técnico me preguntó si quería saberlo y le dije que sí. Por alguna razón, creía que iba a ser un niño. Mi madre y yo enfocamos la mirada sobre la borrosa imagen generada por los ultrasonidos, tratando de encontrarle algún sentido a lo que se veía allí.

—Ahí tiene —nos informó el hombre mientras señalaba a un punto concreto de dicha imagen—. Va a tener usted un niño.

Mi madre dice que se enamoró del niño en aquel mismo momento, en la consulta del doctor. Tal vez por eso le dijo:

—Te he querido desde que eras un frijol con patas.

Para entonces yo ya llevaba algún tiempo enamorada de él. Me sentaba en el dormitorio, con la mano apoyada en mi enorme barriga, y al sentir sus pataditas me asombraba por la profundidad y la novedad del cariño que sentía. Seguía aterrorizada y aún creía que mi vida había acabado, pero al mismo tiempo me fascinaba la idea de tener alguien mío a quien amar. Toda mi vida había querido desesperadamente amar y ser amada y había guardado en el corazón un poco de emoción y afecto que, debido a mi difícil infancia y a mi terrible criterio con los hombres, aún no había podido volcar en nadie. No obstante, a partir del momento en que supe que estaba embarazada, tomé conciencia de que tenía, al fin, alguien a quien podía amar sin reservas, alguien que me devolvería ese amor de manera incondicional.

Aun así, estar embarazada con diecisiete años no era una circunstancia envidiable en nuestro pueblo. No es algo que entusiasme a la mayoría de la gente temerosa de Dios del Cinturón Bíblico. Mi padre y su familia, por ejemplo, eran devotos católicos y yo sabía que no estarían precisamente encantados cuando se enterasen de que iba a tener un hijo. Le oculté a mi padre el embarazo durante varios meses, hasta que me envió una invitación para su boda. Iba a casarse con una chica que sólo tenía siete años más que yo y quería que asistiese a la ceremonia. Me repitió varias veces que tenía que mandarle mis medidas para que me hiciesen el vestido —iba a ser una de las damas de honor—, pero yo no hacía más que darle largas. Finalmente, un mes antes del gran día, no me quedó otra alternativa que llamarlo:

—No puedo ir a tu boda.

—¿Por qué?

—Porque estoy embarazada.

Se produjo un largo e insoportable silencio al otro lado de la línea y, al cabo de más o menos un minuto, mi padre respondió al fin.

—Te volveré a llamar —dijo. Y luego colgó.

Esperé su llamada el resto del día, pero no se produjo. Ni al día siguiente. Ni al otro, ni al otro. Pasaron dos semanas hasta que, una tarde, me llamó. Y cuando hablamos, no mencionó el embarazo una sola vez. Simplemente conversamos sobre cosas insignificantes. No sé por qué me afectó y sorprendió tanto su reacción; a fin de cuentas, sabía perfectamente que era incapaz de asimilar situaciones comprometidas como ésa. Prefería no hablar de ellas y, en este caso, incluso podía llegar a fingir que no estaba embarazada.

Mi madre, en cambio, intentaba por todos los medios que me sintiese bien con la situación. Me llevaba a comprar ropa de bebé y restaba importancia a las miradas de desaprobación que se dirigían a mi cada vez más abultada y evidente barriga. A los siete meses del embarazo me organizó una fiesta, una *babyshower*, en la casa de una amiga. Había una tarta especial y me regalaron pañales, un balancín y una sillita para el coche. Aquel día me sentí muy feliz.

Pero la mayoría de las noches era incapaz de dormir pensando en cómo iba a hacer para criar al pequeñín por mí misma. Ya estaba quedándome sin amigos, porque no podía salir como antes. Y estaba segura de que cuando tuviese al niño, me quedaría sin ninguno, que no encajaría en el único mundo que conocía.

Mi madre tenía una amiga maravillosa a la que yo llamaba tía Connie. Y le había pedido que me enseñase la técnica Lamaze.* Estoy segura de que ella se daba cuenta de lo aterrada que estaba, porque un día me dijo:

—Crystal, tienes opciones. Si crees que es imposible que te ocupes del niño, yo lo adoptaré.

No le di una respuesta en aquel momento, pero tuve su oferta presente durante el resto del embarazo. La verdad es que, aunque el día del parto estaba cada día más

---

* Técnica ideada por el obstetra francés Ferdinand Lamaze para un parto consciente sin dolor basado en el control de la respiración, la relajación, la distracción y masajes para liberar el estrés y aliviar la sensación de dolor a la hora de dar a luz. (*N. del t.*)

cerca, yo seguía sin saber lo que iba a hacer. Mi vida era una auténtica montaña rusa y no podía hacer otra cosa que aferrarme bien fuerte para no descarrilar.

Entonces, un domingo, mientras estaba sentada en la iglesia viendo cantar a mi madre en el coro, sentí un dolor agudo en la parte baja de la espalda. Miré a mi madre a los ojos, le indiqué con un gesto que me marchaba, cogí el coche y me fui a casa. La tía Connie vino a verme, me preguntó una serie de cosas y proclamó:

—Crystal, estás de parto.

Sólo estaba de treinta y seis semanas, así que todavía no había preparado la bolsa para el hospital. Ella se encargó de hacerlo y luego me llevó al hospital Comanche County Memorial, situado en Lawton, a unos cincuenta kilómetros. Me ingresaron el domingo de Pascua.

La tía Connie me explicó que el malestar que sentía lo provocaban las contracciones y recuerdo haber pensado «Vaya, tampoco es tan terrible el dolor». Entonces me hicieron romper aguas para acelerar el parto y comenzaron las contracciones de verdad. Eran prolongadas y lentas oleadas de dolor que iban creciendo y creciendo hasta un punto en el que parecía que no podían empeorar, sólo que siempre lo hacían... La primera fue tan espantosa y me asustó de tal modo que salí de la cama de un salto y comencé a ponerme mi ropa de calle por encima del pijama del hospital. La tía Connie me miró, totalmente confusa.

—¿Adónde vas? —preguntó.

—No puedo hacer esto —respondí—. Me marcho.

Rompió a reír.

—Cariño —dijo—, vayas donde vayas vas a tener el niño.

Me pusieron la epidural para que pudiese dormir un poco y mi madre se presentó con una cámara de vídeo para grabar el parto. El médico me explicó lo que iba a pasar y cómo tenía que empujar, y en ese momento me invadió un único y aterrador pensamiento: «¿Podré darle al niño lo que necesita?».

Luego las cosas se precipitaron. Entraron las enfermeras en tropel y el médico se puso en posición. Mi madre pulsó el botón de grabar. Oí que el médico me decía que empujara, así que empujé. Oí que volvía a decirlo, así que volví a hacerlo. Y entonces se hizo el silencio y ya no supe qué hacer. Estaba aterrorizada, pero entonces se incorporó y llevaba algo acunado entre los brazos: una criaturilla rosada y temblorosa que emitía ruiditos graciosos.

En aquel momento conocí al amor de mi vida: conocí a mi hijo.

El obstetra me lo entregó y lo sostuve contra el pecho mientras miraba sus minúsculos y milagrosos bracitos. En un mero destello, todos mis miedos, preocupaciones y terrores desaparecieron. Me embargó un amor profundo e instantáneo hacia mi hijo y supe que estaría ahí para siempre. La tía Connie no tuvo que preguntarme si quería quedármelo: con sólo verme con él durante los primeros segundos de su vida supe con toda certeza que sí.

Lo bauticé como Jameson Payne, el primer nombre en recuerdo de la abuela Ernie (era su apellido de soltera) y el segundo porque me gustaba; así que, inevitablemente, se convirtió en JP.

La euforia de ser madre primeriza es algo que jamás olvidaré, pero por desgracia aquel estado tampoco duró demasiado. Ya en casa de mi madre, la realidad de la situación se dio a conocer con rapidez y claridad, a través de los aullidos que profería JP durante la noche, todas las noches. Me había imaginado que JP y yo dormiríamos plácidamente juntos, madre e hijo acurrucados y perdidos en su propio mundo de ensueño. La realidad es que JP apenas dormía, ya que había nacido sin reflejo de succión, así que alimentarlo era casi imposible. Tuve que pegar con cinta aislante un tubito a mi dedo, conectarlo a una jeringuilla de leche y acercarlo a la garganta de JP para que pudiese tomar algunas gotas de leche. Y tenía que repetirlo varias veces cada noche. Era muy trabajoso y me impedía dormir. Me sentía sobrepasada por la situación.

Una noche estaba sentada junto a la cuna de JP y al verlo llorar y llorar empecé a hacerlo yo también de pura frustración. Lo cogí en brazos y comencé a acunarlo, pero nada podía detener sus berridos. Finalmente me rendí y mi hijo y yo lloramos al unísono en mitad de la noche larga y espantosa.

Y entonces, justo a tiempo, mi madre entró en el dormitorio. Desde el principio me había ayudado bastante con JP, pero, aun así, yo intentaba hacerlo todo sola porque no quería sentir que dependía de ella. Recuerdo que me guardaba todas las monedas que encontraba para no tener que pedirle dinero para pañales. Pero cuando entró y me preguntó «¿Me lo dejas un minuto?», sentí tal alivio que casi se lo lanzo a los brazos. Sabía que tenía que levantarse temprano para ir a trabajar, pero estaba tan cansada y desesperada por dormir que dejé que paseaase al niño por el salón mientras yo me tumbaba y cerraba los ojos. Cuando desperté, un par de horas más tarde, dormía apaciblemente en su cunita.

Mi madre fue mi heroína en aquellos primeros días y nunca olvidaré todo lo que hizo por mí.

Al final resultó que mi padre también estaba emocionado por la perspectiva de tener un nieto. Vino a verme poco después de que JP naciera y cuando éste tenía unos seis meses lo llevé a Illinois a conocer a mi abuela por parte de padre, Mardel (mi abuelo había fallecido cuando yo no era más que una niña), una persona con un sentido de la privacidad extremado. Ni siquiera sus propios hijos sabían gran cosa sobre ella. Algunos años antes de morir escribió su propio obituario y cuando sus hijos lo leyeron, no reconocieron ninguno de los familiares cuyos nombres había escrito en el. Pero también fue un alivio para ellos no tener que redactarlo, porque ninguno de ellos habría sabido qué poner.

No es de extrañar, por tanto, que estuviese un poco nerviosa ante la perspectiva de llevar a mi hijo a conocerla. Según mi padre, no le gustaba que el nombre de su familia fuese objeto de habladurías, así que imagino que no le haría mucha gracia que su nieta hubiera tenido un hijo extramatrimonial. Aun así, cuando mi padre nos llevó en coche a su casa de Illinois, yo tenía la esperanza de que las cosas salieran bien. Una vez en el porche trasero de la casa, mi padre me dijo que tenía algo que contarme.

—Verás, tu abuela no sabe que tienes un hijo —me dijo, exactamente dos segundos antes de tocar el timbre.

¿Cómo? ¿Que no le había hablado de JP? No tuve tiempo de sorprenderme, porque en ese momento se abrió la puerta y apareció Mardel.

—Hola, abuela —la saludé—. Te presento a mi hijo.

No dijo nada. Su expresión era de extrema seriedad

(pero yo tampoco podía recordar ningún momento en que no fuese así). Volvió a entrar en la casa, abrió un armario y regresó con un pequeño payaso de peluche. Fuimos a sentarnos en el salón y, mientras yo los miraba con una sonrisa en la cara, Mardel estuvo jugando con JP y el muñeco. No es que fuese demasiado afectuosa —nunca lo era—, pero tampoco dijo algo como «¿Cómo has podido hacer esto?» o «¿Por qué no me lo habías dicho?». Recuerdo sentirme embargada por una profunda sensación de alivio. Con el paso de los años, Mardel fue una bisabuela realmente buena para mis hijos, a los que siempre mandaba billetitos nuevos de cinco dólares dentro de las tarjetas de Navidad o las de cumpleaños.

No fui la única que se sintió aliviada aquel día. Mi padre me contaría más adelante que mientras estábamos en el porche, esperando a su madre, estaba tan nervioso por cómo podía reaccionar que le temblaban las piernas. En retrospectiva, aquella tarde explica muchas cosas sobre la relación entre mi padre y yo. Por aquel entonces no me di cuenta de ello, pero allí en el porche, mi padre y yo esperábamos exactamente la misma cosa: aprobación. Yo no quería que mi hijo y yo lo avergonzáramos y él no quería que su hija y él avergonzasen a su madre. Y como su madre era tan reservada y distante, él siempre se había esforzado por obtener su aprobación, incluso de adulto. Y eso es precisamente lo mismo que nos pasaba a nosotros dos. Como era tan discreto y poco emocional, yo siempre tenía la sensación de que debía ganarme su aprobación.

No tenía nada que ver con el cariño: Mardel quería profundamente a su hijo, como mi padre a mí. Tenía que ver con algo que puede estar roto dentro de las personas y provoca que a los sentimientos verdaderos les cueste salir a la luz del sol.

Cuando vuelvo la vista hacia la desconcertada adolescente que era, se me parte el corazón. Me entristece todo lo que tuvo que pasar y me gustaría muchísimo que hubiera tomado mejores decisiones por el camino. Pero sé cuánta rabia y amargura había dentro de su corazón y sé lo mucho que se detestaba a sí misma y hasta qué punto se consideraba inútil. Sé lo mucho que deseaba creer en Dios y lo mucho que le costaba aceptar que Él la estaba escuchando. Ojalá pudiera abrazarla y decirle lo especial que es.

Pero claro, no puedo hacerlo; sólo puedo contarte la verdad de mi vida, por dolorosa que sea.

Cuando JP tenía dos años, tuve una aventura con un chico del pueblo. No significó nada y no duró mucho. Pero luego, una mañana, me desperté sintiendo náuseas. Cogí el coche y fui a ver a nuestra médica de cabecera. Le describí los síntomas y lo primero que me preguntó fue:

—¿Es posible que estés embarazada?

Le dije que era imposible, ya que tomaba anticonceptivos. Me hizo unas cuantas pruebas y regresó al cabo de media hora con los resultados.

—Todas las pruebas han dado negativo —me informó—, salvo la de embarazo. Estás embarazada, sin ninguna duda.

Me tapé la cara con las manos y me eché a llorar. Aún recuerdo la profundísima vergüenza que sentí delante de aquella mujer. Intentó consolarme, pero yo lo único que podía hacer era repetir:

—No puedo pasar por esto otra vez. No puedo.

Sentí un pánico mareante, una sensación de ruina aplastante. ¿Qué me pasaba? Esa vez estaba totalmente convencida de que no había dejado de tomar la píldora un solo día. Pero ¡ni uno! Cuando la doctora me dijo que a veces pueden darse embarazos incluso con la píldora anticonceptiva, pensé: «Y me toca a mí, ¡cómo no!». Fue muy amable conmigo e hizo todo lo que pudo por consolarme y hacerme sentir que tenía alternativas.

—No es el fin del mundo, Crystal, en absoluto —me garantizó.

Pero yo no podía dejar de sentir que sí lo era.

Llegados a ese punto podría haber hecho muchas cosas. Podría habérselo contado a mi madre, que tan generosamente se había portado después de mi primer embarazo. Podría haber llamado a la tía Connie, que ya se había ofrecido a adoptar a mi primer hijo. Podría haber hablado con un pastor o con un amigo. Podría haber pedido ayuda, consejo, guía. Podría haber hecho cualquiera de esas cosas.

Pero al final no llamé a mi madre. No llamé a la tía Connie. NO hablé con un pastor ni con un amigo.

Lo único que hice fue pedirle perdón a Dios.

Sólo tres días después de enterarme de que estaba embarazada, entré en un sobrio edificio, me acerqué al mostrador de la entrada y entregué 300 dólares. Me dijeron que me sentase en la sala de espera y así lo hice.

Luego me limité a permanecer allí sentada y a esperar, demasiado aturdida para sentir nada.

CAPÍTULO 8

La clínica la había encontrado en las páginas amarillas y acepté la primera hora que pudieron darme. Hasta aquel día nunca me había parado a pensar seriamente en el tema del aborto. Sabía que, como cristiana, debería estar en contra. Había visto una pegatina para coches que decía «Es un niño, no una decisión» y en el fondo de mi corazón sabía que estaba haciendo mal; otras veces trataba de convencerme de que debía tener el derecho a decidir qué hacer con mi propio cuerpo... En cualquier caso, no se trataba de un dilema teológico.

De pronto era real.

La clínica estaba en Oklahoma City y convencí a una amiga para que me llevara. Hicimos las dos horas de viaje por la interestatal 44 en mi viejo Mustang GT. Hablamos de temas banales y no de lo único que importaba de verdad. A cada kilómetro que recorríamos, me sentía un poco más taciturna.

Tras llegar a la clínica, pagué y rellené unos formularios. Entonces fui a sentarme en la sala de espera, como ya he dicho, y aguardé a que me llamaran. No recuerdo gran cosa sobre la clínica, aparte de que era anodina y no muy luminosa —podría haber sido, por ejemplo, la consulta de un dentista—. Y era silenciosa, muy silenciosa: no se oían conversaciones ni risas, el silencio lo inundaba todo. Allí sentada, me sentía como si estuviera viendo a otra persona pasar por todo aquello. Había algunas chicas más, pero yo tenía miedo de mirarlas a los ojos y mantuve la mirada clavada en el suelo. Me pregunté qué camino las habría llevado hasta aquel lugar el mismo día que a mí. Me pregunté si habrían llorado hasta quedarse dormidas durante toda la noche, como yo, o si le habrían suplicado a Dios que las perdonase y cuidase de sus bebés, como yo. Me pregunté si se les estaría partiendo el corazón mientras estaban allí sentadas esperando a que las llamasen por su nombre, como a mí.

Finalmente, una enfermera me llamó y me llevó a otra habitación. Me entregó más documentos y me pidió que firmara un documento por el que yo asumía toda responsabilidad frente a un potencial problema en la intervención. Pensé en lo mucho que se parecía a una visita normal al médico, sólo que aquélla no tenía nada de normal. En dicho documento, me explicó la enfermera, se decía que se trataba de una operación seria que podía, al igual que muchas otras, provocar mi muerte. Al oír la palabra «muerte» me quedé estupefacta, porque ni se me había pasado por la imaginación que aquello pudiera pasar. «¡Qué ironía! —me dije—. Vienes a abortar pero eres tú la que acaba muerta.» Pero entonces llegó un segundo pensamiento, que anuló el primero: «Si mueres, será lo que te mereces».

Tras firmar los documentos, todo sucedió muy de prisa. Me llevaron a un quirófano, donde una enfermera me ayudó a ponerme un camisón. Me temblaban las piernas y tenía la sensación de que iba a vomitar.

—¿Prefieres estar dormida o despierta? —me preguntó, y no le respondí porque no sabía lo que prefería.

El estado de atontamiento en el que me había sumido
en las horas previas estaba empezando a desvanecerse.
De repente empezó a entrarme el pánico.

—¿Quieres ver una ecografía del feto? —inquirió una
segunda enfermera mientras me ayudaba a tumbarme y
me colocaba las piernas sobre los estribos.

—No, no quiero ver a mi bebé —me apresuré a responder. El hecho de que utilizase la palabra «bebé» me
sorprendió. Desde que había entrado en la clínica, era la
primera vez que la pronunciaba. De repente me asaltó
la sensación de que estaba haciendo algo imperdonable.
A mi alrededor, las enfermeras y demás personal sanitario trabajaban como si tal cosa, tratando de restarle importancia al asunto. Pero yo era incapaz de comprender
cómo podían actuar con tanta normalidad, como si sólo
fuesen a extraerme una muela, mientras yo sentía que estaba a punto de suceder algo espantoso. Entró un médico
y el ritmo de su actividad aumentó todavía más.

«Levántate, Crystal —pensé—. Simplemente, levántate y diles que has cambiado de idea.»

Pero mi cuerpo estaba como paralizado. Y entonces el
aplastante pánico comenzó a remitir, a medida que la
anestesia me arrastraba poco a poco hacia la inconscien-
cia. Cuando quise darme cuenta, dos enfermeras estaban
ayudándome a vestirme y me llevaban a otra sala, con
varios sillones reclinables y ventiladores. Otra me trajo
un vaso de agua fría.

—Te sentirás un poco mareada durante un rato —me
advirtió.

Por alguna razón, no lloré. En aquellos días lloraba como una Magdalena por cualquier tontería, pero allí, en la clínica, no derramé ni una sola lágrima. Supongo que en aquellos momentos estaba en estado de choque. «No puedo creer que lo hayas hecho, Crystal», me repetía para mis adentros una y otra vez. Permanecí allí sentada, aturdida, en silencio, oyendo el zumbido de los ventiladores y la insistente voz de mi cabeza: «¿Qué has hecho, Crystal? ¿Qué has hecho?».

Se abrió la puerta y entró una enfermera con otra chica. Era alta, delgada y bastante guapa, con una melena larga de color castaño claro y unos ojos grandes y tristes. Calculé que tendría unos diecisiete años. Podría haber escogido cualquiera de las sillas reclinables de la sala, pero escogió la que había junto a la mía. Lloraba desconsoladamente y se le hinchaba el pecho cada vez que inhalaba para coger aliento.

Entonces volvió la cara hacia mí y nuestros ojos se encontraron. No dijimos nada, porque no hacía falta. Las dos sabíamos exactamente lo que estaba sintiendo la otra. Era una terrible combinación de vergüenza, horror e incredulidad, como si nos hubieran arrancado el alma de los huesos antes de reemplazarla por otra, sólo que rota, maltrecha. Pero al mismo tiempo estaba unida a un sentimiento de compasión mutua increíblemente intenso. En aquel momento, sentadas en aquellos sillones baratos entre el zumbido de los ventiladores, estábamos ofreciéndonos una a la otra el consuelo que necesitábamos con desesperación. Fuimos mutuos testigos de nuestros padecimientos. No nos juzgamos, simplemente nos limitamos a compartir un dolor que ninguna tenía palabras para expresar. Un aborto no era un procedimiento médico rutinario más: las dos habíamos perdido algo que nunca podríamos recuperar; habíamos tomado una decisión irreversible, por mucho que yo, posteriormente, rezara para que no fuera así. Las chicas que salían de aquella clínica salían transformadas: ya no eran las niñas ansiosas y asustadas que habían entrado en ella. A la dos nos había cambiado profundamente la experiencia y lo sabíamos.

Ignoro si esa bonita muchacha se acordará alguna vez de mí, pero transcurridos todos estos años, yo aún me acuerdo de ella y rezo para que, esté donde esté, haya encontrado el perdón y la felicidad.

Aquella noche supliqué a Dios que me perdonara por lo que había hecho. Se lo pedí una y otra vez: «Perdóname, Dios, perdóname». Repetí las mismas palabras noche tras noche, semana tras semana: «Por favor, por favor, por favor, Dios, perdóname».

Pero al mismo tiempo que las decía sentía la absoluta certeza de que era en vano. No se me ocurría cómo podía Dios perdonarme alguna vez. Aun en el caso de que fuese real, aun en el caso de que me estuviera escuchando, era imposible que yo recibiese su perdón. Creía que estaba condenada y que no volvería a sentir que valía algo como ser humano. Era una pecadora, una fracasada, no tenía ninguna justificación, me hallaba lejos de cualquier posibilidad de salvación y esperanza. Todas aquellas ceremonias de bautismo por las que había pasado de pronto me parecían casi estúpidas, ya que ni me habían salvado ni me habían purificado. La suciedad de mi mundo era algo que no podía limpiarse. De niña y de adolescente iba a misa todos los domingos, pero a partir de los veinte años dejé de hacerlo. Desde el punto de vista espiritual, estaba acabada.

Me detestaba tanto que cuando pasaba por delante de un espejo apartaba la mirada, porque no soportaba mi propio reflejo.

En mi loca vida no había muchas certezas, pero había algo de lo que sí estaba segura: ahora ya sí que Dios nunca me querría.

Desde que empecé a compartir esta parte de mi historia con otros, me han preguntado muchas veces de qué lado está mi corazón con respecto al aborto. Mi respuesta es ésta:

Mi corazón está del lado de la chica que acaba de descubrir que está embarazada y está tumbada en la cama, llorando, asustada y pensando en el aborto. Quisiera sentarme con ella y contarle toda la verdad sobre lo que se está planteando. Quisiera decirle que no es la salida fácil que ella cree; que, en realidad, será una pesadilla para el resto de su vida; que por muy lejos o muy rápido que corra, nunca podrá escapar de las consecuencias de esa decisión; que por mucho tiempo que pase siempre se preguntará por el niño al que nunca tuvo la ocasión de conocer.

Mi corazón está del lado de la chica que sale de una clínica especializada en la interrupción del embarazo. Quiero acercarme a ella, abrazarla y secarle las lágrimas. Quiero decirle que nunca podrá caer tan bajo como para que Dios no pueda alcanzarla, amarla y, por encima de todo, perdonarla. Quiero decirle que Dios nunca dejó de amarla y que sus brazos siguen abiertos para ella en cuanto ella esté dispuesta a dejarse abrazar por Él. Quiero decirle que con Dios siempre hay esperanza, amor y perdón. Pero también sé que perdonarse a sí misma será la batalla más dura a la que deberá enfrentarse.

Mi corazón está del lado de las mujeres que se han visto cubiertas por un velo de vergüenza, las mujeres que mantienen en secreto el hecho de que han abortado y no pueden llorar a los hijos que perdieron debido a una culpa paralizante que las mantiene cautivas. Quisiera sentarme con ellas y hablarles de Dios y de mí. El Dios que es la llave de todas las cadenas: sólo deben alzarlas hacia Él.

Y, por último, mi corazón está del lado de los millones de bebés a los que no se les ha dado una oportunidad de vivir. Lloro por esas pequeñas vidas que carecen de voz. Veo las estadísticas que dicen que en Estados Unidos se han practicado más de cincuenta millones de abortos desde que se legalizó la práctica y no puedo contener las lágrimas de tristeza por uno de ellos, el mío. La mentira del enemigo es un arma poderosa y conozco demasiado bien la destrucción que provoca.

Tras el aborto, intenté actuar con toda normalidad para que nadie sospechara nada. De noche me entregaba al rezo y al llanto, pero de día disimulaba mi desasosiego. Así, al cabo de unos pocos meses, volví a recuperar mi rutina y seguí con mi vida. Mis heridas se convirtieron en cicatrices.

Al cabo de no mucho tiempo, volví a enamorarme. Will era un antiguo compañero de sexto, cuando yo era un chicazo decidido a competir de igual a igual con los chicos más duros de mi clase. Normalmente, éstos no te dejaban jugar con ellos en el recreo si pensaban que eras una delicada señorita, de manera que por mucho que me tiraran del pelo o me empujaran, yo siempre me levantaba y volvía a intentarlo. Al cabo de algún tiempo, me dejaron entrar en su banda del patio.

Will era uno de aquellos chicos duros. Había vuelto a verlo años después, ya adulto, y lo primero que pensé fue: «Dios, ¡qué mono!». Tenía el pelo negro y largo, como una estrella de rock y siempre llevaba una cazadora de cuero alucinante. Me enteré de que tenía reputación de tío peligroso. No es que fuese muy grande ni muy musculoso, pero sí rápido y astuto, un auténtico chico de la calle. Además, era un artista de talento, que hacía unos dibujos increíbles con aerógrafo, y conmigo podía ser muy dulce, igual que con JP, con quien se portaba de maravilla. Comencé a imaginarme un futuro de verdad para los dos.

No obstante, como todos mis demás amores, era volátil y poco fiable. Le gustaba beber y salir con sus amigos. Estábamos todo el día rompiendo y reconciliándonos. Aquello tendría que haberme servido de advertencia, pero era demasiado joven y estaba demasiado enamorada para ver las gigantescas banderas rojas de peligro que ondeaban ante mis ojos.

Haciendo caso omiso de las señales de peligro, Will y yo decidimos casarnos y volví a quedarme embarazada. Pero esta vez no fue un accidente ni una sorpresa. Verás, en mis conversaciones con Dios le había suplicado que volviese a enviarme el niño al que había perdido al abortar: quería a aquel niño, lo anhelaba, así que le rogué encarecidamente que me diese otra oportunidad. Necesitaba llenar el vacío de mi interior y, supongo que, en mi quebranto, pensé que podría enderezar las cosas reemplazando al niño al que había perdido al interrumpir mi gestación. Así que cuando me enteré de que volvía a estar embarazada, me sentí extasiada. Creía que me habían dado una segunda oportunidad.

Mi madre quería organizar una ceremonia grande y ostentosa, pero cuando le dije que estaba embarazada, convinimos en organizar algo más modesto. No se puso a dar saltos de alegría al saber que iba a tener otro niño, pero para entonces a mí me daba igual lo que pensara nadie de mí. Le pedí a mi padre que me llevara hasta el altar y, para mi enorme satisfacción, accedió a ello. El servicio se celebró en una diminuta iglesia metodista de la ciudad e invitamos a unas treinta personas, entre familiares y amigos. Justo antes de la ceremonia, mientras recorría el pasillo de la iglesia del brazo de mi padre, éste se dio cuenta de que estaba llorando.

—No tienes por qué hacerlo —me dijo—. Podemos subirnos a mi coche e irnos ahora mismo.

—No lloro por eso —respondí—. ¡Lloro porque me aprietan muchísimo las medias: me ha costado media hora ponérmelas y ahora tengo que ir al baño!

Fue una ceremonia breve y encantadora. Yo llevaba un sencillo vestido blanco con rosas rojas en el pelo. Will estaba guapísimo con traje negro y corbata, mientras que mi maravilloso hijito JP, que por entonces tenía dos años, estaba simplemente adorable con una camisita blanca. Después de la boda celebramos una pequeña recepción en la iglesia, con pastel, bebidas y baile. Fue el día en el que me di cuenta de que había dejado de ser una niña: era una mujer, con un hijo, un esposo y una familia propia. Fue uno de los días más felices de mi vida.

Ojalá pudiera decir que el resto de mi matrimonio fue tan cálido y maravilloso como la boda, pero no es así. Incluso antes de casarme con Will, como ya he comentado, había señales claras de que no debíamos estar juntos. Pero una vez más las ignoré. Puede que estuviese tan acostumbrada a la presencia de la furia y la discordia en las relaciones que creyese que eran lo normal. O puede que estuviera tan desesperada por encontrar la felicidad que simplemente fingiese que las banderas rojas no ondeaban para mí

El problema era que a Will le gustaba beber... le gustaba mucho. Desde el principio pasaba más tiempo con sus amigos, bebiendo, que conmigo, pero yo pensaba que, como nos queríamos, habría tiempo más adelante para crecer y madurar como pareja. Creía realmente que íbamos a pasar el resto de nuestros días juntos. No me daba cuenta de que ya habíamos empezado a separarnos.

Vivíamos juntos en una casita que habíamos alquilado en la ciudad, a unos diez kilómetros de donde yo había nacido. Algunas noches, Will llegaba de madrugada, borracho, y se quedaba dormido. Otras, yo me despertaba en medio de la noche y comprobaba que no estaba durmiendo a mi lado. Cuando me preparaba para ir a buscarlo, siempre descubría que mi coche tampoco estaba. O me decía que se iba cinco minutos a comprar algo a la tienda y desaparecía durante horas. Y cuando estaba en casa, las peleas eran constantes y en ellas abundaban la rabia y los gritos, igual que en las que había presenciado toda mi vida.

Un par de semanas antes de Acción de Gracias se fue la luz en casa. Pensé «¡Qué raro, si acabo de darle a Will el dinero para pagarla!». Dos días más tarde pasó lo mismo con el gas. También por esos mismos días me enteré de que llevábamos dos meses sin pagar el alquiler. No me quedó otra alternativa que volver con mi madre. Por aquel entonces estaba de ocho meses.

Mi madre fue la primera en darse cuenta de lo ciega que estaba. Veía que el comportamiento de Will no hacía más que empeorar: más desapariciones, más peleas, más sucesos sin explicación. Finalmente, un día, se sentó conmigo y me contó lo que estaba pasando:

—Tu marido está metido en la droga.

No quise creerla. Le dije que no, que era imposible, pero mi madre conocía demasiado bien los indicios. Al poco tiempo me di cuenta de que tenía razón: Will estaba irremisiblemente enganchado a las drogas. Y no a las blandas con las que yo jugueteaba de vez en cuando, sino a las duras.

Aquello me partió el corazón. Estaba desolada, pero no sólo por mí misma... Aunque era terrible ver cómo mi sueño de familia feliz se deshacía en mil pedazos, con tanta rapidez y crueldad, también me sentí consternada por Will, porque sabía que tampoco él había tenido nunca muchas probabilidades de llevar una vida normal.

Su infancia había sido aún más oscura que la mía. Era uno de ocho hermanos que se habían criado en situación de extrema pobreza en un barrio tan infestado de ratas y cucarachas que no era apto para vivir. Su familia apenas tenía dinero para comida, y mucho menos para ropa. Más adelante me enteraría de que la razón de que llevase siempre aquella cazadora de cuero era que no quería que nadie supiese que sólo tenía dos camisas.

Sus hermanos y hermanas eran de varios padres distintos y el hombre que le había dado los apellidos, que aparecía en el libro de familia, no era ni siquiera su padre de verdad. Tal vez por ello, Will tenía la sensación de que nunca le había pertenecido a nadie. Me contó que sólo había visto a su padre unas cuantas veces y que, a los ocho años, presenció cómo apuñalaba a alguien hasta casi matarlo. Años más tarde se enteraría de que su padre había muerto asesinado.

Un año antes de nuestra boda asesinaron a su hermana mayor. Su cuerpo apareció en los márgenes de un río. Le tocó a Will ir al depósito de cadáveres para identificarla. Estuvo allí dentro sólo unos segundos, pero estoy convencida de que esa breve porción de tiempo lo destrozó por dentro. Estoy segura de que, cuando cierra los ojos, vuelve a ver el cuerpo de su hermana.

Los dos estábamos tratando de escapar de vidas maltrechas, pero en lugar de correr el uno hacia el otro, lo hacíamos en direcciones distintas: él hacia las drogas; yo hacia la maternidad. Nunca puedes escapar del dolor, la vergüenza y la rabia que sentíamos ambos. Él y yo estábamos condenados desde el principio.

Tres semanas antes de mi fecha de parto, Will se presentó en casa de mi madre y admitió por fin que tenía un problema. Lo convencimos para que ingresase en un programa de rehabilitación tras el nacimiento del niño. Así las cosas, alguien podría pensar que el parto llegaba en el peor momento, pero a mí no me lo parecía en absoluto: desde mi punto de vista, nació en un momento de pura bondad y amor.

Y cuando llegó mi hija, no pude esperar a que el médico me la diese. Cuando vi su carita tenía ya lágrimas resbalando por las mejillas. Tenía una boquita preciosa y los ojos castaños más hermosos que jamás haya visto. La llamé Sabyre y pensé que era un ángel que me había enviado el cielo para reparar mi alma rota.

Ahora tenía dos hijos sanos y preciosos... y un matrimonio que se desmoronaba. Will ingresó en rehabilitación, como había prometido, pero mientras estaba fuera me di cuenta de que estaba lista para empezar una nueva vida por mis hijos. Y que estaba lista para hacerlo sola. No quería que crecieran con unos padres que estuviesen constantemente peleándose. Lisa y llanamente, quería algo mejor para ellos y para mí.

Lisa y llanamente, pero no fácilmente, desde luego. Durante el proceso de divorcio, Will se llevó mi coche, así que tenía que pedirles a mis amigos que me acompañaran en coche al restaurante en el que trabajaba, en el turno de medianoche. Me había sacado la diplomatura unas semanas antes de que naciese Sabyre y estaba tratando por todos los medios de ahorrar el dinero suficiente para volver a la universidad y obtener la licenciatura. Más que ninguna otra cosa, quería mostrarles a mis hijos que, por muy bajo que caigas en esta vida, siempre puedes regresar a la superficie luchando. Pero, ay, el agujero en el que yo me encontraba era muy profundo.

Una noche, un amigo nos llevó a mis hijos y a mí a casa después de mi turno. Eran cerca de las cuatro de la madrugada cuando, al abrir la puerta, me encontré con que no teníamos calefacción ni luz. Al instante supe que el responsable era Will. Como ante la ley seguíamos casados, podía anular los contratos de suministro y sacar el dinero de mi cuenta bancaria. En aquel momento me di cuenta de que su adicción podía ser más fuerte que cualquier amor que pudiera sentir. Por mí, por su hijo o por sí mismo.

Allí de pie, en medio de la oscuridad, sentí cómo el frío helado inundaba todo el apartamento. Fue uno de esos momentos que te obligan a hacer inventario de tu vida, y eso fue precisamente lo que hice yo entonces. No tenía calefacción, ni luz, ni dinero, ni teléfono... y mis hijos estaban congelándose.

—¿En serio, Dios? —grité en medio de la oscuridad—. ¿Hasta dónde crees que puedo soportar?

Cogí a JP y a Sabyre, los metí en su carrito de dos plazas y comencé a recorrer los diez kilómetros que nos separaban de la casa de mi madre. Fue la caminata más larga y fría de mi vida. Las calles estaban desiertas y a oscuras. Todas las demás familias estaban a salvo y cómodas en sus casas. Y allí estaba yo, en la calle, caminando lentamente, azotada por ráfagas de un viento glacial. Seguí caminando, una manzana desierta tras otra, con mis hijos enterrados bajo una manta para protegerlos de las inclemencias del tiempo. Pero sentía el frío hasta el tuétano de mis huesos y estaba convencida de que ellos también. Y como aún nos faltaban varios kilómetros comencé a temer que la cosa se pusiera fea de verdad.

En ese preciso instante vi los faros de un coche que se acercaba. Se colocó en paralelo a nosotros y se detuvo. Era un taxi.

—¿Puedo llevarla? —preguntó el taxista, un hombre entrado ya en años.

—No tengo dinero —respondí.

Salió del coche para ayudarme.

—No se preocupe por eso —dijo—. Vamos a meter a esos pequeñines en el coche.

Me llevó a casa de mi madre y me acompañó hasta la puerta principal. Le di las gracias y dije que encontraría el modo de pagarle, pero él se limitó a sonreír y a sacudir la cabeza.

—Algún día usted hará algo bueno por alguien —aseveró.

Nunca supe su nombre y no volví a verlo, pero tampoco olvidé lo que había hecho y dicho. Muchas veces me he preguntado si Dios envió a aquel hombre para salvarnos. Lo hiciese o no, lo cierto es que nos rescató.

Will y yo nos divorciamos a los seis meses de la boda. Después de eso, lo único que me importaba eran mis hijos, así que estaba decidida a no someter sus vidas a más malas influencias. Volví a la universidad para sacarme el título y obtuve un trabajo bien pagado como camarera en un bar de *country* de la ciudad. Parecía que las cosas estaban mejorando para nuestra pequeña familia. Pero yo seguía siendo muy joven y estaba muy sola. Aun así, pensé que después de Will no podría escoger peor en materia de hombres.

Trágicamente, en 2002 descubrí que sí.

Durante una temporada salí con un hombre llamado Steven. No estuvimos mucho tiempo juntos, pero nuestra separación fue amistosa. De vez en cuando se pasaba por mi casa para irse llevando las cosas que se había dejado en ella. Una tarde de invierno aparcó en la acera con una flamante moto negra. JP, que por entonces tenía seis años, dijo al verla:

—¡Cómo mola! ¿Puedo ir a dar un paseo?

—De ningún modo —respondí.

Steven encendió el atronador motor y JP, que seguía hipnotizado en el porche delantero, me suplicó que se lo permitiera. Pero me mantuve firme: no quería que mi hijo se subiese a la moto de nadie.

En ese momento a Sabyre, que tenía tres años y medio, le entraron ganas de ir al baño. La llevé corriendo al interior y, al salir, tanto Steven como JP habían desaparecido. Yo sabía que Steven era un buen hombre y nunca le habría hecho daño intencionadamente al niño, pero no por eso me enfurecí menos. Me quedé en el porche, a punto de estallar, mientras pensaba «¿Cómo se atreve a llevarse a mi hijo?». También me asaltó una sensación muy desagradable en el estómago, como si alguien acabara de golpearme allí con una barra.

Entonces oí las sirenas.

Subí precipitadamente a Sabyre al coche, me puse al volante y fui en busca del aullido de las sirenas. A cuatro manzanas de la casa vi un coche patrulla que cortaba el tráfico y una docena de personas a su alrededor. Corrí hasta uno de los curiosos y le pregunté qué había sucedido.

—Un accidente —respondió—. Un tío se ha estrellado.

—¿Había una moto? —chillé.

El hombre se volvió hacia mí y vi un destello de miedo en sus ojos.

—Sí —musitó.

Las dos cosas que vi a continuación aún me atormentan.

Vi a un bombero sentado en el bordillo de la calle, con la cabeza enterrada entre las manos, llorando.

Y vi las pequeñas zapatillas deportivas de JP —con tiras de velcro, porque aún no sabía atarse los cordones— tiradas de lado en medio de la calle.

¿Dónde está Dios en un momento como ése?, podría preguntar alguien. ¿Dónde estaba Dios en aquella calle bloqueada por la policía, con el bombero deshecho en llanto y las zapatillas arrancadas de los pies de mi hijo? ¿Por qué nos dice Hebreos 13,5-6 que Dios nos prometió: «No te desampararé ni te dejaré»? ¿Qué consuelo se puede hallar en un día tan atroz como aquel de 2002?

Por aquel entonces yo no era consciente de la realidad de la presencia de Dios en la Tierra. Aún no había aprendido que precisamente en nuestros peores momentos es cuando más fuerte es nuestra fe en Dios. No sabía que Él está con nosotros en nuestro sufrimiento y que nuestro sufrimiento nos acerca aún más a Él. Por mucho que nos cueste creerlo, nuestros peores momentos son precisa-

CRYSTAL MCVEA

mente aquellos en los que con más intensidad se revela Su gracia. «Y no sólo esto, sino que también nos gloriamos de los sufrimientos —nos dice Romanos 5,3-4—, perseverancia, la perseverancia, entereza de carácter; la entereza de carácter, esperanza.» Dios está siempre con nosotros. Dios nunca nos abandona. Dios nunca nos olvida. Ahora sé todas estas cosas, pero sólo las descubrí después de morir y de ver lo que vi allí en el cielo, junto a mis ángeles.

EN PRESENCIA DE DIOS

Reparé en la presencia de mis ángeles de la guarda a la izquierda y al instante los reconocí, los amé y supe que siempre habían estado a mi lado. Pero también reparé en otro ser, situado a mi derecha y también supe al instante quién era. Y me embargó un profundo e inagotable deseo de alabarlo y venerarlo, porque supe que me encontraba en presencia de Dios.

Siempre me he referido a Dios como si fuese de naturaleza masculina y supongo que siempre lo haré. Pero el ser que había a mi derecha no era hombre ni mujer: era Dios, simplemente. Tampoco pude hacer distinción alguna entre Dios, Jesús y el Espíritu Santo, como hacemos a veces aquí abajo, en la Tierra. Eran todo Uno, el Uno que estaba allí, frente a mí. No tenía forma definida y, ni mucho menos, rostro o cuerpo. Sólo era una cegadora profusión de luminosidad. En realidad, más que ver a Dios, lo que hice fue reconocerlo. Ya lo conocía y Él a mí. Me había pasado toda la vida dudando de su existencia y poniendo en entredicho su amor por mí, pero en aquel instante supe que siempre, siempre, había estado allí, a mi lado.

Y aunque digo que Dios estaba a mi derecha y tenía la sensación de que al volverme hacia Él lo hacía en aquella dirección, lo que realmente experimenté era la constatación de que todo cuanto me rodeaba era Dios. La luz, la luminosidad, los ángeles, la comunicación... todo era una creación de Dios. Comprendí que también yo formaba parte de Él y en ese instante entendí lo que significa realmente ser una creación de Dios.

Había otra sensación: la sensación de que no sólo era consciente de la presencia de Dios, sino que lo experimentaba. Su luminosidad no era únicamente algo que pudiera observarse; era algo que llenaba todos mis sentidos. En el cielo no tenemos sólo cinco, sino un sinfín de ellos. Imagina un sentido que nos permitiera, no solamente ver la luz, sino también saborearla. Imagina otro que nos permitiese tocarla. Imagina uno que, sin ser tacto ni sabor, nos hiciese experimentar las cosas de un modo nuevo, creando una conexión más increíble y satisfactoria que la que es capaz de crear cualquiera de nuestros sentidos terrenales.

Eso es lo que experimenté en presencia de Dios: un modo nuevo y maravilloso de recibir y dar amor. Me vi totalmente infundida de la luminosidad y el amor de Dios y sentí el deseo de sumergirme en esa luminosidad y entrelazarme por completo con ella. Sentía una milagrosa proximidad a Dios, pero quería estar aún más cerca.

¡Era el Creador del universo y yo estaba en su presencia! ¡Qué éxtasis más completo! Qué belleza, qué dicha, qué gracia, cómo se elevaba mi espíritu y se me henchía el corazón... Ojalá tuviese palabras para transmitir lo milagroso que era. Era la bendición de todas las bendiciones y supe que me había cambiado para siempre.

En el mismo instante en que vi y reconocí a Dios, confesé que era mi Señor y que lo veneraba con todas mis fuerzas. Hay un versículo de la Biblia que dice: «Para que ante el nombre de Jesús se doble toda rodilla y toda lengua confiese que Jesucristo es el Señor» y deja que te diga que era precisamente así. Una completa rendición a su grandeza y un deseo abrumador de venerarlo y alabarlo. En la Tierra había veces, durante los oficios religiosos, en que me dolían los pies, o mis hijos estaban payaseando y yo llegaba a pensar «¿Cuánto quedará?». Pero aquello era distinto, muy distinto. Hasta la última fibra de mi existencia quería alabar y venerar a Dios y nada más. Y quería hacerlo para toda la eternidad. De modo que es lo que hice, feliz, dichosamente: alabar a Dios.

Lo que alimentaba mis alabanzas era la intensidad e inmensidad del amor que sentía por Dios. Sencillamente, no existe otro amor que se le parezca siquiera. Cuando estaba en su presencia, tenía la sensación de que lo amaba tanto, tantísimo... mucho más de lo que nunca hubiera creído posible. «Amarás al Señor tu Dios con todo tu corazón, con toda tu alma y con todas tus fuerzas», dijo Jesús cuando se le preguntó cuál era el mandamiento más importante, y así es como me sentía yo, como si amase a Dios con todo, absolutamente todo lo que tenía.

Y ya sabes, allá en la Tierra tenía mil preguntas para Él. «Si alguna vez me encontrara con Él —había dicho—, le preguntaré cómo pudo dejar que alguien abusara de mí cuando era niña. ¿Cómo puede tolerar la brutalidad contra los niños, el sufrimiento de los hambrientos o la crueldad hacia los débiles? ¿Cómo puede permitir que exista tanto mal en el mundo?»

¿Por qué, le preguntaría, nos castiga tanto?

Pero en el cielo todas estas preguntas se evaporaron al instante. En su presencia comprendí al momento que el plan de Dios es perfecto en su totalidad. Una perfección completa y absoluta. ¿Significa esto que puedo explicar cómo encaja un niño asesinado en el plan de Dios? No. En el cielo lo entendía, pero aquí en la Tierra no disfrutamos de una comprensión así. Lo único que puedo decirte es que sé que el plan de Dios es perfecto. En su resplandor, todo tiene sentido, completo sentido.

De este modo, todas las preguntas que tenía para Él quedaron respondidas sin necesidad de formularlas. Y, sin embargo, estando como estaba en su gloriosa presencia, repleta por su infinita sabiduría, seguía quedando una pregunta que me sentía obligada a hacer. En cuanto me encontré en el cielo me sentí aturdida por el más patente fracaso de mi vida en la Tierra y eso es lo que me llevó a plantearle mi pregunta a Dios.

En realidad no era una pregunta para Él.

Era una pregunta para mí.

CAPÍTULO 9

Cuando mi madre era niña, sus padres cambiaban de ciudad como quien cambia de zapatos. A los quince años se había mudado al menos una docena de veces. De adulta, y ya con sus propios hijos, reprodujo el mismo patrón y cambiaba de hogar para ir a buscar uno nuevo en cuanto las cosas no le gustaban. Luego me tocó a mí. En los ocho años transcurridos desde el nacimiento de mi primer hijo, había tenido doce casas distintas en tres ciudades diferentes. Hay gente que se queda en un sitio y echa raíces. Hay gente que corre y siempre está huyendo de algo. Yo era una de éstas. Cuando las cosas se torcían, corría. Pero nadie puede correr tan rápido como para escapar de sí mismo.

La mayoría de las veces huía de los hombres. Huía de pesadillas disfrazadas de cuentos de hadas. Pero si he de ser totalmente sincera con respecto a las razones de mis numerosos fracasos sentimentales, no puedo culpar sólo a los hombres. Mis relaciones se venían abajo por distintas razones, algunas veces por culpa mía y otras no, pero había un elemento que siempre estaba ahí, una constante evidente: yo. Era una persona incapaz de estar sola, que temía a la oscuridad y a la soledad, una criatura que recurría a los hombres para escapar de sus demonios.

Y claro, echaba en falta la única relación que podría haberme ahorrado todo aquel tormento. Aún no me había dado cuenta de que la pareja más importante que se puede tener es Dios.

No me malinterpretes. No es que diga que podría formar una larga fila de conga con todos los hombres con los que había tenido vínculos amorosos en el pasado. En realidad no era así. Me gustan las relaciones, así que normalmente las prolongaba mucho... a veces demasiado. La triste verdad es que me presentaron a los hombres cuando sólo tenía tres años y eso afectó a todas mis relaciones posteriores. No voy a hablarte de todos ellos, porque tampoco tendría mucho sentido, en realidad. Únicamente quiero que comprendas cómo pasé de donde estaba a donde terminé en el capítulo 8: en el escenario de un accidente de tráfico, en medio de un día de invierno, buscando a mi hijo.

Tras divorciarme de Will, conseguí un trabajo en un bar de *country*. Era como cualquier otro local de este tipo, un sitio donde las parejas bailaban en fila o de dos en dos y bebían cerveza barata en grandes cantidades. Fue allí donde conocí a un hombre llamado Nick. Era un poco mayor que yo, rudo y encantador. Y estaba a punto de marcharse a un período de instrucción de tres meses. Cuando me pidió mi número, no vi nada malo en dárselo, pensé que no era peligroso, ya que no iba a estar por allí.

Mientras estaba fuera nos pasábamos horas hablando por teléfono y nos mandábamos largos mensajes de correo electrónico. Y al regresar se mostró amable y atento y siempre estaba diciéndome lo preciosa que era. Una noche me dijo que me quería y que nunca había sentido algo igual por nadie. Pero para entonces yo también estaba enamorada, y de la única manera que sabía, sin limites.

Así que cuando me enteré de la verdad sobre Nick —que estaba casado y tenía dos hijos pequeños— ya era demasiado tarde. Me juró que su matrimonio había terminado, que iba a divorciarse pronto y que quería pasar el resto de su vida conmigo, y yo me lo creí... No obstante, no tardaría en descubrir que Nick repetía esas mismas palabras a otras muchas más chicas. Mi pobre corazón comenzaba a sentirse como una piñata.

Y lo peor es que en esos momentos era una adúltera.

Algo cambió dentro de mí a partir de entonces. Juré que nunca jamás volvería a dejar que un hombre me partiese el corazón. Después de Nick me desprendí de aquel temerario y cegador anhelo de pasión, romance y amor gigantesco. Levanté una muralla a mi alrededor y durante años no dejé que nadie la atravesase.

Por desgracia no dejé de salir por completo. Durante una temporada me mudé a Charleston para estar con un hombre y luego, cuando aquello no salió demasiado bien, a Delaware. Hubo un par de aviadores —niños voladores, los llamábamos— de los que me encapriché porque sabía que les asignarían otro destino y, por tanto, saldrían de mi vida antes de que pudiesen hacer daño.

Uno de ellos, me duele reconocerlo, también estaba casado, cosa que debería haberme detenido pero no lo hizo. No es que fuese tan desalmada, es que, desde el punto de vista emocional, había tocado fondo. No me paraba a pensar que mis actos estaban haciéndole daño a otra persona. Y, además, me decía, tampoco estaba engañando a nadie. Eso es *su* problema, no el mío. La realidad es que aquella relación era fácil para mí: sin sentimientos, sin compromisos y sin corazones rotos. Hoy en día me duele pensar en las esposas e hijos de aquellos hombres. Estoy segura de que he contribuido, en alguna medida, a la destrucción de una familia y eso me provoca una tristeza inconmensurable. Debería haber sentido más respeto por los demás... y por mí misma.

Pero por aquel entonces sólo podía hacer malabares con mi vida lo mejor que sabía. Iba a la universidad a diario, pasaba unas horas con mis hijos antes de llevarlos a dormir a casa de mi madre y luego me iba a un bar a servir cervezas durante buena parte de la noche. Estaba exhausta, pero, en general, era feliz. Tenía amigos, estaba ahorrando y trabajaba para alcanzar un objetivo. Mi sueño de darles una vida mejor a mis hijos estaba a mi alcance. Finalmente íbamos a tener la vida normal y maravillosa que siempre había deseado y no iba a permitir que ningún hombre se interpusiese.

Entonces apareció Steven y llegó el día en que se presentó en mi casa con su moto.

¿Y si Sabyre no hubiera sentido la necesidad de ir al baño en aquel preciso momento? ¿Y si yo me hubiese llevado a JP con nosotras? ¿Y si, para empezar, nunca hubiese comenzado a salir con Steven? ¿Y si el mundo hubiera girado de manera ligeramente distinta aquel día?

Cuando salí y vi que JP había desaparecido, reparé también en que el casco de Steven seguía sobre la acera. Ni siquiera se había tomado la molestia de ponérselo y sabía que a JP, tampoco. Volví a entrar en casa, hecha una furia, esperé unos minutos y luego me subí al coche y fui a casa de mi madre, que estaba cerca. Pensé que Steven podía haberse llevado a JP allí, pero no era así. Volví a casa y traté de entretenerme trabajando, pero cuando consulté el reloj, vi que JP llevaba media hora fuera. Al instante me asaltó una lacerante pesadez en el estómago y un pensamiento urgente apareció en mi cabeza: «Ponte los zapatos».

Segundos más tarde oí las sirenas.

La policía había cerrado la calle Libra y recuerdo que pensé: «¡Oh, ése es mi signo del Zodiaco!». Libra es la que lleva la balanza de la justicia, la diosa del Equilibrio. Irónico, porque mi vida estaba llena de extremos. Me abrí paso por el círculo de mirones y vi al bombero sentado en el bordillo, encorvado y con la cabeza enterrada entre las manos. Entonces vi las pequeñas zapatillas, las de las tiras de velcro. JP iba al jardín de infancia y aún no había aprendido a atarse los cordones, así que yo le compraba zapatillas con ese tipo de cierre. No sé por qué estaba teniendo tantas dificultades para aprender a atarse los cordones. Simplemente, era así. Y en esos momentos aquellas zapatillas seguían en la calle, sin desabrochar.

Eché a correr hacia ellas y dos policías me interceptaron.

—¡Es mi hijo! —les grité—. ¿Dónde está? ¿Está bien? —Uno de los agentes me puso una mano en el hombro para tratar de calmarme. El otro se arrodilló y le subió a Sabyre la cremallera del chaquetón.

—Una ambulancia acaba de llevarse a su hijo —me informó el que intentaba tranquilizarme.

No me dijo si JP estaba vivo, muerto o gravemente herido, sólo que no estaba allí. Tras él había un camión de reparto y una moto tirada en el suelo. Me asaltó otro pensamiento, claro como la luz del día.

«Éste es. Éste es tu castigo.»

Tardé meses en enterarme de qué había sucedido exactamente y sólo pude hacerlo porque conocía a alguien que vivía en la calle Libra y había visto el accidente.

Steven y JP iban en la moto; nadie sabe a qué velocidad. Mi niño iba delante de él, no de paquete. Frente a ellos, en un cruce, se acercaba un camión de reparto de pizza desde la derecha. Había una señal de ceda el paso y el repartidor tendría que haberla respetado pero no lo hizo. Era sólo un adolescente. El camión se la saltó a toda velocidad y Steven lo vio venir. Según la policía, Steven trató de girar a la derecha, pero ya era demasiado tarde. Embistió el camión de frente.

La primera persona que llegó a la escena se lo encontró tirado en la calle, sangrando e inconsciente. Pero no había ni rastro de JP. Durante largo rato pensaron que Steven era la única víctima.

Entonces, un médico de los servicios de emergencia, al inclinarse para atender a Steven, miró casualmente bajo el camión de reparto. Y lo que vio allí le hizo dar un respingo y ponerse en pie de un salto.

—¡Oh, Dios mío, hay un niño ahí debajo! —gritó.

JP había salido despedido y había acabado debajo del camión. Lo había hecho a tal velocidad que su cabecita había terminado encajada en el guardabarros delantero y estaba allí suspendido, con las piernas y los brazos laxos, como un muñeco de trapo. Al llegar los bomberos, uno de ellos se arrodilló debajo del camión y cortó el guardabarros para liberarlo. Era el mismo al que yo había visto sentado en el bordillo. La imagen del cuerpecito delgado de mi hijo, atrapado y retorcido dentro del metal, había sido demasiado para él. Se sentó y se echó a llorar, sabiendo que aquel niño tenía que ser el centro de la vida de alguien.

En cuanto me enteré de que se habían llevado a JP, cogí a Sabyre y conduje como una loca hasta la casa de mi madre para recogerla. Luego atravesamos el kilómetro que nos separaba del hospital tocando el claxon. Entré en tromba por las puertas de Urgencias y comencé a buscar frenéticamente a JP. Una enfermera me detuvo y me pidió que rellenase la documentación, pero yo no hacía otra cosa que gritar y aporrear una puerta tras otra, tratando de encontrar a mi hijo.

—¡Es sólo un niño! —gritaba sin poder contenerme—. ¡Es sólo un niño!

Finalmente, una enfermera me llevó a la sala donde tenían a JP. Vi a mi hijo tumbado en una cama, llorando, y me di cuenta de que estaba vivo. Tenía la cara llena de rasguños e hinchada, tanto que costaba reconocerlo. Sus pequeños y delicados labios estaban arañados y manchados de sangre. El brazo derecho, roto, estaba en cabestrillo y el izquierdo cubierto de cortes y magulladuras. Tenía fragmentos de asfalto y grava en la cara y el pelo.

Me acerqué, apoyé con delicadeza una mano sobre él y le dije:

—Te quiero. Lo siento mucho —lo repetí al menos veinte veces mientras le quitaba la gravilla del pelo.

Le dolía tanto que no podía hacer gran cosa aparte de sollozar. Permanecí allí con él, magullado y lastimado, despertando a intervalos. Nunca había sentido tanta impotencia.

En algún momento llegó un médico y me dijo que JP estaba, en su opinión «perfectamente». Lo interpreté como que iba a sobrevivir, porque ni de lejos estaba como él decía. Entonces el médico me dijo que las lesiones de Steven eran mucho más graves, que podían resultar letales. No había pensado mucho en Steven, que se encontraba en su propia cama, a escasos metros de allí. Tenía una lesión cerebral y se lo llevaban de urgencia a otro hospital para operarlo. Quería estar furiosa con Steven, gritarle en la cara «¿Cómo has podido hacerlo?», pero no pude enfadarme hasta que no supe que iba a sobrevivir.

Pero entonces, cuando lo supe, podría haberle dicho: «Voy a matarte».

Lo operaron de urgencia y lo superó. Sufrió algunos daños cerebrales, pero al final se recuperó más o menos del todo. Los médicos me dijeron que JP había sufrido un traumatismo craneal cerrado (TCC), lo que significaba que se había dado un buen golpe en la cabeza, pero no había cortes ni aberturas: había salido airoso del accidente, se había evitado lo peor. Estaba maltrecho y muy dolorido, pero vivo. Viviría y se pondría bien.

En aquel día y los días posteriores, hablé mucho con Dios. A lo mejor crees que lo maldije, pero no fue así. En el fondo de mi corazón sabía que lo ocurrido era culpa mía. A lo largo de mi vida había tomado mil y una decisiones erróneas y en aquellos días una de ellas había estado a punto de acabar con la vida de mi hijo. No era culpa de Dios. Estaba plenamente convencida de que era una consecuencia del tipo de vida que llevaba. Había cometido muchos pecados y había llegado la hora de pagar por ellos.

Así que no maldije a Dios, como había hecho cuando murió mi abuela. Esperaba que, aunque a mí no pudiera amarme, amase al menos a mis inocentes hijos. Así que empecé a rezarle de nuevo, esta vez para pedirle que mi hijo se restableciera.

Un par de días después del accidente llamé al padre de JP para contarle lo ocurrido. Había tenido muy poco contacto con él, aparte de las constantes peleas para conseguir que incluyera al niño en su póliza de seguros, cosa que se resistía a hacer a pesar de que era obligatorio por ley. A pesar de ello, pensaba que JP debía hablar con su padre, así que hice que se comunicaran por teléfono. Me senté junto a la cama de JP y podía oír la voz de su padre en el receptor, pero lo único que decía el niño era:

—¿Sí? ¿Sí?

Entonces soltó el teléfono, me miró y me dijo:

—No hay nadie.

Me dio un vuelco el corazón: no oía por el oído derecho, así que mi niño no estaba «perfectamente». El castigo sólo acababa de empezar.

CAPÍTULO 10

Los médicos confirmaron que había perdido la capacidad auditiva en el oído derecho. En realidad tenía esa mitad de la cara paralizada, pero nadie se dio cuenta hasta que se redujo la hinchazón. No podía cerrar el ojo derecho, así que le pusieron un parche de color negro, algo que a él le pareció bastante guay. La mitad derecha de la boca estaba curvada hacia abajo, como en un gesto permanente de desaprobación. Pero lo peor era lo mucho que le dolían el brazo roto y la pierna magullada. El menor movimiento le hacía encogerse y gemir. Un terapeuta lo visitaba a diario, pero JP detestaba la terapia. Cuando sólo estábamos él y yo en el cuarto estaba despierto, pero en cuanto veía al terapeuta en el pasillo fingía estar dormido.

De repente, mi dulce niñito, mi travieso y pequeño truhán, apenas podía moverse sin sufrir un dolor terrible. Tenía que cogerlo en brazos para que fuese al baño.

—Mami, llévame —me pedía con un suave murmullo. Verlo así me llenaba de vergüenza y tristeza.

En cuanto comprendí que le esperaba una larga recuperación, abandoné la universidad para poder estar con él. Pasó diez días ingresado y en todo ese tiempo los médicos nunca llegaron a ofrecernos un diagnóstico claro

sobre lo que le pasaba. Querían esperar seis meses y someterlo a más pruebas antes de llegar a una conclusión.
Me llevé a JP a casa y, poco a poco, la hinchazón y la parálisis fueron desapareciendo. Pero seguía sin oír por el
lado derecho y le costaba mucho caminar.

Debido a las lesiones, tuvo que quedarse varias semanas sin ir al colegio. Pero al poco de salir del hospital volví a llevarlo a clase para que pudiese recoger sus libros y
saludar a sus amigos. Iba preparada para llevarlo en brazos por el largo pasillo que conducía a su aula, pero él no
quiso ni dejar que me acercase: no quería que nadie viese
que dependía de mí para moverse. Así que recorrió co-
jeando, por sí mismo, todo el pasillo. Si lo hubiese llevado yo habrían sido treinta segundos de caminata. A él le
llevó treinta y cinco agonizantes minutos. Tuve que recurrir a todas mis fuerzas para no correr hasta él y volver a
cogerlo en brazos.

Finalmente, cuando llegamos a su aula, JP le enseñó
orgullosamente su cabestrillo a sus amiguitos. Una vez
de vuelta en el pasillo, cuando la puerta del aula estuvo
cerrada a cal y canto, me miró con ojos tristes y preguntó:

—¿Puedes llevarme en brazos, mamá?

Lo aupé, lo besé con delicadeza y me lo llevé al coche.

La mayoría del tiempo, no podía hacer otra cosa que
estar sentado dentro de casa, con la pierna en alto. Hasta
bañarse era una pesadilla, porque no se podía mojar el
brazo derecho ni la pierna izquierda. Era como jugar a
una versión cruel del Twister con medio metro de agua.
Mantener fuera de la bañera partes distintas de su cuerpo era tan ridículamente complicado que no nos quedaba más remedio que reírnos. Y me consta que a JP le di-

vertía el hecho de que, normalmente, yo acabara mucho más mojada que él. Ver cómo se reía de su estado era, desde mi punto de vista, un indicio excelente. Fue entonces cuando me di cuenta de que había heredado de mí la capacidad de reírse hasta en las situaciones más duras. Le había transmitido a mi hijo algo positivo y útil. Al comprenderlo me dio la sensación de que se recuperaría.

Sin embargo, también estaba pasando otra cosa, algo aterrador. En los meses posteriores al accidente, su comportamiento comenzó a cambiar. Pasaba de una felicidad extrema a un estado de rabia e irritación en cuestión de segundos. Despertaba de muy buen humor y entonces, de repente, empezaba a portarse de una forma atroz. Siempre había sido un poco hiperactivo —a los cinco años le diagnosticaron desorden por déficit de atención—, pero aquellos estallidos eran una cosa totalmente distinta. Le daban ataques terribles, en los que se arrojaba al suelo, chillando y dando patadas. Y también la emprendía a puñetazos y puntapiés conmigo.

Además, se obsesionaba extrañamente con las cosas. A veces me repetía la misma cosa una vez tras otra, cuarenta o cincuenta veces. Y si yo le decía:

—Sí, cariño, ya lo sé.

Me respondía:

—¡No me estás escuchando!

Y me lo volvía a repetir. O, por ejemplo, recordaba haber visto un cartel cualquiera en los almacenes Walmart y empezaba a hablar de él sin parar y exigía volver a verlo. Se alteraba de tal modo que una vez tuve que llevarlo en plena noche hasta uno de esos establecimientos para que pudiera volver a ver el cartel antes de volver a casa y conciliar el sueño por fin.

Los dos años siguientes a su accidente nos los pasamos yendo de médico en médico, en busca de algo que pudiera ayudarlo a mejorar. Fue una época realmente frustrante. Un médico insistía en que era el desorden por déficit de atención lo que provocaba los ataques.

—No —lo contradije—, no es eso. Es algo totalmente distinto.

—Bueno —repuso él—, ¿cómo actuaría usted si se hubiera estrellado contra un camión?

Era como pelear contra el mundo entero. Teóricamente JP tendría que haber estado cubierto por el seguro de su padre, pero obviamente no era así. A pesar de que él sabía lo importante que era para el niño contar con una buena cobertura médica, mes tras mes no hacía más que postergarlo. Y yo sólo contaba con la cobertura estatal, que no bastaba para costear las visitas a los especialistas que el niño necesitaba. Tardamos dos años en encontrar un médico que me diese una buena explicación sobre lo que le estaba pasando a mi hijo.

Aquel otorrino me explicó que el impacto del accidente había afectado al tronco encefálico de JP. Ese órgano tiene en la base una serie de nervios que controlan distintas funciones. Uno de ellos controla los movimientos faciales y otro, el sentido del oído. El accidente los había afectado a ambos, lo que explicaba tanto la parálisis como la pérdida de audición de JP. Con el paso del tiempo, el nervio facial se había recuperado, por lo que mi hijo había recobrado la movilidad en la cara. Pero el otro no y por eso seguía sin oír por un oído.

Al oído de mi hijo no le pasaba nada. El problema estaba en su cerebro. Así que a partir de ese momento mi misión fue encontrar a alguien capaz de arreglarlo.

Al final, resultaba que el diagnóstico era mucho más grave que un simple traumatismo craneal cerrado. Mi hijo sufría lo que se llama una lesión cerebral traumática, que puede acarrear toda clase de complicaciones neuronales. Leí todo lo que pude encontrar sobre este tipo de lesiones, incluido el libro de una doctora que era una eminencia en este campo y cobraba 20.000 dólares sólo por examinar a un paciente. Bueno, yo apenas tenía 20 para darle, pero aun así la llamé y le conté el caso de JP. Tuvo la amabilidad de dejarme que le leyese su historial médico por teléfono y decirme qué cosas tenía que preguntarles a sus médicos. Me ayudó a comprender lo que estaba pasando y a saber qué clase de pruebas tenían que hacerle a JP. Fue como un ángel salido de la nada y me hizo sentir que no estaba sola en aquella batalla.

Aquel proceso de investigación me llevó a comprender que lo que realmente necesitaba JP era un neurosicólogo, pero mi seguro no cubría algo así. La figura del neurosicólogo se convirtió en una especie de Mago de Oz para mí: alguien a quien tenía que encontrar a toda costa para salvar a mi hijo. Pero por mucho que lo intentaba, no conseguía dar con alguno que se aviniese a visitarlo. Lo único que podía hacer era sobrellevar lo mejor posible los ataques y obsesiones de JP mientras seguía buscando a mi esquivo Mago.

Finalmente, los acontecimientos se precipitaron.

Un día, al recoger a JP del centro de día en el que se quedaba por la mañana después del colegio, una de sus maestras me dijo que quería hablar conmigo. Al ver la expresión de angustia de su cara me di cuenta de que no iba a ser una charla intrascendente. En efecto, me dijo que había sido todo lo paciente que había podido, pero que no podía seguir con JP. Sus ataques iban a peor: se tiraba al suelo y comenzaba a darse fuertes golpes en la cabeza. Sus cambios de humor eran cada vez más exagerados. Había acabado exhausta tratando de ayudarlo y tenía miedo de que un día se hiciese daño de verdad. Le supliqué que me diese un par de semanas más para decidir lo que iba a hacer y, aunque a regañadientes, accedió.

Para entonces, también yo estaba llegando al límite de mis fuerzas. Me mataba ver a JP luchar de aquel modo consigo mismo y ver que no era capaz de entender lo que le pasaba por dentro. Los dos nos sentíamos impotentes, frustrados y furiosos. Y, al igual que su maestra, también yo temía que pudiera hacerse daño de verdad. Cada vez era más grande y más fuerte y sus estallidos eran más y más violentos. Cada día temía que sucediese una tragedia.

Finalmente alguien me habló de una clínica psiquiátrica situada a unos cincuenta kilómetros de nuestra casa. Era una institución especializada en niños con problemas de comportamiento y me pareció la mejor oportunidad de darle a JP la ayuda que necesitaba. Lo malo, claro, era que tendría que ingresarlo durante cuatro o cinco meses. Para mí seguía siendo un niño y la idea de encerrarlo en un triste hospital me parecía espantosa, sobre todo porque me sentía responsable de lo sucedido.

Pero, al mismo tiempo, sabía que tenía que hacer algo y no veía otra alternativa. JP necesitaba ayuda: eso estaba claro. Y los médicos de la clínica me aseguraron que habían tratado antes con niños como él y que podían darle lo que más necesitaba: una evaluación neurosicológica. Si para conseguirlo tenía que ingresar a mi hijo durante cuatro años en una institución, ¿qué alternativa me quedaba? Pocos meses antes del noveno cumpleaños de JP organizamos su traslado a la clínica.

Nunca olvidaré el día que lo dejé allí. Me quedé a su lado mientras la enfermera le extraía sangre y le sostuve la mano mientras lo llevaban al ala infantil. Al cabo de pocos minutos, un miembro del personal me indicó que tenía que marcharme. Me arrodillé, lo abracé con todas mis fuerzas y lo besé mientras le repetía una vez tras otra:

—Te quiero.

No creo que comprendiese lo que sucedía, porque no dijo gran cosa, lo que hizo que lo abrazara con más fuerza todavía. Por último, una enfermera me miró y vi que sus labios dibujaban las palabras «Es mejor que se vaya» sin pronunciarlas en voz alta. Me levanté y me alejé de mi niño pequeño.

Me dije: «No te vuelvas, sigue caminando». Entonces oí que JP comenzaba a llamarme:

—¡Vuelve, mamá! —gritaba entre sollozos.

Sabía que no podía darme la vuelta, porque eso sólo empeoraría las cosas. Así que continué caminando, seguida por el eco de los gritos de mi hijo en el pasillo. En cuanto doblé la esquina, rompí a llorar.

Aquella noche, en una casa sumida de pronto en el silencio, le hablé a un Dios que no creía que me escuchase.

—¿Hasta cuándo? —le pregunté—. ¿Hasta cuándo va a tener mi hijo que seguir pagando por mis pecados?

Pocos meses antes de llevar a JP a esa clínica psiquiátrica, había reanudado las clases en la universidad y había entrado en el Programa de Educación para Maestros de una institución de la zona. Mi vida se había transformado en una borrosa sucesión de tutorías, clases e idas y venidas con los niños. Llevarlos a la guardería, luego al colegio, recogerlos, ir a trabajar, volver a casa, estudiar, dormir, limpiar, y así un día tras otro. Nunca olvidaré lo que sentí una tarde frenética en la que llegué dos horas tarde al centro de día. Una de las profesoras, una auténtica santa, se había quedado con los niños y les había comprado un helado mientras me esperaban. Todavía hoy, JP y Sabyre me lo recuerdan.

—Anda que olvidarte de nosotros, mamá... —bromean.

Decir que andábamos justos de dinero sería quedarse corto. Tenía que hacer malabares para pagar las facturas y muchas veces llegaba a las oficinas de la compañía eléctrica un par de horas antes de que nos cortaran la luz. En una de aquellas ocasiones, cuando lo único que tenía en el banco eran 75 dólares —lo justo para pagar la luz—, mi pequeño y fiable Eagle Talon decidió que había llegado el momento de explotar.

En efecto, el motor literalmente explotó mientras yo estaba pagando la factura en la ventanilla para vehículos. Al parecer, el motor tenía una grieta, así que supongo que había tenido suerte de no sufrir un accidente. ¿Qué podía hacer? ¿Qué más? Me eché a reír hasta quedarme sin fuerza. Desde luego, no tenía dinero suficiente para llamar a una grúa y mucho menos para llevarlo a un taller, así que tuve que conseguir que unas personas muy amables me ayudaran a sacarlo de allí. Luego llamé a un desguace y vendí el humeante montón de chatarra por 100 dólares. Recuerdo que saqué todas las cosas del coche y tuve que esperar allí, con ellas en brazos, mientras mi madre iba a recogerme al aparcamiento. Mi otro par de zapatos y los juguetes, libros y muñecas de mis hijos: ya sabes, todas las cosas de mi vida.

Pero como suele decirse, la vida sigue y finalmente terminé la carrera. Fue uno de los días más satisfactorios de mi vida. Nadie me había regalado aquel título. Me lo había ganado yo con sudor y lágrimas a raudales.

Más o menos en la misma época en que me explotó el coche, por pura desesperación solicité un puesto en una oficina de seguros de la ciudad. Había dejado el bar de *country* porque no quería estar alejada de mis hijos de noche, pero tenía que ganarme la vida de alguna manera, así que cuando oí que la aseguradora buscaba gente, no lo pensé dos veces. No sabía escribir a máquina, pero mi abuela Ernie me había convencido para que tomase clases de piano. Supongo que tenía unos dedos lo bastante ágiles como para hacer setenta palabras por minuto en la prueba de mecanografía. Mi futuro jefe, David, y yo formábamos la pareja perfecta: él necesitaba desesperadamente una secretaria y yo necesitaba desesperadamente un trabajo. Me ofreció el puesto que, además de un salario fijo, ofrecía la posibilidad de obtener bonificaciones. Y tenía un horario normal: ni noches ni fines de semana. Me sentía como si me hubiera tocado la lotería.

Comencé a trabajar en el despacho de David, que estaba junto a una tienda de rosquillas. Durante los dos pri-

meros días disfruté mucho del dulce olor de las rosquillas en el aire. A partir del tercero, empecé a aborrecerlo.
Pero la presencia constante de aquella fragancia azucara-
da parecía un precio muy pequeño a cambio de un buen
trabajo como aquél.

Pero había otro problema. Mi primera semana de trabajo fue la misma en que iban a ingresar a JP. Me dejaban
verlo tres veces a la semana —dos visitas y un día de terapia familiar—, pero para poder acudir tenía que encontrar el modo de salir antes de la oficina. ¿Cómo iba a pedirle a mi jefe una reducción de jornada si apenas acababa
de empezar a trabajar? Pero no tenía alternativa, así que
hice acopio de valor y le pregunté a David si podía quedarme trabajando durante la hora de la comida y salir a
las cuatro de la tarde para ir a ver a mi hijo. Estaba aterrorizada y creía que iba a despedirme allí mismo.

No lo hizo. Accedió a dejarme salir temprano tres días
a la semana: las circunstancias de su propia vida le permitían comprender por lo que yo estaba pasando y sentir
empatía por mi situación. Me dijo que a veces parecía
que su trabajo en la oficina era lo único que mantenía
unida a su familia. Por eso era tan amable conmigo: sabía
que yo necesitaba que me ayudaran, lo mismo que él. Y
cuando supe lo que estaba pasando, sentí el impulso de
trabajar con más denuedo aún por la empresa y por él.
Sólo éramos nosotros dos, pero nos convertimos en un
equipo realmente eficaz. Durante el tiempo que trabajé
en su agencia ganó varios premios, e incluso yo misma
gané uno por mi trabajo con los niños de la comunidad.

Pero el mejor de los premios fue la amistad que entabla-
mos. Nos ayudamos mutuamente durante una época muy

CRYSTAL McVea

complicada para ambos. David se convirtió en uno de mis mejores amigos y aunque se ha mudado a otra ciudad, todavía hablamos de vez en cuando. Me pregunto si sabe que, cuando me contrató, básicamente me salvó la vida.

Gracias a David podía aprovechar todas las oportunidades para ver a JP (también hablábamos por teléfono diez minutos por noche, que no eran ni de lejos suficientes para cualquiera de los dos). En aquellas visitas pude comprobar que estaba mejorando lentamente. Le administraban diversos estabilizadores del estado de ánimo y parecía que el tratamiento estaba funcionando. Seguía teniendo problemas con muchas de las funciones del lóbulo frontal —las inhibiciones, las emociones o el control de impulsos—, pero al menos estábamos consiguiendo herramientas para ayudarnos a enfrentarnos a ellos.

En medio de aquel torbellino que yo llamaba vida apareció una persona que lo cambió todo. No esperaba ni deseaba conocer a nadie, así que hice cuanto estuvo en mi mano por espantarlo. Pero él no me lo permitió. Y de aquel modo, mi alocada existencia tomó un nuevo e increíble rumbo.

Puedes creerme cuando te digo que para entonces no quería saber nada de hombres. Sencillamente, no tenía tiempo para juegos y dramas, y después de lo que había pasado con Steven y JP, tenía más cuidado que nunca a la hora de meter a alguien en mi vida. Sólo años más tarde comprendería que no eres la única que controla quién entra en tu existencia. A veces hay fuerzas mayores en juego, que colocan a otras personas en tu camino.

Todo empezó cuando una amiga me invitó a tomar una copa de vino en la base de las Fuerzas Aéreas. Estaba muy cansada, pero ella insistió.

—Ven, sólo una copa —me dijo.

Sabyre estaba con mi madre y JP continuaba en la clínica. Acepté la invitación a regañadientes.

Al llegar a la puerta principal, un guardia nos detuvo y nos acompañó a una oficina para sacar los pases. El guardia, un hombre mayor, comenzó a tratarnos de manera realmente detestable. Ya sabes, a lanzarnos sonrisitas y a realizar comentarios inapropiados. A mí ya no me quedaba paciencia para los bocazas y estaba a punto de responderle como se merecía cuando, de repente, el otro guardia que había en la oficina tomó la palabra.

—¿Tiene una cita, o algo así? —me preguntó.

Lo miré. Estaba sentado a una mesa en la parte trasera de la estancia, comiendo galletitas de las Girls Scouts (Thin Mints, para ser exactos). Era de color, de tez no muy oscura, más o menos de mi edad, con una sonrisa maravillosa y unos ojos cálidos y amistosos. En aquel mismo instante sentí que no había nada amenazante ni malo en él. Era la clase de hombre que me habría llamado la atención en otros tiempos, pero ya estaba más que harta de hombres que me abordaban con torpeza. El pobre estaba en el sitio erróneo en el momento equivocado.

—Eso no es asunto suyo —repuse—. No necesita saberlo para darme el pase, ¿verdad?

Mis palabras parecieron dolerle.

—Discúlpeme, señorita. No pretendía ofenderla —se excusó—. Sólo quería decirle que me parece usted preciosa.

No dijo nada más. Cogí el pase y salí de allí hecha una furia. Horas más tarde, en la casa de mi amiga, comencé a sentirme mal por la dureza con la que lo había tratado. No era propio de mí responder así —al menos cuando no tenía buenas razones para ello— y quería disculparme con el guardia. Le pedí a mi amiga que llamase a la oficina para pedirle perdón en mi nombre. Lo que ella hizo fue invitarlo a su casa. Para mi sorpresa, una hora más tarde estaba allí, de uniforme.

Me disculpé por mi falta de educación y, después, empezamos a conversar; nos pasamos cuatro horas charlando. Como mínimo, sabía escuchar. Por alguna razón, sentí que podía hablarle de mis hijos, del accidente de JP y de todo lo demás. No con todo lujo de detalles, claro, pero sí que podía explicarle cuál era mi situación. Y él permaneció allí sentado, mirándome con aquellos ojos cálidos y amistosos, y dejó que le contase el relato entero de mis penas. No se me insinuó ni intentó propasarse y, al final de la noche, se limitó a darme un beso en la mejilla y a decir que esperaba volver a verme.

—Vas a casarte con él —auguró mi amiga en cuanto se marchó.

—Oh, vamos —repuse—. Lo más probable es que no vuelva a verlo.

Mucho tiempo después, él me contaría que se había enamorado de mí aquella primera noche.

Se llamaba Virgil y era oficial de las fuerzas de seguridad del ejército de Estados Unidos en aquella base. Era oriundo de Texas, pero, de pequeño, el sol de esas latitudes le provocaba dermatitis, así que sus padres decidieron mudarse al norte, a Oklahoma. Su padre, Vernon, era un camionero que transportaba enormes contenedores de sustancias químicas peligrosas y Virgil sabía que era tan duro como el que más, como se puso en evidencia un invierno, cuando las carreteras estaban heladas y su camión volcó a causa de un socavón de gran tamaño. Parecía que había tenido suerte y no le había pasado nada, pero se negó a ir al hospital a que le hiciesen una radiografía. Así que llegó a casa lleno de cardenales y magulladuras y durante los días siguientes estuvo sacándose añicos de parabrisas de la ropa. (Ha progresado mucho desde entonces; hoy en día, Vernon posee su propia constructora en Oklahoma City.)

La madre de Virgil, Eddie, conoció a su padre en la universidad, donde estudiaba Sicología. Según me han contado, ella solía hacerle los deberes. Tenían veintipocos años cuando nació Virgil y lo llevaban a una iglesia baptista todos los domingos. Sin embargo, al cabo de algún tiempo dejaron de hacerlo.

Pero cuando tenía catorce años, su entrenador de baloncesto, un hombre de profunda fe, empezó a hablarle de Jesús y a explicarle que podía salvarse a los ojos de Dios. Algo en aquel concepto caló hondo en Virgil, porque aquel mismo año inició una relación con Dios, pero sin celebrar ningún tipo de ceremonia o ritual: simplemente, Virgil fue solo a alguna parte y le dijo algunas palabras a Dios.

—Señor, soy un pecador y te pido que me perdones —le

pidió—. Creo que moriste en la cruz por mis pecados, así que ahora te pido que entres en mi corazón como salvador.

Tal como me explicaría él mismo más adelante, fue el comienzo de un proceso largo y maravilloso. Desde entonces no ha vuelto a mirar atrás. Nunca ha dudado, ni por un solo instante, que Dios es real y vive dentro de su corazón.

—Puedo confiar en Dios —afirma a veces—. Sé que me ayudará y me protegerá.

En resumen, sentía la misma certeza sobre Dios que yo siempre había anhelado sentir, pero infructuosamente. Mientras que yo dudaba y dudaba, él no vacilaba nunca. La presencia de Dios era un hecho sencillo e inequívoco de su vida, como el aire que respiraba, la comida que lo alimentaba y la hierba que crecía bajo sus pies.

Nunca había conocido a alguien como él.

Así que pensé que, lógicamente, su primera impresión sobre mí sería «qué persona más grosera».

Pues resulta que no. No permitió que mi grosería lo molestara lo más mínimo. No es que fuese un pusilánime ni nada parecido, todo lo contrario. Había sido boxeador y era un hombre muy duro, como su padre. Pero también era amable y delicado al hablar y, estuviera donde estuviese, siempre parecía el hombre más templado y seguro de la sala. Aun así, yo no tenía la menor intención de salir con él. No tenía la menor intención de salir con nadie, y punto. Mi vida era demasiado complicada y mi historial con los hombres era demasiado lamentable, así que no quería líos de esa clase. Quedamos para tomar un café una o dos veces después de conocernos y estuvimos mucho tiempo hablando por teléfono, pero creo que le dejé bastante claro que no estaba disponible. Lo máximo a lo que podía aspirar era a que entablásemos una amistad.

Y eso fue exactamente lo que consiguió. Virgil parecía muy interesado en mis problemas y preocupaciones y siempre me decía lo fuerte que era y lo mucho que me admiraba. Empecé a sentir que me ofrecía un apoyo muy importante y real en un momento en el que lo necesitaba desesperadamente. Durante tres o cuatro semanas nos dedicamos a charlar, salir a comer o al cine y comencé a darme cuenta de que nunca había sentido tanta proximidad con ningún hombre. No sabía lo que estaba sintiendo, pero era algo distinto. No era como las pasiones desbocadas y el salvaje anhelo romántico que estaba acostumbrada a experimentar. Era algo más profundo, más sustancial, algo que parecía más real. Al cabo de un mes, más o menos, decidí dejar que conociese a mis hijos.

Sabyre fue la primera. Por entonces sólo tenía seis años y le costó pronunciar su apellido —MacVea—, así que decidió llamarlo Max. Bueno, el caso es que Max y Sabyre se hicieron grandes amigos. Si conmigo era un modelo de gentileza y generosidad, con mi hija era aún más maravilloso. Después, un día, le dije que tenía que ir a ver a JP en la clínica. Me preguntó si podía acompañarme, pero pensé que no era justo que conociese a mi hijo en la institución, así que respondí que no. Lo entendió y me dijo que iría igualmente conmigo para hacerme compañía y que esperaría en el coche mientras yo estaba con JP. Le advertí de que la visita podía durar tres horas y me contestó que no le importaba.

Así que me acompañó y me esperó tres horas en el coche mientras yo veía a JP.

Al poco tiempo, conseguí un pase para sacar a mi hijo un fin de semana de la clínica. Era su cumpleaños —el noveno—, así que organicé un día entero en el Omniplex, un enorme zoológico y sala de exposiciones de temática científica que hay en Oklahoma City. Virgil llamó a sus padres, que vivían allí, y les dijo que el hijo de su amiga Crystal iba a celebrar su cumpleaños. Su madre demostró de dónde había salido la bondad de mi nuevo amigo: nos abrió las puertas de su casa, invitó a todos sus amigos y familiares y le organizó a JP una fiesta con tarta y todo. Hacía años que no lo veía tan feliz.

Para entonces, yo ya me había dado cuenta de que sentía algo de verdad por Virgil. Comenzaba a pensar que podía ser una parte importante de mi vida. Mi compañero, mi paladín, mi héroe... alguien que estaría a mi lado como nunca antes había estado nadie. No pasaba un día sin que me dijese lo guapa que estaba y lo gran madre que era, y a veces hasta yo me permitía creerlo.

Pero la mayor parte del tiempo, mis sentimientos por Virgil quedaban anulados por un solo y abrumador pensamiento: «Es demasiado bueno para ti».

La misma aversión por mí misma que había arraigado en mi interior cuando era joven seguía, al cabo de tantos años, formando parte integral de mi persona. No era la clase de mujer de la que se enamoran los hombres buenos como Virgil. No me quería a mí misma y sabía que Dios tampoco podía quererme. Así que, ¿cómo podía aceptar que lo hiciese alguien como Virgil? No era posible. No tenía sentido.

Por eso hice cuanto estuvo en mi mano por apartarlo de mi lado.

En una ocasión, incluso me senté con él y enumeré todas las razones por las que no debía estar conmigo. Le conté todos los horrores de mi infancia. Le hablé del aborto. Le expliqué que había salido con hombres casados. Le dije que tenía dos hijos y que eso era algo que no tenía por qué asumir. Le di razones de sobra para haberse levantado allí mismo y haberse marchado para siempre.

Pero no lo hizo. Mientras yo estaba allí sentada, sacando a la luz toda la porquería de mi vida entre lágrimas, él se limitó a escuchar sin moverse. Y una vez que terminé, me habló con aquella voz tranquila y calmada a la que empezaba a acostumbrarme.

—Te has sacado un título universitario —expuso—. Trabajas a jornada completa y crías tú sola a dos hijos estupendos. Eres compasiva con los demás y tu sentido del humor y tu risa los atraen hacia ti. Eres una de las mujeres más fuertes que he conocido. Tienes muchas cualidades positivas, que compensan cualquier cosa negativa que puedas decir de ti misma.

Y entonces lanzó el golpe final:

—Has sobrevivido a todo eso —concluyó, refiriéndose a mi pasado— y te has transformado en la persona que amo.

En aquel momento sucedió algo extraordinario: dejé de huir.

Pero en cuanto me paré, aquello de lo que había estado huyendo me alcanzó de repente, todo a la vez.

Y al hacerlo, mi vida tomó un nuevo rumbo, más insólito que nunca.

CAPÍTULO 11

Virgil y yo salimos varios meses antes de tomar la decisión de casarnos. ¿La propuesta? Bueno, para ser exactos no me lo pidió, más que nada porque no le di ocasión. En cuanto decidimos que queríamos estar juntos, me juré que esa vez haría las cosas bien: nada de irme a vivir con alguien con la esperanza de que todo fuese de color de rosa. Así que cuando terminó su etapa en el ejército y estuvo listo para regresar a la vida civil, le dejé las cosas muy claras:

—O consigues tu propio apartamento o nos casamos —dije.

—Bueno —respondió él guiñándome un ojo—, supongo que me sale más barato casarme contigo.

Por mucho que lo amara, la idea de casarme con él me daba miedo. No podía dejar atrás así como así mi historial con los hombres, por lo que siempre parecía estar esperando que algo saliese mal... Sólo que esta vez no me afectaría únicamente a mí, también lo pagarían mis hijos. Cuando Virgil y yo fuimos a sacar la licencia de matrimonio, me dio un ataque de pánico. Me temblaba tanto la mano que ni siquiera pude firmar. Entonces descubrí que era incapaz de pronunciar la palabra «marido». La primera vez que oí que alguien se refería así a él cuando hablaba conmigo, sufrí otro ataque de pánico. Hoy en día aún nos reímos de ello.

Supongo que mi cabeza estaba jugándome malas pasadas. En mi corazón, sabía que quería estar con Virgil hasta el fin de mis días. Cuando les dije a los niños que íbamos a casarnos, se pusieron como locos. Sentían verdadera adoración por él hacía ya algún tiempo. Lo mismo que mis amigos, mi madre y todo el que lo conocía.

Durante los años anteriores, mi vida había sido tan caótica que sólo iba a la iglesia de manera esporádica, pero después de conocer a Virgil volví a hacerlo con regularidad. Incluso daba clases en la escuela dominical de la iglesia metodista de la Gracia, la misma a la que acudía de niña. Virgil y yo decidimos casarnos allí un domingo, después de las clases. Los dos estábamos de acuerdo en que queríamos una ceremonia modesta. Era el segundo matrimonio para ambos y no necesitábamos una gran boda de cuento de hadas. No invitamos a mucha gente al enlace: sólo mi madre, mi tía Bridget y mi tío Al, mi hermano Jayson y, por supuesto, mis hijos, además de una pareja de amigos de la Iglesia que harían de testigos. Por desgracia, los padres de Virgil no pudieron venir desde Oklahoma City.

Queríamos una ceremonia cálida e informal y así fue. Virgil llevaba una sencilla camisa y unos pantalones sueltos, ambos de color blanco, y yo una falda de color pardo y un suéter naranja oscuro. Aquella mañana había ido a la floristería a comprar unas rosas y una cinta de color melocotón, con las que preparé un ramo sencillo pero precioso. Sabyre y JP —que había salido de la clíni-

Éstos son mi padre, Brad, y mi madre, Connie, en 1975, el año en que se casaron.

Mi madre y yo el día de Navidad de 1979. Yo tenía tres años y estaba deseando seguir abriendo regalos.

A los tres años, mi padrino me enseñó a pescar, ¡y pesqué mi primer pez! Creo que no le hizo mucha gracia que pescara más que él.

Ésta es mi faceta de *chicazo*, cuando tenía tres años. Mi madre siempre trataba de que me pusiera vestidos (sin demasiado éxito).

Éste es el día que me puse de punta en blanco para recibir una visita que nunca se produjo. Al menos me divertí soplando las flores de dientes de león.

Las visitas de la abuela Ernie y Paw Paw siempre
eran un acontecimiento. Aquí están conmigo y
con mi hermano Jayson en 1982.

El primer día de cole para Jayson
(jardín de infancia) y para mí
(quinto curso), en 1987. Todos los
años cambiábamos de mochila y
de lonchera.

Mi hermanito de tres meses, Jayson,
y yo en el jardín, en 1982. ¡Mirad que
sonrisilla traviesa!

Mi padre pasaba en su Corvette a
dejarme en casa tras una de sus visitas. Me encantaba estar con él.
Era el tío más guay que conocía.

Cena en casa de mi tía (de izquierda a derecha): Jayson, mi madre, el tío Al, la tía Bridget, Maude Marie (una amiga de la familia) y yo.

Dulces dieciséis: aquí estoy en casa de una amiga en 1993, durante los locos años de mi adolescencia.

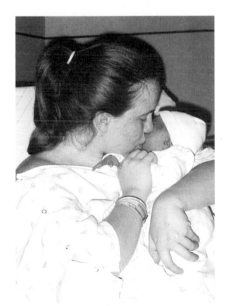

Mi hijo JP a los dieciocho meses, con esas orejas de broma tan graciosas y que tanto le gustaba ponerse. ¡Menudo pilluelo estaba hecho!

Éste fue el momento en que vi por primera vez a mi hijo JP, en 1995. Fue amor a primera vista.

Entre trabajo y trabajo corría a casa para estar con mi hija Sabyre (que aquí tenía seis meses).

Esta servidora junto a mi hija, Sabyre, y JP en 2001, cuando éramos una familia feliz constituida por tres miembros.

Aquí está JP con los bomberos que le salvaron la vida tras el accidente, en 2002. A modo de agradecimiento, les llevamos una foto enmarcada de JP, y ellos nos enseñaron el parque de bomberos.

Mi padre, Brad, acudió desde Illinois para acompañarme el día de mi graduación, en 2003.

Virgil y yo en nuestra primera cita, en 2004. Su integridad y fe en Dios siguen siendo una inspiración para mí.

30 de enero de 2005: el día que Virgil y yo nos casamos en un aula de la escuela dominical. Nuestro querido amigo, el pastor George Lupton, ofició la ceremonia; Sabyre y JP se pusieron de punta en blanco.

Virgil deja que Sabyre lo maquille —y le pinte las uñas con el mismo color del lápiz de labios— en 2005. Es un padre maravilloso.

Virgil y sus padres, Eddie y Vernon. Él dice que sigue siendo su «nene», y por eso se sienta sobre el regazo de su madre.

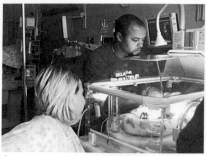

Ésta es la primera vez que miré a mi hija Willow, en la Unidad de Cuidados Intensivos Neonatales, en 2009. Tenía diez horas de edad y pesaba un kilo.

Mi diminuto «burrito» nunca olvidaré el momento en que tuve en brazos por primera vez a mi hijo Micah.

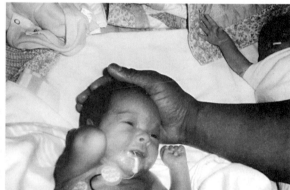

La pequeña Willow no iba a permitir que un simple tubo de alimentación le impidiera ofrecernos su primera sonrisa. ¡Llevábamos semanas esperando que lo hiciera!

Después de diez semanas en el hospital, ¡por fin nos íbamos a casa! Aquí está Virgil con los gemelos y los monitores para controlar la apnea, en 2009.

Virgil y yo con los niños, al poco tiempo del nacimiento de los mellizos. La foto es de julio de 2009, apenas cuatro meses antes de mi muerte. (Fotografía de Amy Hart.)

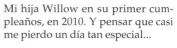

Mi hija Willow en su primer cumpleaños, en 2010. Y pensar que casi me pierdo un día tan especial...

Heather, la encantadora hija de mi amiga Patricia, con su conejito de orejas largas. Sus abuelos siguen criando conejos en su memoria.

Mi amiga Shearl y su hijo Mickey, junto al lago del hospital en el que rezaba todos los días por su recuperación. ¡Dios la estaba escuchando!

Mi hermano Jayson con su preciosa esposa, Melissa. Me alegró muchísimo que se encontrasen.

Aquí están Brandon y Amber con Sabyre, el día que la bautizaron en un lago cerca de nuestra casa, en 2012. ¡Me encanta esta pareja de locos!

Mi gran familia feliz en nuestra casa. No hay día en que no dé gracias a Dios por todas las bendiciones que me ha enviado.

ca y cada vez estaba mejor— se pusieron sus mejores galas y se pasaron toda la mañana tan felices como si fuese Navidad.

Justo después de la escuela dominical les dije a los nueve adolescentes de mi clase que nos íbamos a casar. Les alegró tanto la idea que se quedaron para ver la ceremonia, que duró menos de cinco minutos. El pastor, George (que más que un pastor era como un miembro más de la familia para nosotros), nos hizo tomar los votos tradicionales —«¿Aceptas a este hombre?», «¿Aceptas a esta mujer?»— y así, sin más, nos convertimos en marido y mujer. Virgil se inclinó para darme un dulce beso y, acto seguido, todos los niños, incluidos los míos, comenzaron a vitorearnos. En nuestra iglesia tenemos lo que llamamos una «caja de agradecimientos», en la que si quieres compartir algo con la congregación, metes un dólar y comienzas a hablar. JP y Sabyre subieron corriendo, metieron el dólar y proclamaron a gritos la buena nueva:

—¡Mamá y papá se han casado!

Así que al final sí tuve mi boda de cuento de hadas.

La luna de miel consistió en un fin de semana en un bonito hotel de Oklahoma City... con los niños. Estaban tan emocionados como nosotros y posiblemente más. Nada más llegar, una solícita Sabyre le dijo a la recepcionista:

—¡Estamos de luna de miel!

Y cuando se enteró el personal del hotel, nos mandaron a la habitación una bandeja con fruta, queso y chispeante sidra. Fue uno de los fines de semana más felices de toda mi vida.

Verás, mi matrimonio con Virgil aportó a mi vida algo que nunca había tenido: estabilidad.

Por primera vez, sentía que pisaba tierra firme. Superé mis temores previos a la boda e incluso empecé a usar la palabra «marido» con naturalidad (hasta la cuarta semana de matrimonio no dejé de referirme a Virgil como «mi novio»). Nos compramos una casa en mi pueblo y al poco tiempo conseguí un trabajo como maestra de tercer curso en una escuela elemental. JP estaba cada vez mejor y tanto él como Sabyre adoraban a su nuevo papá. Si la vida es un enorme rompecabezas con un millón de diminutas piezas, muchas de las que me faltaban a mí estaban empezando a encontrar dónde encajar.

Y, sin embargo, no reaccioné ante mi nueva estabilidad como cabría esperar.

No me malinterpretes. Era maravilloso tener a alguien que me amaba y que siempre estaba a mi lado y Virgil, sin duda, se convirtió en mi valedor. Con su ayuda, conseguí finalmente que el padre de JP lo incluyese en su cobertura médica. Me ayudó a conseguir que el niño fuese a ver a los especialistas que necesitaba. Gracias a él, no tenía que trabajar tanto como cuando estaba soltera. Me había pasado toda mi vida adulta corriendo de un trabajo a otro, limpiando casas, planchando, sirviendo cervezas, sacándome un título universitario, criando a dos hijos, etcétera, etcétera. No recuerdo que parase un solo momento —la parte positiva de tanta carrera y tanto trabajo era que me mantenía delgada y esbelta. Probablemente pesara menos de adulta que en el instituto.

Pero entonces, cuando por fin pude quitarme esa carga de los hombros —cuando finalmente dejé de correr— empecé a ganar peso. Y no sólo unos gramos, sino diez kilos y luego quince. Cuando quise darme cuenta, me sobraban veinticinco.

Pero la verdadera razón de que engordase no tenía nada que ver con que trabajase menos. Estribaba en que, cuando dejé de escapar de mis problemas y comencé a echar raíces con Virgil, todas las cosas de las que había estado huyendo se precipitaron sobre mí de repente, como en uno de esos choques en cadena que se producen en las autopistas. Todos los malos sentimientos derivados de los abusos y el aborto, todos mis miedos e inseguridades, todo mi sentimiento de culpa, la aversión que sentía por mí misma... todo reapareció de repente en mi cerebro. Realmente nunca me había enfrentado a mis problemas, sino que me había limitado a cubrirlos de rabia, negación, malas relaciones y horarios laborales interminables. Básicamente, había tratado de dejarlos atrás corriendo. Pero en esa etapa de mi vida, al fin, habían logrado alcanzarme y amenazaban con asfixiarme.

Así que mi nueva estabilidad exterior trajo consigo un nuevo caos interior, si tal cosa tiene sentido. Me sentía como si estuviera batallando conmigo misma, siempre en guerra con mis propias emociones. Sé que suena extraño, pero realmente me daba la impresión de que mi mente y mi cuerpo eran un campo de batalla... sólo que no sabía contra quién era la guerra, exactamente.

En el centro de esa turbación estaba mi permanente confusión sobre Dios. Habría sido maravilloso que la certidumbre de Virgil sobre el Señor se me pegara, pero no fue así. En cierto modo, sólo sirvió para que me cuestionara aún más su existencia. Traté de encontrarlo en todas partes: en las maravillosas planicies onduladas de Oklahoma, en las melancólicas puestas de sol de las montañas, en las radiantes sonrisas de mis hijos...

—Virgil, mira qué precioso árbol —decía, señalando un espécimen especialmente majestuoso—. Tiene que haberlo creado Dios. Tiene que ser real, porque todo esto es perfecto. Tiene que haber un Dios.

Y Virgil, paciente, respondía:

—Lo hay.

Pero, aun así, yo no estaba segura. Deseaba con todas mis fuerzas que Dios fuese real, pero mi vida me había enseñado a no creer en nada que no viese con mis propios ojos. Cuando Virgil entró en ella, empecé a inclinarme a creer que Dios era real. Pero todavía me faltaba un largo camino por recorrer hasta alcanzar la verdadera fe, porque estaba convencida de que la mía estaba vacía y de que, además, no había nadie escuchándome. La verdad es que seguía buscando, seguía corriendo... sólo que en ese período de mi vida corría hacia algo, no en sentido contrario. Como necesitaba a Dios más que nunca, estaba tratando de encontrarlo desesperadamente. «Acercaos a Dios —dice Santiago 4,8— y Él se acercará a vosotros.» Bueno, ¿dónde estaba?

Fue entonces cuando Dios, que nunca había dejado de estar a mi lado, se manifestó ante mí de manera muy clara.

Una de las primeras cosas raras que sucedieron fue un simple sueño. E implicaba a mi hermano Jayson.

Como yo, Jayson había sido un niño muy tozudo. Le gustaba hacer las cosas a su manera y no se sometía con facilidad a la autoridad. Nunca olvidaré lo que le hizo a mi madre después de que le diese unos azotes por no haber limpiado su cuarto. Por aquel entonces tendría nueve o diez años y estaba tan enfadado con ella que elaboró un ingenioso plan de venganza. Mi madre trabajaba como higienista dental en aquella época, así que había un montón de hilo dental en la casa. Bueno, pues mi hermano lo cogió y lo utilizó para atar todas las cosas que tenía mi madre en su habitación. Y cuando digo todas, me refiero a todas: los lápices de labios, la ropa interior de los cajones, los cepillos del pelo, los zapatos, los cuadros... A continuación cogió todos los hilos y los ató al picaporte de la puerta del dormitorio. Era una puerta muy pesada y para abrirla había que darle un buen tirón. Así que cuando mi madre llegó a casa y la abrió, todas sus cosas salieron volando hacia ella y terminaron amontonadas en el suelo.

Jayson la estaba esperando dentro y, en cuanto ella traspasó el umbral, le soltó:

—Mamá, tu cuarto es una auténtica leonera.

Jayson tenía veintitantos años cuando me casé con Virgil y, al igual que me había pasado a mí a su edad, llevaba una vida complicada —todo lo que habíamos pasado de niños nos había dejado marcados—, sólo que en lugar de recurrir a la comida o a jornadas de trabajo interminables para combatir la desesperación, él bebía. Y a diferencia de mí, no tenía ningún problema con la existencia de

Dios: estaba plenamente convencido de que no existía y ésa era la raíz del problema que teníamos ambos. «Si Dios fuese real y nos amase —nos preguntábamos—, ¿cómo pudo permitir lo que nos pasó de niños?, ¿por qué no lo había impedido?» Yo quería una respuesta a estas preguntas, pero mi hermano no la necesitaba. No quería saber nada de Dios. Sencillamente, no creía que fuese real y nunca me dejaba hablar de Él en su presencia.

Entonces lo arrestaron por segunda vez por conducir bajo los efectos del alcohol. Tumbada en mi cama, le pedí al Señor que ayudase a mi hermano. Al poco tiempo, volvió a ser arrestado por la misma causa... sin que su postura sobre Dios hubiera variado un ápice.

—Dios —dije en una de mis plegarias—, vas a tener que ir en su busca, porque él no se acercará a Ti. Vas a tener que manifestarte ante él, porque si no, nunca creerá en Ti.

Una noche, al poco de aquella plegaria, tuve un sueño increíble. Estaba en la iglesia, pero no de pie. Estaba flotando sobre los fieles, los podía ver a todos, de pie, con las manos en el aire. Estaban cantando y rezando, de un modo que yo nunca había visto, era una imagen maravillosa.

Y delante de todos, frente al altar, la persona que los dirigía en sus rezos y alabanzas era Jayson.

Mi hermano canta como los ángeles. De niños siempre estábamos cantando y todavía hoy es el rey del karaoke. Y allí estaba, en mi sueño, con los brazos en alto y la cabeza echada hacia atrás, llorando de amor a Dios y cantando con toda la fuerza de sus pulmones... ¡entonando alabanzas a Dios! ¡El chico que no creía en Dios dirigía las plegarias de una congregación! Al despertar, la imagen de mi hermano seguía en mi cabeza, real y maravillosa. Esa imagen era más vívida que cualquier sueño que pudiera recordar. Se lo conté a mi madre y a Virgil, pero me cuidé mucho de hacerlo con el propio Jayson. Me limité a guardar el recuerdo en mi cabeza y, al cabo de algún tiempo, lo olvidé.

Entonces, en verano de 2007, volví a tener otro sueño igualmente intenso. Esta vez estaba en mi propio dormitorio y volvía a flotar sobre el suelo. Podía ver a Virgil en su lado de la cama, durmiendo como un tronco, y a mí a su lado, apaciblemente dormida también. Entonces reparé en una luz maravillosa que envolvía mi cuerpo flotante. La luz comenzó a perfilar un plan perfecto para nuestras vidas y en el sueño absorbí todos y cada uno de sus detalles. Al despertar, di un empujoncito a Virgil y, con voz todavía soñolienta, le dije:

—Espera a que te cuente el plan que tiene Dios para nosotros.

Me miró con expresión de sorpresa, porque yo, que nunca había afirmado que Dios fuese real, estaba allí, diciéndole que Él había compartido sus planes conmigo. Volví a quedarme dormida, con la intención de contarle a Virgil todos los detalles a la mañana siguiente. Pero al despertar no recordaba nada de lo que me había contado Dios. Sólo me acordaba de dos cosas extrañas y aparentemente fortuitas: dos números —el 6 y el 16— y la imagen de la construcción de una gran muralla. No sabía lo que significaba, así que decidí tomármelo como un sueño raro y nada más. A ver, la única gran muralla de la que yo había oído hablar era la de China.

Aquellos dos sueños tan vívidos fueron el comienzo de un período realmente singular de mi vida. Lo que sucedió a continuación fue aterrador y me habría gustado que fuese sólo un sueño... pero no lo fue.

Virgil y yo acabábamos de entablar amistad con una pareja joven del pueblo. Formaban una familia típica: tres hijos maravillosos, una casa estupenda... Hablábamos mucho y la amistad había surgido con facilidad. Un día de verano, poco después de mi sueño de la muralla, Virgil y yo fuimos a cenar a su casa. Al acabar, la mujer y yo salimos a charlar al jardín.

Para entonces ya me había hablado de su infancia. Para mi espanto, lo que me describió era una historia aún peor que la mía. Se había criado en otro estado y me contó que cuando era niña, su madre ingresó en una secta satánica y la arrastró consigo. Los miembros masculinos del grupo terminaron por abusar de ella hasta el punto de violarla. Los pocos detalles que me contó eran de pesadilla, eran demasiado horribles, demasiado atroces para ser reales. Hice lo que pude por consolar a mi amiga y escucharla empáticamente, pero en el fondo no creo que diese crédito a su historia. O puede que lo que me estaba contando fuese tan espantoso que me resultase imposible asimilarlo. A cierto nivel, aún era aquella niñita asustada que había huido del cuarto de la costura creyendo haber visto al Diablo. No sabía si Satanás era real, pero tampoco tenía la seguridad de que no lo fuese. Y no quería creer lo que me estaba contando mi amiga, porque si de ser verdad, eso significaría que el Diablo podía serlo también.

Después de confiarme todo aquello, me dijo que, siempre que se lo contaba a algún amigo, acababa por perder-

CRYSTAL MCVEA

lo. Y la verdad es que a mí me habían entrado ganas de salir corriendo después de escucharla. Pero algo dentro de mí no me permitía abandonarla. Simplemente, no podía darle la espalda a esa pobre criatura herida. Así que seguí siendo su amiga.

Aquella noche, en el patio, estaba más taciturna de lo normal. De repente, en medio del silencio, me preguntó algo que no me había preguntado nunca:

—Crystal, ¿crees que Dios existe?

Precisamente a mí.

No sabía muy bien qué responder, así que le conté mi sueño. Luego le dije que estaba buscando a Dios con todas mis fuerzas y que mi fe iba fortaleciéndose poco a poco. Permaneció unos momentos en silencio y después me hizo otra pregunta:

— ¿Crees que Dios podría amarme a mí?

No sé por qué dije lo que dije a continuación. Simplemente, las palabras brotaron de mis labios sin pasar por mi cerebro:

—¿Quieres que rece por ti?

Nunca había rezado por alguien. A ver, sí, había rezado por la gente en la iglesia, pero nunca había juntado las manos y rezado por alguien en concreto, como había visto hacer en otras iglesias que había visitado. A fin de cuentas, ¿quién era yo, la escéptica, para rezar por nadie? Mi amiga asintió en silencio y se echó a llorar, así que le cogí la mano y empecé a rezar. Ella bajó la cabeza y escuchó, pero antes de que hubiera terminado, de repente volvió a levantarla y me miró a los ojos.

Lo que vi me sobresaltó.

La tristeza de su expresión había desaparecido, reemplazada por algo que parecía furia. Tenía una mirada dura, como si acabara de chupar un limón, sólo que diez veces peor. Era hostil y aterradora. Comenzó a reírse de mí, pero con unas carcajadas que no se parecían a ninguna otra que hubiera oído en mi vida. Era un cacareo cruel y perturbador. Luego empezó a burlarse de mí y a mofarse del nombre de Jesús con una voz aguda y malvada. Yo, mientras tanto, permanecía allí sentada, pensando «¿Qué está pasando? ¿Qué le sucede a mi amiga?».

Su marido, que se había reunido con nosotras antes, estaba tan perplejo como yo. Ahora bien, a ella le habían diagnosticado un trastorno de personalidad múltiple, resultado, creían los médicos, de su traumática infancia, por lo que al oír aquellas carcajadas maléficas, sumé dos más dos y me volví hacia su marido.

—¿Es una de sus personalidades? —pregunté.

—No —dijo—. Las he visto todas, pero ésta es nueva.

Corrí al interior de la casa para buscar a Virgil.

—¡No sé qué pasa, pero le he hecho algo! —me lamenté. Virgil se puso en acción al instante. Salió corriendo hasta donde estaba mi amiga, que se había levantado y seguía desvariando y parloteando con aquella voz extraña e infantil. La agarró por detrás y comenzó a hablarle al oído.

—Dime tu nombre —repitió una vez tras otra mientras ella escupía imprecaciones—. No te escucharé hasta que no me digas tu nombre.

No podía creer lo que estaba viendo. La pobre mujer estaba enloqueciendo ante mis ojos y aquello me partía el corazón. Tampoco comprendía por qué le hablaba a mi esposo de aquel modo. Pero ella no hacía más que gritar mi nombre, una vez tras otra. No el de Virgil, ni el de su marido, sólo el mío. Retrocedí unos pasos y traté de recobrar el aliento. Si te digo la verdad, estaba mortalmente asustada. No sabía qué hacer ni qué decir... sólo quería que aquella locura terminase.

En un murmullo casi inaudible, comencé a repetir el nombre de Jesús.

De repente, mi amiga levantó la cabeza y me dirigió una mirada de odio directamente a los ojos. Se zafó de Virgil y se abalanzó sobre mí, pero se detuvo justo antes de llegar a tocarme, como si hubiera chocado con una muralla invisible. Entonces, con una voz grave pero clara, que no era la suya, me preguntó:

—¿Dónde está tu Jesús ahora? De niña tuviste lo que te merecías.

No le había hablado de los abusos que había sufrido de pequeña. Nadie lo sabía, salvo Virgil. Lo primero que pensé fue que él se lo había contado. Me eché a llorar y Virgil me aconsejó que me fuese a casa. Me subí al coche, conduje hasta ella y cerré todas las puertas y las ventanas. Él llegó al cabo de un rato y al verlo lo abracé con todas mis fuerzas.

—Está loca —dije—. Como un cencerro. Tenemos que conseguirle ayuda.

—No —respondió él en voz baja—. No creo que fuese ella.

Me contó que había reaccionado de aquel modo —rápidamente y con fuerza— porque se había dado cuenta de que lo que estaba sucediendo era un suceso de naturaleza demoníaca. Le había ordenado a lo que estaba dentro de ella que le dijese su nombre para luego, con la autoridad de Dios, poder obligarlo a marcharse.

Me quedé donde estaba, más confundida que nunca, sin saber qué pensar. Mi marido era un hombre inteligente y serio. Desde que lo conocía, jamás me había contado una sola mentira ni había exagerado nada. Era la persona más honesta y cabal que se puede imaginar. ¿Y me decía que mi amiga estaba poseída? ¿Qué esperaba que respondiese a ello?

Me contó que mi amiga había regresado a la normalidad en cuanto me marché. No recordaba nada de lo que le había sucedido, y cuando Virgil y su marido se lo contaron, se sintió profundamente asustada. En cuanto a mí, me aterraba sobremanera pensar que todo aquel veneno había estado dirigido contra mi persona. Le pregunté a Virgil si le había contado lo de mis abusos y me contestó que no. Lo creí, pero eso quería decir que no tenía ni la menor idea de cómo había averiguado mi amiga lo que sabía.

Aquella noche insistí en que durmiésemos con las luces encendidas. Al menor ruido daba un respingo y estuve llorando en la cama hasta el alba. Decir que estaba aterrorizada es quedarse muy corta. Lo único que sabía con toda certeza era que mi amistad había terminado.

Al día siguiente le expliqué lo sucedido a mi tía Connie. Sin vacilar, respondió que lo que le había descrito era una posesión demoníaca. Yo sabía que en la Biblia se habla de demonios, pero la verdad es que no había leído toda la Biblia, sólo algunas partes. Y en ningún sermón que hubiera oído en la iglesia se hablaba de demonios. Escuché lo que me decía mi tía, pero en el fondo ya me había convencido de que lo que había presenciado era una consecuencia del desorden de personalidad múltiple que sufría la pobre mujer o, sencillamente, un acto de locura. Sin embargo, accedí a llamar a un consejero cristiano cuyo número me había facilitado mi tía para ver si podía ayudarme. No quería seguir frecuentando la compañía de mi antigua amiga, pero tampoco quería que sufriese. Si podía echarle una mano, lo haría.

Llamé al consejero y le conté lo sucedido. Al terminar, sólo tenía una pregunta para mí.

—¿Sólo dijo esas cosas sobre usted? —preguntó.

Le contesté que sí, que así era, e hizo una pausa.

—Entonces, es con usted con quien debería hablar —determinó al fin.

—Lo siento, no me interesa, muchas gracias —dije antes de colgar.

Después de aquello traté de olvidar el episodio, pero no podía quitarme de encima una persistente sensación de temor y ansiedad. Durante días no pude estar sola. Virgil tenía que sentarse en el baño mientras me duchaba y en la cama me arrimaba todo lo posible a él. ¿Podía ser real todo aquello? ¿Podía ser real alguna de aquellas cosas, siquiera? Lo más fácil era pensar que estaba loca, así que es lo que intenté hacer.

Supongo que a estas alturas estarás pensando «Espera un minuto». Puede que creas en los demonios o puede que no. No pretendo decirte lo que debes creer y lo que no. Lo único que puedo es relatar la verdad de mi historia, aunque sea difícil de creer.

La explicación más fácil sólo se sostuvo durante breve tiempo. ¿Cómo podía conocer ella los secretos de mi pasado? ¿Los había deducido? Parecía algo demasiado concreto. ¿Se lo había contado y luego me había olvidado? Estaba convencida de que no. ¿Y por qué estaba tan seguro Virgil de que se trataba de una posesión demoníaca? ¿Podía negar el peso que tenía su opinión, como hombre de profunda fe y fuerte personalidad? Todas estas preguntas revoloteaban por mi cabeza, pero incluso así, puede que me hubiera alineado con los escépticos y hubiera seguido creyendo que no era más que un caso de enfermedad mental.

Puede que lo hubiera hecho... si no se hubiese repetido.

Habían pasado unos meses desde que diésemos por terminada nuestra amistad con aquella pareja. Yo había reanudado mi vida con normalidad, al menos con toda la normalidad posible, dadas las circunstancias: daba mis clases en la escuela, iba a ver cómo tocaban mis hijos en la banda de la que formaban parte, les preparaba la comida y les ponía notitas en las servilletas para decirles lo mucho que los quería... Ya no necesitaba dormir con la luz encendida y —tras haberme pasado semanas sin rezar por miedo y confusión— incluso había vuelto a rezar. La mayoría de las noches en nuestra casa eran tranquilas, como a mí me gustaba.

Una de esas noches invité a casa a una amiga de la familia. Era una respetada mujer de negocios y una persona maravillosa, a la que me sentía muy próxima. La conocía desde la infancia y sabía qué era cabal, con los pies en la tierra y, además, una amiga muy querida para mí. Sabía que no bebía, pero aquella noche se sirvió una copita de vino. No le di mayor importancia y la velada continuó con normalidad.

CRYSTAL McVEA

Pero al cabo de una hora, más o menos, su humor cambió. Comenzó a levantar la voz, se puso agresiva y empezó a decir cosas que sabía que me molestarían. Lo primero que pensé fue: «Si está borracha, no voy a hacerle de niñera. Y no quiero que mis hijos vean esto, así que mejor la llevo a casa de su tía». No era demasiado lejos, así que tras llamar para avisar, metí a mi amiga en el coche y salimos hacia allí.

De camino su actitud fue empeorando. En un momento dado, incluso llegó a agarrar el volante y tuve que empujarla para que volviese a su asiento. Al llegar a la casa de su tía, la sentamos en un sillón reclinable del salón para ver si se tranquilizaba un poco. Sucedió justo lo contrario. Nunca la había visto actuar así y no podía creer que una única copa de vino pudiera ser el causante. En aquel momento me miraba como mi antigua amiga la otra vez, con odio en los ojos. Y hablaba con una voz que no era la suya. Su tía, que no comprendía aquel comportamiento, se puso tan nerviosa que cogió una Biblia y comenzó a leer pasajes en voz alta. Y, al igual que había sucedido con mi otra amiga, ella empezó a repetir los versículos con una voz fea, en tono cantarín. Luego los recitó a toda velocidad, como si se los supiese de memoria, a pesar de que a mí me constaba que no conocía tan bien la Biblia.

Sentí que se me hacía un nudo en el estómago. Una copa de vino no podía explicar aquello. Su tía siguió leyendo la Biblia y ella burlándose de los versículos hasta que, de repente, se detuvo y me miró directamente.

Entonces dijo algo tan vil y brutal que no puedo repetirlo en estas páginas.

Utilizando un lenguaje soez, me dijo que de niña había recibido justamente lo que me merecía y que ella era la responsable de los espantosos abusos sexuales que había sufrido. Era como si se sintiese orgullosa del infierno por el que había pasado en aquellos años.

No daba crédito a lo que estaba escuchando. Las cosas que me dijo me llegaron al alma. ¿Cómo podía saber lo de mis abusos? ¿Y por qué lo utilizaba como arma contra mí? Aparté los ojos de su fría mirada y los clavé en la pared mientras murmuraba «Jesús» entre dientes.

Al escucharme, se carcajeó y se mofó de mí aún con más ganas.

—¿Dónde está tu Jesús ahora? —me espetó.

Sentí que me quedaba blanca. Había utilizado exactamente la misma frase. Tal vez hubiera podido negar lo que había sucedido la primera vez, pero ya no... porque se estaba repitiendo. Estaba absolutamente aterrada, pero puse un gesto de determinación y procuré que no se notara mi temor.

—No te tengo miedo —dije evitando su mirada.

Se levantó de un salto y se abalanzó sobre mí. Puso su rostro a escasos centímetros del mío —tan cerca que pude sentir su aliento sobre la mejilla—, pero no llegó a tocarme. Y entonces gritó:

—¡PUES DEBERÍAS!

Me levanté, salí de la casa y volví a la mía, donde me encontré con Virgil, que estaba en el salón.

—Llama al hospital —le indiqué—. Tienen que ingresarme en la planta de psiquiatría. Creo que estoy perdiendo la cabeza.

Con independencia de lo que pienses sobre los demonios, forman parte de un generalizado debate sobre Dios y la fe aún vivo en nuestros días. En la Biblia se habla de posesiones demoníacas y existen varios casos documentados de posesión en la historia de la Cristiandad. Incluso alguien tan poco extravagante como Bobby Jindal —gobernador de Luisiana y una estrella ascendente en el firmamento político nacional— ha escrito que presenció un ataque demoníaco cuando era estudiante en la Universidad Christian Fellowship.

«De repente, Susan empezó a emitir unos extraños ruidos guturales y cayó al suelo —escribió sobre una compañera en 1994, en un artículo titulado «Pelea con un demonio: dimensiones físicas de la guerra espiritual»—. Comenzó a agitar violentamente brazos y piernas, como si estuviese dándole un ataque. Me negué a moverme y permanecí donde estaba, paralizado por el horror. Nunca olvidaré los primeros sonidos inteligibles que salieron de su boca. Gritó mi nombre con tal urgencia que todavía siento un escalofrío que me recorre la columna vertebral cada vez que recuerdo el momento.» Más tarde, «Susan procedió a atacar verbalmente a cada uno de los presentes en la sala, muchas veces con información privada o confidencial que nunca habría podido obtener por sí misma. Era información capaz de herir a la gente, pues aludía a sus sentimientos, temores y preocupaciones más ocultos».

¿Te suena?

Le conté a Virgil lo que había sucedido y le supliqué que me ingresara. Creía con toda sinceridad que estaba volviéndome loca. Aunque hubiera otras personas presentes en cada uno de los incidentes, simplemente no se me ocurría otra explicación. La alternativa —que estaba siendo objeto de un ataque espiritual— era demasiado absurda para creerla. Era mucho más fácil pensar que estaba perdiendo la cabeza.

Y por si no fuera bastante, unos días después, cuando le pregunté a la tía de mi amiga por qué no la había hecho callar cuando me dijo aquellas cosas, su respuesta fue:

—¿Qué cosas? Yo sólo oí un murmullo ininteligible.

Ella y su marido habían presenciado el suceso y habían quedado tan horrorizados como yo, pero ¿de verdad no habían oído las cosas horribles que me había dicho? ¿Cómo era posible? ¿La habría oído mal? ¿O realmente estaría perdiendo la cabeza?

Sólo años después llegaría a comprender por qué había escuchado aquellas cosas y por qué la invocación del nombre de Jesús había provocado que lo que estaba dentro de ella me atacase con furia renovada. Yo era como alguien que está en casa cuando entra un ladrón, coge una escopeta y se enfrenta a él, pero éste se da cuenta de que sujeto el arma por el lado equivocado, me tiemblan las manos y el dedo no está en el gatillo. Por mucho que yo grite: «¡Nunca he usado un arma, pero estoy dispuesta a hacerlo!», el ladrón sabe que no podré defenderme de él. Huele mi miedo. Sabe que no tengo autoridad sobre él. Así que recrudece su ataque.

Virgil, como siempre, notó lo aterrorizada que estaba y me tranquilizó. Me dijo que no estaba loca y que lo que había presenciado era obra de Satanás. Hablaba de él como lo habría hecho del vecino del sexto, sin miedo ni dramatismo. A él no le costaba creer nada de lo que nos estaba pasando. Y como contaba con una fe de firmes cimientos sobre la que asentarse, no se había transformado en una criatura aterrada y temblorosa como yo.

Permití que me convenciese de que no estaba loca, pero una vez más me empeñé en dormir con la luz encendida. Me quedaba dormida como un tronco entre sus brazos, pero siempre despertaba aterrada y empapada en sudor. Durante varias semanas no pude estar sola en ninguna parte. E hice prometer a quienes habían presenciado los sucesos que guardarían el secreto. No quería que nadie volviese a mencionarlos nunca. Era una simple maestra de escuela y madre y la mía era una buena familia, una familia normal.

Pero lo peor de todo es que dejé de hablar con Dios. Sencillamente, estaba demasiado aterrada para rezar. Temía que si volvía a hacerlo, los ataques se repetirían. Lo que hice fue llamar al consejero cristiano con el que había hablado aquella vez. Concertamos una cita y fui a su consulta, en un pueblo cercano. Me daba miedo ir sola en el coche, así que hice todo el camino con las ventanillas bajadas y con una emisora de música cristiana a todo volumen. Normalmente no escuchaba ese tipo de música, pero pensé que tampoco podía hacerme daño.

El consejero era un hombre agradable de unos cincuenta años, con una actitud tranquila que me recordaba a Virgil. Me senté frente a él en su anodina consulta y le puse al corriente de lo sucedido. Me escuchó sin expresión alguna, sin reaccionar, y una vez que terminé, pasamos un largo minuto en silencio.

—Voy a contarle lo que me ha dicho Dios sobre usted —dijo al fin—. Lo que la tiene aterrorizada es de naturaleza demoníaca. Y la está atacando, concretamente a usted.

Sus palabras me dejaron aturdida. ¿Cómo había podido dar semejante giro mi vida?

—¿Qué debo hacer? —pregunté—. ¿Puede darme algo? —Esperaba que hubiera alguna plegaria u óleo especial que pudiera acabar con aquello que me estaba pasando.

—Yo no voy a hacer nada —respondió el consejero—. Es Dios quien la ayudará a librar esta batalla. Me ha dicho que la está preparando para ser una guerrera. Y va a enviarla al mundo para luchar por los demás.

Lo único que pensé fue: «Supongo que Dios no me conoce muy bien».

De regreso a casa volví a poner la emisora de música cristiana a todo volumen. Sonó una canción sobre un hombre atrapado por los demonios, que pide ayuda. Al levantar la mirada ve a Jesús de pie ante él y los demonios chillan y huyen corriendo. La letra decía: «Levanta las cadenas, yo tengo la llave. / Todo el poder del cielo y la Tierra me pertenecen». Recuerdo que me sorprendió que los demonios huyeran aterrados de Jesús. ¿Por qué no había sucedido así en mi caso? ¿Era porque Jesús no estaba a mi lado?

No sé cómo explicarlo, pero cuando escuché aquella letra, tuve la inequívoca sensación de que Dios me estaba hablando. No es que reconociese su voz en la letra. Más bien, estaba recibiendo un mensaje a través de la canción entera. Y lo que le escuchaba repetir, una vez tras otra, era: «¿No creías que fuese lo bastante fuerte?».

Aquella noche comencé a hablar con Él otra vez. La conversación se transformó en una sencilla plegaria. Le pedí una respuesta a la pregunta que me atormentaba.

¿Existía realmente o me estaba volviendo loca?

No había otra posibilidad. O lo que me estaba sucediendo era real o yo estaba perdiendo la cabeza. O existía un Dios y su adversario o yo era una lunática.

¿Cuál era la verdad? Necesitaba saberlo. Dios no me contestó inmediatamente, así que seguí rezando, viviendo con miedo, pero también con la esperanza de que algún día tendría la respuesta.

Y lo hizo, más de una vez, sólo que no estaba prestándole atención.

CAPÍTULO 12

El lugar donde finalmente me encontró Dios, no era una iglesia, ni una escuela, ni un hospital ni nada parecido.

Era un Pizza Hut.

Mi hija Sabyre había ganado una pizza pequeña por ser la vencedora del concurso de lectura de su clase, así que fuimos allí a recogerla. Mientras esperábamos pedí una Coca-Cola Light. La camarera, una mujer ya mayor y muy amable, me entregó la cuenta, que ascendía a un dólar. No estaba mal.

Pero en el mismo momento en que me la entregaba, sentí el empujoncito.

Lo llamo así porque no sé de qué otra forma hacerlo. De hecho, fue más bien un pensamiento insistente. No es que escuchara una voz en mi cabeza, ni nada parecido. En su lugar, el pensamiento apareció simplemente en mi cerebro y comenzó a parpadear como un cartel de neón. ¿Has visto la película *Ghost*? ¿Cuando Whoopi Goldberg oye a Patrick Swayze decirle que haga algo y es la única que puede oírlo y se enfada porque no quiere oírlo? Bueno, pues más o menos igual. Yo no hacía más que recibir aquel empujoncito, claro e insistente.

«Dale una propina de cien dólares a la camarera.»

No sabía de dónde salía. Sólo que no paraba. No tenía ningún sentido para mí y, de hecho, estaba haciéndome enfadar. «Una propina de cien dólares para una cuenta de uno, ¿eh?» Tampoco es que Virgil y yo nadásemos en la abundancia... Por aquel entonces con estar al día de las facturas nos dábamos por contentos. Para nosotros, cien dólares era una verdadera fortuna. Pero el empujoncito era cada vez más fuerte y empezaba a abrumarme, así que salí y di un paseo por el aparcamiento. Llamé a Virgil a su trabajo y le conté lo que me estaba pasando.

—Es Dios —me dijo con voz calmada—. Haz lo que te pide. Ahora no puedo hablar, nena, tengo que irme.

A pesar de las palabras de mi marido, yo no estaba dispuesta de ningún modo a dejarle una propina de cien dólares. Entonces apareció otro pensamiento en mi cabeza: «Vale, pues al menos deja cincuenta». Mi empujoncito, al parecer, era flexible. Sinceramente, me sentía como si estuviera en un tren expreso con destino a la Ciudad Manicomio. Volví a entrar, pagué la cuenta y dejé diez dólares de propina... e incluso eso me pareció excesivo.

Pero al subir al coche, el empujoncito no hizo más que empeorar. Fuera lo que fuese, no iba a desaparecer. Alguien me estaba recordando que no había hecho lo que me había pedido. Llamé a Virgil e insistió:

—Nena, estoy en medio de una reunión. No puedo hablar, en serio. Ve a un cajero automático, saca los otros cuarenta y dáselos. Adiós.

¿Qué clase de marido anima a la loca de su esposa a regalar dinero a los desconocidos? Me quedé allí sentada, pensando: «Vale, Virgil, gracias por nada». Había un millón de razones para no dejar una propina tan generosa. Teníamos que pagar la factura de la luz. Necesitábamos unas cortinas nuevas para nuestro dormitorio. Aún no les había dado la paga a JP y Sabyre. ¿Por qué darle a una desconocida un dinero que no me sobraba?

Y, sin embargo... el empujoncito. No quería irse. Lo creas o no, volví a llamar a Virgil.

—Haz lo que te pide Dios —dijo. Sin enfadarse, sin juzgarme, solo con voz tranquila y tajante.

Virgil sabía que no nos sobraba el dinero, pero le daba igual. La decisión no la había tomado él: la había tomado Dios. O al menos, es lo que creía. A mí seguía pareciéndome una locura, pero, a pesar de ello, fui incapaz de arrancar y marcharme de allí.

Lo que hice fue coger a Sabyre de la mano, acercarme a un cajero automático y sacar cuarenta dólares. Volví al Pizza Hut, enfurecida por la situación. Me decía: «Bueno, al menos esto me hará parecer una persona maravillosa». Y entonces otro pensamiento se abrió camino por mi cerebro.

«Dile quién se lo envía.»

A esas alturas, no sólo creía que estaba perdiendo la cabeza, sino que posiblemente también lo pareciese. De camino al Pizza Hut iba hablando conmigo misma en voz alta.

—Ah, muy bien, ¿de manera que no sólo quieres que le regale todo mi dinero, sino que encima tengo que entrar y decirle «Esto es de parte de Dios»? —Quería dar media vuelta más que ninguna otra cosa, pero entonces vi a la camarera cerca de la caja registradora. Inspiré hondo y dije—: Vale, acabemos de una vez.

La camarera pareció confundida al verme.

—Hola, antes le he dado una propina, pero me he equivocado con la cantidad.

Metió la mano en el delantal para buscar el billete de diez dólares.

—No, no se trata de eso —le aclaré—. Es que le di muy poco. —Entonces le entregué los cuarenta dólares y le comuniqué—: Dios me ha pedido que le dé esto.

Me miró y preguntó extrañada:

—¿Qué?

Cómo no, era dura de oído.

—Dios me ha pedido que le dé esto —repetí, en un tono lo bastante alto para atraer las miradas de los clientes y miembros del personal. Sentí que me ponía como un tomate.

La camarera miró el dinero que tenía en las manos con cara de total aturdimiento. Por fin, al cabo de unos instantes, exclamó:

—¡Oh, Dios mío!

—Sí —asentí—. Exactamente.

Cogí a Sabyre y salí de allí, embargada por una sensación de agotamiento y confusión. No se me daba muy bien lo de la generosidad con los demás, eso estaba claro. La noche y el día siguiente los pasé pensando en lo que había sucedido y tratando de encontrarle algún sentido, pero, como no pude, procuré olvidarlo. No obstante, tres días después, entre clase y clase, recibí una llamada de Virgil. Lo primero que me dijo fue:

—Será mejor que te sientes.

Y al oírlo pensé: «Maravilloso, lo han despedido y yo acabo de regalar cincuenta dólares a una desconocida». Pero no era eso.

—Verás, he tenido una conversación con el tío que dirige el Pizza Hut —me explicó—. Le oí hablar de una mujer que había venido y le había dado a una de sus camareras una propina de cincuenta dólares. Le he dicho que era mi esposa.

Resultaba que su marido acababa de quedarse sin trabajo y no podían permitirse el lujo de pagar los billetes a sus dos hijos para que regresaran a casa para Acción de Gracias. De manera que le rezó a Dios para pedirle que, de algún modo, le hiciese ganar los cien dólares que le faltaban en su último turno. Pero hacia el final de la jornada, sólo había conseguido propinas por valor de cincuenta. Sus hijos no estarían con ellos en Acción de Gracias.

Y entonces entré yo, la última clienta. Y ella pudo hacer que sus hijos pasaran esa fiesta en casa.

Al oír la historia me quedé estupefacta. Era imposible que fuese una mera coincidencia.

—Tienes que ser real —le dije a Dios—. No hay otra explicación. —Por fin tenía la prueba que llevaba todos esos años buscando. Dios era real. La idea me provocó una enorme sensación de alivio y dicha.

O al menos durante tres o cuatro días.

Después de eso, mi certeza, pequeña o grande, comenzó a desvanecerse poco a poco. No era capaz de convencerme de que Dios operase así, en un Pizza Hut. Volví a pensar que todo había sido una enorme y fastidiosa coincidencia.

Y así, tal cual, dejé que Dios se me escapara entre los dedos.

Cuando recuerdo aquel incidente, me doy cuenta de lo increíblemente paciente que fue Dios conmigo. Una vez tras otra me habló, una vez tras otra respondió a mis plegarias y me dio pruebas de su existencia, y, una vez tras otra, yo lo atribuí a meras coincidencias. Incluso me utilizó para responder a las plegarias de otra persona y yo, en lugar de reconocerlo, me di unas palmaditas en la espalda por mi buena obra... cuando, en realidad, no había tenido nada que ver conmigo. A decir verdad, ni siquiera había sido muy obediente al dejar aquella propina. La camarera del Pizza Hut le había pedido ganar cien dólares y al final lo consiguió, y dio gracias a Dios por responder a sus oraciones. Pero Dios no quería que le diese los cincuenta dólares exactos que le hacían falta a la mujer. Me había pedido que le regalase los cien. Quería ir más allá por aquella hija de su corazón. Quería darle más de lo que le había pedido. Creo que, a veces, Dios decide bendecirnos con más de lo que le pedimos en nuestras oraciones. Y creo que, a veces, lo que impide que esto ocurra somos nosotros mismos.

En medio de todos aquellos sueños, miedos y empujoncitos, una cosa permanecía constante: mi maravilloso marido, Virgil. Era como una roca en la que podía apoyarme y siempre sabía cómo restar importancia al dramatismo que parecía sobrevolar mi vida. Nunca se cansaba de mis preguntas sobre Dios y nunca trataba de imponerme sus propias creencias. Simplemente, compartía conmigo sus increíblemente sólidas convicciones y esperaba con paciencia a que yo me acercara a Él.

Llevábamos casi cinco años casados cuando, un buen día, lo acorralé en la cocina y le hice una pregunta:

—Si fuera posible —dije—, ¿querrías tener un niño?

No era tan sencillo que lo tuviéramos. El hecho es que, tras nacer Sabyre, me había sometido a una operación de ligadura de trompas, lo que quiere decir que no podía quedarme embarazada. Lo había hecho porque no habría podido soportar otro embarazo si no formaba parte de una relación sólida y basada en el amor... algo que por aquella época se me antojaba un imposible. Virgil ya sabía cuando nos casamos que no podríamos tener hijos, pero era tanto el amor que me profesaba que lo aceptó.

No obstante, en esos momentos me sentía culpable por no poder tener hijos. Veía lo maravilloso que era como padre con JP y Sabyre y me dolía pensar que no podríamos tener un niño o niña propios. Es decir, JP y Sabyre eran hijos suyos a todos los efectos, salvo por el hecho de que no había podido vivir toda la experiencia con ellos: el nacimiento, los primeros años, etcétera. Un día, después de cepillarme los dientes, me senté en el borde de la bañera y comencé a hablar con Dios sobre ello.

—Dios, sé que no me merezco más hijos —dije—, pero te ruego que no castigues a Virgil por lo que he hecho. Es un padre maravilloso.

Fue el comienzo de una serie de tratos que hice con Él, una sucesión de pruebas con la que pudo demostrarme su existencia. Yo quería creer —y empezaba a inclinarme a hacerlo—, pero aún me faltaba un largo trecho hasta llegar a la fe de verdad. Era la perfecta escéptica, siempre exigiendo pruebas, poniendo condiciones y retando a Dios. No sé qué me llevaba a pensar que estaba en posición de hacerlo. Tampoco es que Dios me debiese nada. De hecho, era yo la que había pecado gravemente contra

Él. Pero, aun así, en nuestras conversaciones, seguía poniéndole escollo tras escollo. Había relegado al olvido el empujoncito del Pizza Hut.

Una semana después de aquella pequeña plegaria en el baño recibí en el trabajo un mensaje de correo electrónico de una clínica de fertilidad de Oklahoma City. Sabía que no podía permitirme lo que costaba el tratamiento —algo así como 35.000 dólares—, pero como la primera cita era gratuita, decidí pedirla. Una vez allí, los médicos se mostraron maravillosamente amables, pero nos dijeron que aceptaban sólo unos pocos pacientes cada vez y que de momento tenían la agenda llena para los próximos meses: otra decepción, ¡menuda novedad! Estábamos a punto de abrir la puerta para abandonar la consulta cuando oí que alguien decía:

—Esperen.

Aunque parezca increíble, en algún momento de nuestra visita, otra pareja había renunciado al tratamiento y podíamos ocupar su puesto si lo deseábamos. Y no sólo eso, sino que costaba mucho menos de lo que había creído en un primer momento. Si nos apretábamos el cinturón y ahorrábamos un poco, podríamos pagarlo. Nos miramos y una gran sonrisa afloró en el rostro de Virgil. Los dos sabíamos lo que íbamos a hacer.

Los meses siguientes fueron una sucesión de análisis, pruebas y visitas a la clínica. La idea era extraernos óvulos y esperma para crear un embrión en el laboratorio. Luego, tras someterlo a un seguimiento durante varios días, me lo implantarían en el útero. De hecho, llegamos a ver una fotografía de los óvulos en pleno proceso de división, en una placa de laboratorio. A partir de entonces bautizamos a los técnicos del laboratorio como nuestras niñeras.

Finalmente, al cabo de varias semanas, me implantaron el embrión y luego tuve que irme a casa y permanecer tumbada con los pies en alto durante varios días antes de poder comprobar si estaba embarazada. No había garantías y sabía que muchas mujeres se sometían a tratamientos de fertilidad durante años sin éxito. Aquellos primeros días, tras la implantación, fueron una agonía. Como es natural, mantuve otra de mis pequeñas charlas con Dios.

—Si existes de verdad —lo reté—, me quedaré embarazada.

Un día antes de cumplirse las dos semanas se me acabó la paciencia. Querían que fuese a la clínica a someterme a una prueba de embarazo para poder ofrecerme apoyo sicológico en caso de que fuese negativo. Pero yo no podía esperar un segundo más, así que compré un test de embarazo y me encerré en el baño. Realicé todo el procedimiento y aguardé a que apareciese un símbolo.

Y lo hizo: un sencillo signo de más.

Llamé a mi médico en la clínica y le pregunté si un resultado positivo en la prueba podía estar equivocado. Me dijo que no existían falsos positivos, sólo falsos negativos. Así que sí: estaba embarazada.

¡Estaba embarazada!

Un rato después, Virgil entró en el salón y le dije como si tal cosa:

—Por cierto, vamos a tener un hijo.

Así, como si estuviéramos hablando de una bolsa de verduras que me hubiera dejado sobre la encimera de la cocina. Es una característica de mi personalidad: cuando me emociono demasiado me cierro. Supongo que es una especie de mecanismo de defensa. Muchas veces pierdo la compostura, pero otras, cuando cabría esperar que estuviera dando saltos de alegría, me comportaba con total calma y tranquilidad, como si estuviera sumida en un mundo propio. Curiosamente, ésa era una de aquellas veces. Virgil, en cambio, perdió totalmente la cabeza. Me abrazó, me besó, me dijo que me quería y luego añadió:

—Soy muy, muy feliz.

Unos días más tarde volví a hablar con Dios.

—Si son gemelos —le dije—, entonces sí sabré que eres real.

Después de confirmar con un análisis de sangre que estaba encinta, fuimos a hacer una ecografía. La médica inclinó el monitor para que pudiéramos ver mejor el milagro que estaba creciendo dentro de mí. Al cabo de un minuto o dos, localizó algo y dijo:

—Vale, ahí está su hijo. —Me sentí entristecida un instante, pero luego agradecida por el hecho de que al menos uno de los embriones hubiera conseguido arraigar. En ésas estaba cuando la mujer añadió—: Espere, hay un segundo niño.

Me tapé la cara con las manos y me eché a llorar.

Virgil la miró y le dijo:

—Vale, ya puede dejar de contar.

El siguiente trato que hice con Dios tenía que ver con el sexo de mis pequeños.

—Si son niño y niña, sabré que eres real.

A las quince semanas, una ecografía confirmó que iba a tener un niño y una niña. Pues aunque parezca increíble, las negociaciones con Dios no habían terminado.

—Sí uno tiene los ojos azules y el otro verdes, sabré que eres real.

Lo sé, ridículo, ¿verdad? En algún momento de este proceso, llegué al punto de pedirle a Dios que me ayudara a encontrar un *minivan* barato con pocos kilómetros y con un reproductor de DVD para los niños. En el primer concesionario que visitamos me advirtieron que nunca encontraríamos uno por ese precio. En el segundo lo tenían.

—Vamos, Virgil, es pura coincidencia —comenté—. La gente encuentra chollos constantemente.

—Dios está respondiendo a todas tus plegarias y sigues sin creer en Él —repuso.

Cuando le conté a una amiga mía lo receptivo que parecía Dios a mis oraciones, su respuesta fue:

—¿Podrías pedirle un par de cosas para mí? Porque nunca había visto que alguien pida cosas y se las concedan, como te pasa a ti.

Y, sin embargo, seguía sin tener lo que más quería. Porque lo que más quería era creer.

Y entonces, cuando estaba sólo de veinticinco semanas, sentí un repentino e insoportable dolor en las tripas.

Virgil me llevó corriendo al médico, quien nos explicó que mi cuerpo estaba intentando ponerse de parto. Me administró una inyección de Terbutaline para detener las contracciones y, una vez que me hizo efecto, me recetó descanso en cama y nos mandó a casa. Me pasé el mes siguiente tumbada, poniéndome al día con mis series preferidas de televisión y notando cómo se movían mis pequeños dentro de mi barriga. Todo fue bien hasta el día en que Virgil se puso a cambiar los baldosines del suelo de la cocina. Antes de empezar me preguntó:

—Cariño, ¿seguro que estás bien? Voy a tardar bastante...

Le aseguré que estaba perfectamente y que podía ponerse manos a la obra. Así que se calzó las rodilleras y comenzó a arrancar los baldosines viejos.

Bueno, pues acababa de sacar el primero cuando le comuniqué:

—Oh, creo que tengo que ir al hospital.

Poco antes había empezado a tener pequeñas contracciones, pero estaban haciéndose más intensas y frecuentes, y con la última me sentí como si acabara de darme una patada un jugador de fútbol.

—Crystal, pero ¡si me acabo de poner con el suelo! —protestó Virgil, pero entonces, sin perder un instante, me llevó al hospital.

Los médicos me pusieron bajo vigilancia durante un rato y luego me mandaron otra vez a casa. Pero aquella misma noche, mientras Virgil estaba en el Walmart comprando más baldosines, me desplomé en el baño con un dolor distinto a cualquier otro que hubiera experimentado antes. No era como un calambre o una contracción, sino algo que parecía muy malo. Llamé a Virgil, que volvió corriendo a casa y me llevó a urgencias a casi 150 kilómetros por hora. Allí rompí aguas: sólo llevaba veintinueve semanas de embarazo.

El médico pidió una ambulancia y nos envió al centro médico de la universidad, en Oklahoma City. Virgil no podía ir en la ambulancia conmigo, así que siguió a la ambulancia en el Uplander que yo le había pedido a Dios en mis oraciones. El dolor estaba empeorando por momentos y el enfermero se sentó a mi lado en la ambulancia e intentó hablarme con voz suave y calmada para tratar de tranquilizarme.

—Lo único que necesito es un calmante para el dolor —le dije—. Por favor, deme algo para el dolor.

—Lo siento. No tenemos calmantes en la ambulancia —respondió.

—¿Qué clase de ambulancia no tiene calmantes? —chillé.

El viaje hasta Oklahoma City fue interminable. Topamos un par de veces con obras en la carretera, que nos obligaron a coger un desvío. Luego nos equivocamos de camino. Recuerdo que en algún momento grité:

—¡Voy a tener a mis hijos aquí mismo!

Los chicos de la ambulancia no dejaban de decirme que todo iba bien.

—¿A cuántos partos habéis asistido? —les pregunté a voces—. Porque vais a tener que asistir al mío.

—Yo ayudé a nacer a un niño, una vez —me respondió el enfermero que tenía más cerca.

—No —intervino el conductor—. Ya verá cómo conduzco rápido.

Aun así, el tráfico es el tráfico y todavía estábamos muy lejos del hospital. El dolor que recorría mi cuerpo

CRYSTAL McVEA

como una cascada no hacía más que empeorar. Sonó mi móvil. Era Virgil, que nos seguía de cerca. Me dijo que me quería y que todo iba a salir bien. Me habría gustado poder creerle, pero sabía que algo iba muy, muy mal.

Entonces el teléfono volvió a sonar. A pesar del dolor que estaba destrozándome por dentro, logré responder con un débil «hola». Era una amiga mía, que me llamaba para charlar un rato.

—No sabes el día que estoy teniendo —se lamentó.

Por alguna razón, dejé que me contase lo que le sucedía. Puede que estuviese cerrándome, como suelo hacer en momentos de crisis. Le pasaba algo así como que le habían puesto una multa de aparcamiento o que le habían extraviado la ropa en la lavandería. Al cabo de pocos minutos, al fin me decidí a aclararle:

—Vale, oye, estoy en una ambulancia, así que tengo que dejarte.

Finalmente llegamos al hospital y pudo verme un médico. Lo primero que hizo fue ordenar que me pusieran un goteo de magnesio para ralentizar las contracciones. Sólo había dilatado uno de los diez centímetros que necesitaba para dar a luz a los mellizos. El doctor dijo que quería tenerme ingresada en el hospital al menos seis semanas, para que pudiera llegar a las treinta y seis preceptivas. Eso significaba que Virgil tendría que pedir una licencia en el trabajo, pero ¿qué otra cosa podíamos hacer? Dejé a los niños a cargo de mi madre y nos preparamos para una larga espera.

Pero hiciera lo que hiciese el personal sanitario, el dolor no remitía. De hecho, cada vez era más intenso. Yo no hacía más que repetir:

—Algo va mal, algo va mal.

Pero los médicos respondían que era un parto prematuro. Llegó un punto en el que, después de cada contracción, aullaba con toda la fuerza de mis pulmones. Recuerdo la absoluta frustración de Virgil y cómo lloraba, con la cabeza apoyada sobre mi estómago. Constantemente pedía a los médicos que averiguaran lo que pasaba, lo mismo que yo, pero nada de lo que hacían lograba mitigar mi sufrimiento.

Finalmente, una de las contracciones fue tan espantosa que grité hasta quedarme sin voz. Mi madre, que estaba de visita, me vio empalidecer. Entonces miró el suelo, debajo de mi cama.

Estaba cubierto de sangre.

Un grupo de médicos y enfermeras irrumpió en la habitación. Alguien gritó no sé qué de un código. Vi que Virgil se ponía ropa de quirófano mientras se llevaban mi cama de la habitación. Recuerdo que alguien ordenó:

—Dormidla —y recuerdo la máscara sobre mi cara y luego nada más.

Al recobrar la conciencia volvía a estar en la habitación y Virgil se encontraba allí de pie, a mi lado. Estaba mareada y confusa y tardé un momento en darme cuenta de que no sabía si mis hijos habían sobrevivido o no. Examiné la cara de Virgil en busca de indicios de pesar o pánico. No me atrevía a formular la pregunta.

—Todo ha salido bien —me informó—. Los niños están aquí. Son muy chiquititos, pero están aquí.

CRYSTAL MCVEA

Sí que pasaba algo malo a fin de cuentas. El dolor que sentía no era sólo cosa de las contracciones. Había sufrido un desprendimiento de placenta, lo que quiere decir que la placenta estaba separándose de la pared uterina a causa de la rotura de los vasos sanguíneos que las unen. Los médicos pensaban que faltaba mucho para el parto, ya que cuando me examinaron sólo había dilatado dos centímetros. Sin embargo, pasé de los dos a los diez en apenas una hora y los pequeños parecían dispuestos a salir en cualquier momento. Al ver que no le encontraban el pulso a uno de los niños en el monitor, al equipo médico le entró el pánico y me llevaron al quirófano sin tardanza. Los mellizos nacieron por cesárea.

Cuando Virgil había dicho que eran muy chiquititos, no exageraba. El niño, al que llamamos Micah, pesaba apenas kilo y medio y la niña, Willow, sólo uno. A los recién nacidos se les somete al test de Apgar para valorar su estado general. Se les asigna un valor de 0 a 10. Con 0, la criatura está prácticamente muerta: a Willow le asignaron un 6 y a Micah, un 1.

La maldición de mi familia: los niños nacen frágiles.

Los colocaron en incubadoras separadas en la Unidad de Cuidados Intensivos Neonatales. Sólo había dos niños por sala y contaban con una enfermera en todo momento. La segunda noche de nuestra estancia, saltó una fuerte sirena por todo el hospital Virgil y yo nos miramos. Sabíamos lo que significaba: era una alarma de tornados. En Oklahoma los tornados se desencadenan de pronto, como salidos de la nada, y a veces dispones únicamente de unos minutos para buscar dónde refugiarte. Oímos que la lluvia comenzaba a restallar contra las ventanas.

No sabíamos qué planes tenía el hospital en caso de tornado, así que corrimos a la unidad donde tenían a nuestros bebés. Los niños eran los pacientes más vulnerables del hospital, así que la consigna era no trasladarlos si no era absolutamente necesario.

Pero en aquel momento, el ruido de la lluvia se hizo más fuerte y, de improviso, comenzó a filtrarse agua por el techo, justo encima de la incubadora de Willow. Entraron seis enfermeras, desenchufaron frenéticamente las incubadoras y las trasladaron a un sitio más resguardado.

—Esto no había pasado nunca —nos dijo una de ellas.

Acto seguido, Virgil y yo nos miramos y, por alguna razón, nos echamos a reír. Como ya he dicho, es algo que hacemos mucho en mi familia: reír en lugar de llorar. Nuestros diminutos mellizos ya eran lo suficientemente vulnerables sin necesidad de tornado alguno. Y, sin embargo, ahí estaba, goteras en la Unidad de Cuidados Intensivos Neonatales. ¿Qué podíamos hacer, aparte de reír? Finalmente, el tornado pasó de largo, la lluvia terminó por remitir y la unidad recuperó la normalidad.

Nunca olvidaré la primera vez que puse los ojos sobre mis mellizos. Sentí una mezcla de alegría y horror al ver las extrañas muñequeras para la presión arterial alrededor de sus muñecas, tan chiquititas que no habrían podido abarcar mi dedo meñique. Y lo peor de todo es que no daban señales de vida. No lloraban, no se agitaban y tampoco movían los brazos y las piernas. Nunca abrían los ojos y no emitían el menor sonido. No nos permitían tenerlos en brazos, pero sí meter las manos en la incubadora a través de un orificio para tocarlos.

—Tóquenlos tan sólo. No los acaricien, porque podrían arrancarles la piel.

Los días siguientes fueron una pesadilla. Supliqué a los médicos y a las enfermeras un pronóstico, pero nadie nos decía nada concreto. Buscaba algún rayo de esperanza, por pequeño que fuese, pero el personal del hospital se cuidaba mucho de ofrecérnoslo. Escuchábamos cosas como «No podemos hacer predicciones» y «Es demasiado pronto para emitir un pronóstico» una vez tras otra. Los especialistas iban y venían, pero nosotros seguíamos sin respuestas. Y buscábamos consuelo hasta en los más pequeños indicios de progresos.

—Las primeras veinticuatro horas son muy importantes —nos advirtió un médico y cuando nuestros bebés lograron llegar al segundo día, nos invadió una enorme alegría. Una enfermera nos aseguró que había visto niños aún más pequeños en la unidad y eso me hizo sentir un poco mejor, a pesar de que era incapaz de imaginar criaturas aún más diminutas que las mías.

Los alrededores de la Unidad de Cuidados Intensivos Neonatales se convirtieron en el centro de nuestro mundo. Todavía no me había recuperado plenamente del parto, así que era muy importante que guardara reposo. Aun así, trataba de estar allí todo lo posible. De vez en cuando, Virgil y yo nos ausentábamos un rato para darnos una ducha o dormir unas pocas horas en la casa de mi hermano, en Oklahoma City, donde nos alojábamos, pero, en términos generales vivíamos en la unidad. No éramos los únicos padres allí y conocimos a otros que estaban pasando por el mismo trance. Veíamos a otros padres y parientes en la sala de espera, frotándose los cansados ojos como nosotros, y los veíamos ponerse el traje esterilizado para poder entrar a ver a sus hijos.

En algún momento de nuestra segunda semana allí, vimos que entraba una familia entera. Sabíamos que si se permitía entrar a más de dos personas de una vez quería decir que el niño estaba muriéndose. Estaban llorando y abrazándose unos a otros y al ver aquella triste y breve procesión que entraba en la sala para despedirse me eché a llorar sin poder remediarlo.

Y fue entonces, allí, en la unidad de cuidados intensivos, cuando me di cuenta: estaba esperando mi turno.

La idea me llenó de pesar y tristeza, pero fui incapaz de desalojarla de mi cerebro. El accidente de JP no había sido mi castigo. No, aquél iba a ser mi castigo. ¿Cuánto tiempo tardaría en tener que ponerme el traje esterilizado y entrar arrastrando los pies, en compañía de mi sollozante familia, para despedirme de mis hijos? ¿Un día? ¿Dos? ¿Una semana?

Y en aquel momento, por irónico que pueda parecer, mi fe en Dios se hizo más fuerte que nunca. Finalmente me parecía real. Finalmente creía. «Sí, hay un Dios —pensé—. Y es un Dios que castiga nuestros pecados.»

Más o menos por entonces, Virgil y yo dejamos de rezar por la supervivencia de los mellizos. Durante los primeros días lo hacíamos constantemente: Virgil a su manera tranquila y yo a la mía, más insegura. Pero entonces los dos dejamos de hacerlo, por razones distintas. Virgil, porque decidió dejar la situación en manos de Dios.

—Te entrego todo esto —le dijo alrededor de la segunda semana—. Hágase Tu voluntad.

¿Y yo? Yo dejé de rezar porque estaba harta de mis conversaciones con Dios. Al principio le había suplicado que perdonase a mis bebés, pero antes de que hubiera pasado mucho tiempo empecé a recurrir a las amenazas.

—Si te llevas a uno de mis hijos, te odiaré para siempre —le advertí—. Nunca volveré a hablar contigo.

Pero entonces, tras aquel momento de iluminación en la sala de cuidados intensivos, me di cuenta de que mis amenazas no tenían sentido: Dios haría lo que quisiese.

Durante los doce primeros días no nos dejaron abrazar a Micah y a Willow. Podíamos meter las manos en la incubadora y ayudar a las enfermeras a cambiarles los pañales o las sabanitas, pero nada más. A veces costaba creer que estuvieran vivos allí, en el esterilizado interior de sus incubadoras: sin sonrisas, sin sonidos, sin nada. Sólo dos criaturas pálidas y diminutas que se aferraban a la existencia.

Entonces, al decimotercer día, entró una enfermera en la unidad y nos dijo:

—Bueno, ¿estáis listos para hacer de niñera?

Nos explicó que los niños estaban lo bastante fuertes para que hiciésemos un rato de niñeras, esto es, para que nos los colocaran sobre el pecho durante una hora o dos, con el objetivo de que desarrolláramos un vínculo de proximidad mutuo, algo que ayuda al desarrollo de los prematuros y al estado emocional de los padres. Ni Virgil ni yo nos lo esperábamos y nos quedamos dichosamente aturdidos al oírlo.

Nos sentamos en las mecedoras y esperamos a que la enfermera nos trajese a los pequeños. Ésta primero dejó a Micah sobre el pecho de Virgil. Luego sacó a Willow de su incubadora y me la trajo. Cuando estaba a punto de colocarla sobre mí, me entró el pánico.

—No puedo —dije—. Es demasiado pequeña. Por favor, no puedo.

—No pasa nada —me tranquilizó la enfermera—. Usted inténtelo.

Depositó a aquella criaturilla frágil sobre la parte superior de mi pecho, cerca de mi cuello. Con toda delicadeza, puse una mano sobre su minúscula espalda. Era la primera vez que estaba en contacto directo con mi hija. No podía creer que finalmente estuviera sosteniendo a uno de mis bebés y tuve que enjugarme las lágrimas que surcaban mi cara para evitar que cayesen sobre ella. La sostuve dos horas así, mientras veía subir y bajar su cuerpecito con mi respiración. No hizo gran cosa, aparte de dormir y puede que moverse un poco de vez en cuando, pero para mí fue suficiente. Ya la tenía en mis brazos y durante aquel rato el terrible miedo que había anidado en mis entrañas remitió.

Es cierto que Willow apenas se movió mientras la tenía sobre mi pecho. De hecho, ni siquiera llegó a abrir los ojos del todo. Pero en un momento dado sí que los entornó un poco. Y cuando lo hizo pude mirárselos un instante. Hice lo mismo con Micah aquella tarde, cuando tuve ocasión de abrazarlo.

Y así fue como descubrí que Willow tenía los ojos verdes y Micah azules.

LA PREGUNTA

En el cielo, en presencia de Dios, todas las preguntas que tenía para Él dejaron de necesitar respuesta. ¿Cómo podía permitir que hubiera mal en el mundo? ¿Por qué castigaba de tal manera a los pecadores? Ante Él, supe al instante que su plan para nosotros es perfecto, aunque sucedan cosas malas que no podamos comprender.

Pero sí que había una pregunta que me sentía obligada a formular y que, en cuanto estuve en su presencia, le planteé: «¿Por qué no he hecho más por Ti?».

No fue una pregunta en el sentido que damos nosotros a ese término. Fue algo que se transmitió entre ambos sin esfuerzo alguno, de manera instantánea. El mismo tipo de comunicación sencilla y plena que experimentaba con mis ángeles funcionaba también con Dios. Y debido a ese canal que nos conectaba y permitía que se transmitiesen las cosas entre ambos —y me impregnaba más y más de su amor— me sentí embargada por un sentimiento de humildad total y obligada a responder por el mal comportamiento que había demostrado en la Tierra. Y no me limité a plantear la pregunta, como podría haberlo hecho antes. No, fue más bien como una rendición profunda y absoluta de mi ser, un desgarrador y abrumador reconocimiento de mi imperfección. Como si me arrojase a sus pies deshecha en lágrimas y empezase a suplicar, con todas las fibras de mi ser «¿Por qué? ¿Por qué? ¿Por qué no he hecho más por Ti? ¿Por qué no he logrado más cosas en tu nombre? ¿Por qué no he hablado más de Ti? ¿Por qué no hice lo que me pediste que hiciera?».

No es que me sintiese avergonzada —la vergüenza es una emoción negativa y en el cielo no tiene cabida nada negativo—, es que amaba a Dios inmensamente y sentía que merecía mucho más de lo que yo le había ofrecido.

Pero Él no me permitió sentir mal por ello. En el cielo está prohibido sentirse mal. No hubo respuesta para mi pregunta porque no era necesaria. Al contrario de lo que había creído en la Tierra, supe al instante que Dios no es un Dios que castiga. Es un Dios que ama.

Comprendí que no sólo amaba a Dios.

Comprendí que Él *es* amor.

Entonces, los cuatro —Dios, mis dos ángeles y yo— comenzamos a avanzar por un túnel. Era un pasaje majestuoso, de cegadora, arremolinada y titilante luminosidad. He oído historias de gente que ha muerto y que cuenta haberse encontrado en un túnel y ahora comprendo por qué utilizan el término, porque, aunque en realidad no se parecía a ninguno de los que había visto en la Tierra, transmitía la sensación de que aquella luminosidad no sólo me rodeaba, sino que me guiaba hacia algo. Y al llegar al final se produjo un repentino estallido de una luz todavía más brillante, más intensa, más vívida, más dorada y más hermosa que la anterior.

Y supe al instante lo que era.

Las puertas del cielo.

Estaba en la mismísima entrada del cielo.

Y entonces se transmitió una verdad entre Dios y yo. El canal que nos conectaba estaba siempre abierto y nos comunicábamos de manera constante e intensa, pero aquélla fue una comunicación más pura, un mensaje más importante.

En cuanto percibí la existencia de las puertas del cielo, Dios me dijo:

—Una vez que llegues allí, no podrás regresar.

Comprendí que estábamos cerca del punto sin retorno de mi viaje, lo que me provocó tal sentimiento de emoción y expectación que creí que me consumía la impaciencia.

Pero en ese preciso instante tuve una visión de mis cuatro hijos.

No sé exactamente cómo aparecieron. Lo único que puedo decir es que de pronto se transformaron en una parte de mi percepción. Los cuatro —JP, Sabyre, Micah y Willow— aparecieron con toda claridad en mi mente, porque estaba acercándome al punto donde ya no podría volver a verlos en la Tierra.

Pero al mismo tiempo que aparecía su imagen, comprendí también que estarían bien sin mí, que Dios tenía un plan perfecto para sus vidas, como lo tiene para las vidas de todos. Los vería muy pronto allí, en el cielo. No es que mantuviese un debate interior. «El que ama a padre o madre más que a mí, no es digno de mí», dice Mateo 10,37. «El que ama a hijo o hija más que a mí, no es digno de mí.» Recuerdo haber oído este versículo en los servicios dominicales y haber pensado: «Nunca podría amar a nadie más que a mis hijos». Simplemente, me parecía imposible. Pero en aquel momento perfecto, en aquel momento que Dios había creado para mí, lo comprendí y supe con absoluta claridad cuáles eran mis intenciones. Sabía que nada podía interponerse entre Dios y yo. Dios va primero y todo lo demás después. Y de este modo, una nueva verdad se transmitió entre ambos.

—Quiero quedarme contigo —dije.

Atravesamos el túnel hacia la radiante entrada. No había premura ni urgencia, sólo una dichosa sensación de calma. Sabía adónde iba y estaba extasiada por ello.

Pero entonces percibí que había otra presencia en el túnel, un poco más adelante. Y supe que aún no había llegado la hora de que cruzase las puertas.

Porque verás, había alguien allí a quien Dios quería presentarme.

CAPÍTULO 13

Al cabo de una semana en la Unidad de Cuidados Intensivos Neonatales, lo único que queríamos era volver al Centro, la parte de la Unidad de Cuidados Intensivos Pediátricos donde trasladaban a los niños que ya no estaban en estado crítico, pero aún no reunían las condiciones necesarias para recibir el alta. Durante aquellos días vimos cómo los demás padres, unos tras otros, se despedían radiantes de las enfermeras para trasladarse al Centro. Estar allí significaba que tus hijos ya no tenían que estar en una incubadora y que podías pasar las veinticuatro horas al día en la misma habitación que ellos. Queríamos ser los siguientes en irse, pero parecía que nunca llegaría ese día. El Centro se convirtió en nuestra Tierra Prometida.

Los días se convirtieron en semanas y las semanas en un mes. Virgil no iba a trabajar a la base de las Fuerzas Aéreas para poder estar a nuestro lado, pero se le estaban agotando los días de baja por enfermedad y asuntos propios. Y cuando se le agotasen del todo, nos quedaríamos sin ingresos. Le dije que tenía que volver a casa y al trabajo, pero me respondió que no quería dejarnos a los mellizos y a mí. Y para serte sincera, la verdad es que yo tampoco quería que se marchase. El peligro aún no había pasado del todo. Ningún médico nos había asegurado que nuestros niños fuesen a salir del trance. Cada vez que parecía que dejábamos atrás una etapa, salía mal alguna prueba o algún examen no arrojaba el resultado previsto, lo que nos devolvía al pozo de la incertidumbre. Un día, los niños nos sorprendían al ser capaces de tomar leche a través del biberón, pero al siguiente decidían dejar de hacerlo y había que volver a alimentarlos por vía intravenosa. Además, habían necesitado numerosas transfusiones de sangre desde el mismo instante de su nacimiento. Aquello era una constante montaña rusa emocional. No quería que Virgil se marchase, pero no veía otra alternativa. Estábamos al límite.

Entonces nos enteramos de que sus compañeros de trabajo habían decidido donarle sus días de baja. Podría quedarse al menos tres o cuatro semanas más con nosotros sin perder un solo día de salario. Fue algo increíble, justo lo que necesitábamos cuando más lo necesitábamos. En aquel momento me pareció una bendición fruto de la bondad de la gente, pero no era sólo eso, ni de lejos, pero aún tardé algún tiempo en comprender lo que significaban realmente aquel gesto maravilloso y la palabra «bendición».

Y entonces, una mañana, después de cinco semanas en la Unidad de Cuidados Infantiles Neonatales, una enfermera nos comunicó con toda la naturalidad del mundo que nos trasladaban al Centro.

¡Por fin nos tocaba a nosotros!

Nos ayudó a darles a nuestros hijos su primer baño en una pequeña bañera de plástico del hospital. Luego les pusimos la ropita de bebé por encima de los tubos y los cables. «Vamos, nenes —pensé—. Nos marchamos de aquí.»

Nuestra habitación en el Centro era pequeña y sencilla: una cuna, una cama de matrimonio, una mecedora y un baño. Pero para nosotros era un palacio. Podíamos dormir allí con los mellizos y abrazarlos durante todo el día. Lo primero que me llamó la atención es que era mucho más ruidosa. Allí los padres y el personal sanitario estaban más alegres y eran más locuaces. Además, de vez en cuando se oía el llanto de algún niño, algo que en la Unidad de Cuidados Intensivos Neonatales no pasaba nunca. Un día, cuando estaba en el pasillo, oí el agudo llanto de un bebé y entré corriendo en la habitación para ver si se trataba de Micah o Willow. Pero no, era el niño de la habitación de al lado. Recuerdo haber pensado lo feliz que me haría oír llorar o hacer cualquier ruidito a mis hijos. Todos esperábamos expectantes alguna señal de que habían superado definitivamente el trance y de que querían quedarse con nosotros en la Tierra tanto como nosotros queríamos que lo hicieran.

Entonces, un día, nos llegó esa señal.

Al cabo de un minuto o dos de estar tomando el biberón, Willow se apartó, entornó sus ojitos, me miró... y sonrió.

Vale, fue una sonrisilla de nada, pero una sonrisa al fin y al cabo, de eso no cabía duda. ¡La primera! Llevaba una cámara conmigo y le hice una foto. La guardo en un sitio muy especial, para recordar siempre lo importante que puede ser una sencilla sonrisa.

Pasó una semana, luego una segunda y luego una terce-
ra... Los niños mejoraban poquito a poco, pero seguían
siendo tan pequeños y frágiles que aún teníamos miedo.

Al llegar la décima semana de estancia en el hospital,
ya no necesitaban ser alimentados por vía intravenosa.
La única prueba que les faltaba para que les diesen el
alta era la de los asientos del coche: tenían que demostrar que podían pasar sentados en sillitas de coche el
tiempo necesario para el viaje de vuelta a casa... que en
nuestro caso eran dos horas. Si se movían demasiado
o parecían encontrarse mal, deberían quedarse en el
Centro unos días más. Lo que no harían, de eso estaba
prácticamente segura, sería echarse a llorar porque aún
no lo hacían: habían empezado a emitir unos sonidos
tímidos y adorables —por ejemplo, cuando les ponían
las inyecciones para reforzar sus defensas—, a medio
camino entre maullidos y sollozos, como dos gatitos,
pero no podían considerarse llanto. Yo detestaba que
lo pasasen mal, pero al mismo tiempo me encantaba
oírlos.

Al llegar al día de la prueba, colocamos a Micah y
Willow en sendas sillitas, que parecía que los hubiesen
engullido, puesto que aún eran muy chiquitines. Pero,
por fortuna, bajo la atenta mirada de sus nerviosísimos
padres, los dos superaron la prueba con nota. Al día siguiente entró un médico para darnos la buena noticia:

—Felicidades, se van a casa.

El día que nos marchamos, Micah y Willow pesaban
casi dos kilos y medio.

Los colocamos cuidadosamente sobre las sillitas y les pusimos los cinturones de seguridad traseros del *minivan*. Durante los primeros kilómetros, Virgil no debió de pasar de los treinta kilómetros por hora. La verdad es que era como si llevásemos dos grandes huevos en la parte de atrás, que pudieran cascarse al menor bache. Pero al final, Virgil fue cogiendo velocidad, hasta llegar a los sesenta kilómetros por hora, nada más y nada menos. Estoy segura de que no se acercó al límite de velocidad ni una sola vez. No en vano, acabábamos de pasarnos diez semanas vigilando atentamente hasta el menor detalle de las vidas de nuestros bebés y no estábamos dispuestos a asumir ningún riesgo una vez fuera del hospital.

Fue entonces cuando se desencadenó otro tornado.

Antes de volver, paramos en casa de los padres de Virgil, en Oklahoma City. Queríamos que viesen a los niños antes de irnos. Y cuando estábamos allí se desató una tormenta espantosa. Virgil y yo discutimos si debíamos quedarnos a pasar la noche con sus padres, pero aún no llovía demasiado fuerte. Estábamos impacientes por llegar a casa, así que cogimos la carretera confiando en que no pasaría nada. Pero como ya he dicho, en Oklahoma los tornados pueden aparecer de la nada, casi sin avisar. No llevábamos ni media hora en la carretera cuando se produjo lo peor. ¿Te acuerdas del terrible tornado que provocó una enorme gotera sobre la incubadora de Willow? Pues éste fue aún peor. La lluvia caía formando un manto casi impenetrable y el viento zarandeaba el *minivan* de un lado a otro. De repente vimos caer un rayo a sólo doscientos metros de distancia de nuestro coche, tan cerca que sentimos su calor. Cubrí a los niños con mi cuerpo por si el parabrisas reventaba. En ese preciso momento cayó otro rayo y comencé a temer de verdad que no llegásemos a casa de una pieza.

La cosa empeoró hasta tal punto que Virgil tuvo que abandonar la autopista. Paramos en un Love's, un restaurante de carretera, y esperamos sentados en el aparcamiento hasta que la lluvia remitió lo bastante como para entrar corriendo en el local. Micah y Willow estaban conectados a sendos monitores, unas máquinas del tamaño de un ordenador portátil que nos alertaban si cualquiera de ellos dejaba de respirar. Así que, además de llevarlos dentro, teníamos que encontrar rápidamente un sitio donde enchufar los monitores. Atravesamos corriendo la puerta principal, con un niño en brazos cada uno... y nos encontramos con una muralla de enormes y huraños camioneros.

—¡Tenemos que enchufar las máquinas de nuestros bebés! —gritó Virgil mientras se abría paso entre ellos—. ¡Tenemos que enchufar las máquinas de nuestros bebés!

Encontramos unos asientos cerca de un enchufe y nos sentamos para esperar a que amainase la tormenta. Muchos de los que calificamos en un principio como hoscos camioneros vinieron para hacerles monerías a los bebés y hablarnos de sus propios hijos. Fue otro de esos momentos maravillosos que surgían de pronto en medio de un caos total. La vida volvía a enseñarme que cuando más complicadas se ponen las cosas, siempre hay algo que puede sorprenderte agradablemente.

Al fin, tras las diez semanas y dos horas más largas de nuestra vida, llegamos a casa. Pasamos los meses siguientes sin pensar en otra cosa que en la salud de nuestros mellizos. Incluso obligábamos a la gente que venía a verlos a lavarse las manos y sometíamos a un tercer grado a todo el que se encontraba en un radio de un kilómetro a la redonda: ¿estás resfriado? ¿Te has lavado las manos? ¿Eso que acabas de hacer es toser? Cuando los sacábamos de paseo en sus carritos, los tapábamos con una manta para mantener a raya los gérmenes y, cuando alguien la levantaba para echarles un vistazo, Virgil volvía a colocarla al instante. Puede que pareciésemos unos padres rarísimos, pero es que lo habíamos pasado muy mal. Virgil sabía kung-fu y siempre decía que estaba dispuesto a servirse de sus técnicas para mantener a los microbios alejados de nuestros niños.

Poco a poco fueron saliendo a la luz sus personalidades. Micah tenía unos ojos grandes y tristes y una expresión de constante terror en la cara. En las fotos, mientras todo el mundo está sonriendo, él parece que acabara de ver un T. Rex. Era temperamental, siempre vigilante y siempre preocupado. Dulce como el caramelo, pero muy serio. Willow, por otro lado, era tranquila y despreocupada. Siempre iba a lo suyo, con una sonrisa permanente en la cara. Pero algo estaba claro: se querían muchísimo. Allí en la Unidad de Cuidados Intensivos Neonatales, las enfermeras los envolvían en la misma manta para que pudieran comer juntos. Les encantaba acurrucarse el uno junto a la otra e, incluso, en una ocasión Micah empezó a chuparle la nariz a Willow. Habían bajado juntos al Infierno y habían logrado salir juntos de él. En su interior estarían siempre conectados. Incluso, cuando estaban en mi vientre, los latidos de su corazón estaban perfectamente sincronizados.

Nunca olvidaré el día de su primer cumpleaños y lo que significaba, es decir, que a pesar de todo habíamos logrado superar la tormenta.

Tendría que haber sido el día más feliz de mi vida.

Sí, tendría que haberlo sido.

Una noche, cuando no llevaba ni un año casada con Virgil, desperté en algún momento después de medianoche y me volví hacia mi marido. Estaba allí tumbado, inmóvil y con aspecto apacible, pero algo iba mal. Tenía el pecho y el estómago cubiertos de sangre, al igual que nuestras sábanas azules. Bajé la vista y vi que también yo estaba manchada. Salí de la cama gritando.

Virgil despertó al instante.

—¿Qué pasa? —preguntó—. ¿Qué? —Entonces bajó la mirada, vio la sangre y la tocó con un dedo—. Ay, lo siento, cielo —se disculpó—. Es helado. Me quedé dormido mientras comía helado.

Entonces vi la terrina de helado medio vacía a su lado. Nos echamos a reír con ganas y al cabo de un rato mi corazón dejó de latir como un caballo desbocado. Supongo que lo que quiero expresar con esta anécdota es que a veces las cosas no son tan terribles como pueden parecer al principio. A veces, las cosas terribles están sólo en tu cabeza.

En los meses posteriores a la llegada de los bebés a casa, comencé a sentir una enorme intranquilidad. A pesar de que gozaba de mayor estabilidad que nunca, tenía la sensación de que todo estaba fuera de lugar, desordenado. No me malinterpretes. Era muy, muy feliz, tanto porque al fin podía estar en mi casa con todos mis hijos como por otras muchas razones. Pero me faltaba algo. Algo no iba bien.

Me duele recordar este período, porque, como ya he dicho, tendría que haber sido el más feliz de mi vida, pero el hecho es que mis antiguos sentimientos de resentimiento y rabia estaban volviendo. Me sentía embargada por el estrés y la presión, como si todo lo que andaba mal en mi vida estuviera aflorando a la superficie. No sé por qué me sentía así de repente. ¿Sería en parte una depresión posparto y en parte agotamiento después de tanta lucha? Sea como fuere, lo cierto es que por aquel entonces no resultaba nada fácil estar conmigo.

Tras el nacimiento de los mellizos, los padres de Virgil nos ayudaron muchísimo, pero también se produjeron mil y un pequeños roces. No podía sacudirme de encima la sensación de que la madre de Virgil no tenía una gran opinión de mis aptitudes como madre. Insisto, se mostró muy solícita, pero había veces en que sus comentarios me parecían críticas:

—¿No crees que Willow pasa mucho tiempo tumbada?

Y yo se lo reprochaba: «¿Estás diciendo que no tomo en brazos lo suficiente a mis niños?». Mi suegra es una mujer amable y encantadora y estoy segura de que lo hacía con la mejor intención del mundo, pero el caso es que empecé a sentirme atacada. No quería que nadie pensase que no era una buena madre o una buena esposa. Y Virgil, claro está, era el que terminaba pagando los platos rotos. No lo culpaba por nada de lo que estuviera sucediendo, pero absorbía buena parte de mi rabia y mis inseguridades. Poco a poco, fui distanciando a su familia.

Las grandes cualidades de Virgil como padre generaron otro problema. Ya había comprobado que estaba dispuesto a perder el trabajo para no dejarnos solos en el hospital y sabía lo atento y estupendo que era con todos los niños. Esto hizo que me diese cuenta, por primera vez en mi vida, de lo distante que había sido mi propio padre. En su caso, el trabajo parecía siempre lo primero. Y cuando los mellizos, tras su nacimiento, se pasaron varias semanas al borde del abismo, mi padre ni siquiera se molestó en hacernos una visita. Sentí que tenía una cuenta pendiente con él, así que una noche me senté y le escribí un mensaje de correo electrónico de seis páginas en el que, tras enumerar todas mis quejas, le hablaba sobre Virgil.

«Quiero que sepas cómo es un padre de verdad», escribí.

Le envié el mensaje y me pasé el día siguiente esperando su respuesta. Finalmente, cuando llegó, estaba formada por nueve palabras.

«No puedo sino imaginar lo que pensarás de mí», fue lo único que escribió.

Y yo me dije: «No hace falta que te lo imagines. ¡Acabo de escribírtelo!».

Pero eso era lo único que tenía que decir. Sin disculpas, sin explicaciones... Al verlo ahora, en retrospectiva, me doy cuenta de que era lo único que podía decir. No poseía las herramientas necesarias para transmitir sus verdaderos sentimientos sobre las cosas. Por eso, cuando yo estaba enfadada con él, permitía que lo fustigase por teléfono o por correo electrónico, sin defenderse ni decir una sola palabra sobre mi madre. Ésa era la única manera que conocía de demostrar sus sentimientos: no decir

CRYSTAL McVEA

nada. Pero al mismo tiempo, la falta de reacción que demostraba cuando yo le reprochaba su actitud sólo conseguía que me enfureciese todavía más.

Así que también di de lado a mi padre y dejamos de hablar.

Ahora bien, tampoco puedo decir que los primeros años con los mellizos fuesen una sucesión de pesares, porque mentiría. De hecho, cuanto más alejaba de mi vida a los demás, más me acercaba a mi marido y a los niños. Así que en aquellos primeros tiempos nos divertimos muchísimo como familia. Virgil era muy feliz con sus hijos y yo estaba encantada de tener por fin a mi preciosa familia. Estábamos siempre riéndonos, espoleados por la sensación de que éramos enormemente afortunados. La mayoría del tiempo me sentía increíblemente feliz.

Lo que pasa es que, por debajo de todo aquello, era incapaz de quitarme de encima una sensación de permanente intranquilidad. Y además, de repente, no estaba dispuesta a dejarme avasallar por nadie. Más aún, estaba decidida a plantar cara a todo el que, en mi opinión, me hubiese ofendido. Así que empecé a quemar puentes a troche y moche. Empecé a pelearme con Virgil —cosa que no habíamos hecho casi nunca hasta entonces—, con sus padres, con los míos y con todo el mundo. Durante toda mi vida había buscado con desesperación un lugar al que pudiera llamar «hogar» y ahora que finalmente lo tenía, me sentía más perdida y vulnerable que nunca. Todavía me faltaba algo, algo muy importante.

¿Cómo podía sentirme tan vacía cuando por fin tenía la vida que creía desear? ¿Por qué no lograba desprenderme de la rabia y el odio por mí misma, que me hacían apartar de mi lado a quienes más me querían? A veces, nuestra vida es como un gran rompecabezas y tenemos que buscar las últimas piezas que faltan para que cobre vida. Pero hay una pieza que es fundamental para que encajen todas las demás y sin ella siempre sentiremos la frustración de tener el rompecabezas incompleto. «El que hallare su vida, la perderá —dice Mateo 10,39—. Y el que perdiere su vida por mi causa la hallará.»

La pieza que me faltaba era Dios.

Y el mayor regalo que me hizo —el regalo que zarandeó mi alma y me cambió la vida— fue el de permitirme ver lo mucho que me ama.

Aquel primer verano en casa con los mellizos fue cuando empecé a sufrir aquellos ataques de pánico. Y cuando acababan de cumplir diez meses, fue el momento en que morí.

LA NIÑA

Avancé por el túnel en dirección a la radiante entrada, en compañía de Dios y de mis ángeles. Sabía adónde nos dirigíamos exactamente y no creía que se pudiera sentir más dicha de la que yo experimentaba en aquel momento. Pero entonces reparé en que había otra presencia en el túnel, un poco más adelante. Era la persona que Dios quería presentarme.

Era mucho más pequeña que los ángeles y muy distinta a ellos, también. Tenía cuerpo, cara, brazos y piernas.

Era una niña.

Una niña pequeña.

Tuve la sensación de que me unía a ella y absorbía todo cuanto se podía saber sobre ella. Era pequeña, no más de tres o cuatro años de edad. Llevaba un sombrerito blanco en la cabeza y una cesta del mismo color en las manos, parecida a las de mimbre de las que se ven en Pascua. Tenía un vestidito blanco de volantes con reflejos amarillos —este amarillo fue el primer color identificable que veía en el cielo—. Pero no era un amarillo cualquiera: sus reflejos eran resplandecientes y chispeantes... era como un prisma que reflejaba la luz brillante que nos rodeaba y la devolvía de un modo aún más glorioso. El efecto generado era tan absolutamente sobrecogedor que ni siquiera ahora puedo pensar en ello sin quedarme sin aliento.

La niña correteaba de acá para allá, brincando y riendo como cualquier niño de la Tierra. Se agachaba y sumergía la cesta en la luminosidad que había a sus pies y ésta se llenaba de esa luz. Incansablemente, inclinaba la cesta, recogía la luz y luego la vertía. Y cada vez que lo hacía, cada vez que la cesta rebosaba de aquella mágica luminosidad, se echaba a reír.

Cuando se reía, mi espíritu se henchía de un amor y un orgullo absolutos por ella. Me habría pasado el resto de la eternidad viendo jugar a aquella niñita. Sentía deseos de correr hasta ella, cogerla en brazos y decirle lo mucho que la amaba. El amor bullía en mi interior, interminables y radiantes ondas de un amor tan profundo, intenso e inagotable que llegué a creer que me iba a explotar el alma y que luego dejaría de existir. Y mientras tanto, la niñita no hacía más que sumergir una y otra vez la cesta en la luz y recogerla riendo como hacen las niñas pequeñas. Me conmovió tan profundamente que pensé que no podría soportarlo. Me preparé para explotar, para deshacerme en un millón de fragmentos, porque sabía que no era posible contener todo el amor que sentía por aquella niña.

Y entonces Dios me liberó de aquel sentimiento.

Fue como si hasta entonces hubiera estado llevando una especie de gafas mágicas y de repente me las quitara. Y supe que era Él el responsable, porque en cuanto desapareció el sentimiento, volví a mirar a la niña y comprendí al momento de quién se trataba.

La niñita de la cesta de luz era yo misma.

Y entonces se transmitió otra verdad entre Dios y yo y supe que aquello era lo que llevaba toda la vida intentando enseñarme. Había tratado de mostrarme lo mucho que me amaba.

Comprendí que Dios había permitido que me viese como Él me veía. A sus ojos era una creación absolutamente perfecta y siempre lo sería. Todas las cosas que me habían sucedido en la Tierra, las malas decisiones que habían provocado que acabara odiándome a mí misma... Nada de eso importaba. Después de lo que me había pasado, después de lo que había hecho, había llegado a creer que Dios no podía amarme. Pero era mentira y Dios había destruido aquella mentira al mostrarme la intensidad de su amor por mí.

Ver a aquella niña fue la experiencia más profunda e impactante de toda mi existencia, porque consiguió algo que yo no habría creído posible.

Me restauró.

En aquel instante cayeron las cadenas que me habían mantenido cautiva toda mi vida. Cadenas de vergüenza, de secretos, de mentiras y de dolor. Cadenas demasiado pesadas como para que nadie en la Tierra pudiera levantarlas. Cadenas que, simplemente, cayeron en presencia de la verdad.

Aquélla era la sensación fundamental: la de que se me acababa de revelar la verdad de todas las verdades. Me impregnó con la penetrante certeza de que Dios siempre me había amado, como ama a todos sus hijos. Y así, por primera vez, me sentí llena de amor por mí misma. ¿Cómo no iba a amarme? ¡Era una creación perfecta de Dios!

Y lo que es más, Dios había optado por mostrarme tal como era a los tres años. No fue una decisión fortuita. A los tres años comenzaron los abusos. Fue el punto de inflexión de mi vida, el momento en el que me arrebataron la inocencia. Aunque de niña viví muchos episodios de felicidad y muchos otros de amor y bondad, lo cierto es que a partir de los tres años quedé atrapada en una vida de vergüenza y secretos, de dudas y odio hacia mí misma, de pensar que no merecía el amor de Dios y de creer que Dios me había abandonado.

Así que Dios volvió a llevarme a aquel momento, a cuando tenía tres años, y me liberó de todas aquellas mentiras. Todos esos años oscuros y difíciles, todas las crisis y quebrantos que me hicieron darle la espalda, todo ello, de principio a fin, se esfumó ante la constatación de que el amor de Dios por mí era ilimitado. Una carga que llevaba décadas soportando se esfumó de repente. Verme a mí misma a través de los ojos de Dios me había restaurado y me había liberado.

Y, sin embargo, a pesar de que el amor de Dios me llenaba a rebosar, sabía que sólo estaba experimentando una minúscula partícula de él. El amor de Dios es tan grande, tan vasto y tan poderoso que únicamente podemos contenerlo en una pequeña medida. Pero incluso aquella minúscula partícula me llenaba tan completamente que no podía imaginarme en cualquier otro sitio que no fuese a su lado.

Entonces oí algo de un modo que hasta entonces no había experimentado allí, en el cielo. No era como la comunicación pura que se transmitía entre Dios y yo. Era una palabra, pronunciada por una voz.

—Crystal.

Era la voz de mi madre. Estaba diciendo mi nombre. Era un sonido tan penetrante y brusco que me di cuenta de que estaba gritando.

—¡Crystal! ¡Crystal!

Por primera vez, tuve la sensación de que me detenía, como la que tienes cuando ves un coche que se te acerca y pisas a fondo el freno. Y en aquel momento comprendí que mi madre no sabía dónde me encontraba. No sabía que estaba bien. Sentí lástima por lo que debía de estar pasando. La verdad es que no había pensado ni un solo momento en lo que estaba sucediendo en la habitación del hospital. No había estado flotando sobre mi cama, ni había visto a la gente apelotonada a su alrededor ni nada parecido. No tenía conexión alguna con lo que estaba sucediendo en dicha habitación o en cualquier otro lugar de la Tierra. Ni siquiera la visión de mi niña era terrenal. Era una percepción, como todo lo demás que estaba experimentando en el cielo. Pero todo esto cambió al oír que la voz de mi madre gritaba mi nombre. De repente comprendí que tenía que hacerle saber dónde estaba.

—Tengo que decirle a mi madre que estoy bien —dije.

Y Dios respondió: «La decisión es tuya».

No quería irme de su lado. No quería marcharme a ninguna parte. Sólo quería que mi madre supiese que estaba bien. Tuve la sensación de que daba media vuelta y, por primera vez, me fijaba en lo que había a mis pies: una superficie como de rutilantes cristales de agua, más brillantes que mil millones de diamantes perfectos. No podía ver lo que había debajo de ella, pero sabía que la voz de mi madre procedía de allí. Mientras me alejaba de las puertas del cielo, hubo otro mensaje de Dios, la última y más importante de las cosas que me indicó:

—Cuéntales lo que puedas recordar.

—Lo recordaré todo —respondí—. Y volveré.

Centré de nuevo toda mi atención en los cristales de agua y en aquel instante supe que volvía a estar en mi cuerpo terrenal.

Y entonces abrí los ojos.

CRYSTAL McVEA

CAPÍTULO 14

Lo primero que vi fue la cara de una enfermera. Estaba sobre mí, a escasos centímetros de distancia. Se le movía la boca: estaba gritando.

—¿Sabe dónde se encuentra? ¿Sabe qué día es?

Miré a la izquierda y vi a mi madre, con la cara cubierta de lágrimas.

—¡Crystal! —siguió gritando la enfermera—. ¿Sabe dónde se encuentra? Dígame dónde está.

Oí la pregunta con toda claridad, pero no respondí al instante. Era como si hablar fuese algo extraño para mí. Acababa de llegar de un lugar en el que no era necesario. Traté de hablar, pero no salió nada de mi boca. Los gritos continuaron. Volví a intentarlo. Finalmente, encontré las palabras.

—Estoy en la luz más maravillosa que se pueda imaginar —murmuré—. Estoy con Dios.

Y entonces cerré los ojos para volver al cielo.

La enfermera volvió a gritar.

—¡Crystal, míreme! ¿Cómo se llaman sus hijos?

Abrí los ojos y traté de decir los nombres de mis hijos. Dije el de Payne y el de Sabyre, pero no me acordé de los de Willow y Micah, lo que resultó realmente frustrante. Aparte de que no era algo de lo que me apeteciese hablar.

Esta vez me volví hacia mi madre y la tranquilicé:

—No pasa nada. Estoy en la luz más maravillosa del universo. Estoy con Dios.

—Lo sé, lo sé —dijo mi madre—, pero necesito que vuelvas aquí, conmigo.

Pero yo no tenía la intención de quedarme. Cerré los ojos y traté de regresar, pero por alguna razón me fue imposible. Era como si algo me bloquease el paso. Tuve la sensación de que toda aquella gente que me gritaba estaba, literalmente, arrancando mi espíritu del cielo. Era frustrante. Las enfermeras seguían haciéndome preguntas y yo trataba de responderlas rápidamente para volver con Dios. Volví a intentarlo una y otra vez, pero no pude.

Y entonces oí una voz masculina. Abrí los ojos y vi a un médico con una jeringuilla en la mano.

—Crystal, voy a inyectarte esto —me informó—. En una escala de cero a diez, te va a doler un diez.

Se inclinó y me clavó la aguja en el brazo. Al instante, sentí que se me tensaba la mandíbula y todos los múscu-los de mi cuerpo se ponían igualmente tensos. A conti-nuación llegó el dolor: una agonía enorme y creciente que fue recorriendo mi cuerpo, más y más intensa, hasta acabar consumiéndome. Fue casi como si pudiera oír el dolor, como si un gigantesco tren de carga atravesase mi organismo, cada vez más cerca, cada vez más de prisa y con más energía, hasta hacerme pedazos.

CRYSTAL McVEA

—Ya casi está —oí decir al médico.

¿Qué me estaba pasando? ¿Por qué estaba atrapada de aquel modo? «Una vez que lleguemos, no podrás regresar», me había dicho Dios y yo lo había entendido... pero no habíamos cruzado las puertas, así que ¿por qué no podía volver? «La decisión es tuya», me había dicho. ¡Yo había decidido! Mientras el dolor me desgarraba por dentro, cerré los ojos con fuerza y traté desesperadamente de escapar, de encontrar, de algún modo, el camino de regreso al cielo.

Pero creo que para entonces ya sabía que no lo encontraría.

CAPÍTULO 15

Vivimos en un lugar situado más o menos en el centro de Estados Unidos, donde las Grandes Llanuras se unen con el Cinturón Bíblico. Estamos pocas horas al sur del centro geográfico exacto del país, situado en Kansas. La zona de Oklahoma en la que está nuestra casa es una región extensa, llana y muy hermosa. Nos rodean miles de acres de praderas sin cultivar, la mayoría de las cuales siguen teniendo el mismo aspecto que en tiempos ancestrales. En la reserva natural de las montañas de Wichita, adonde llevamos a los niños siempre que podemos, se pueden ver muchas de las grandes criaturas de Dios: alces y ciervos, perritos de las praderas de cola negra y corzos de cola blanca, ánades reales, halcones y lagartos y, por supuesto, los orgullosos búfalos. El poeta indígena americano N. Scott Momaday dice que cuando recorres esta tierra ancestral con la mirada «tu imaginación cobra vida. Y piensas que es ahí donde empezó la creación».

Hay muchísima belleza en esta tierra y la mano de Dios es visible en todas las aves y todas las briznas de hierba. Sé lo afortunados que somos de estar aquí y sé que es uno de sus numerosos regalos para nosotros. Pero hubo un tiempo en que me olvidé de dar gracias por el maravilloso don que supone estar en este mundo.

Verás, acababa de estar en un lugar aún más hermoso y lo único que quería era volver.

En total estuve nueve minutos sin respirar. Pasaron dos minutos entre que se me puso la cara azul y entró la primera enfermera en la habitación y otros siete mientras los médicos intentaban reanimarme tras el fallo de mis pulmones. Entré en parada respiratoria completa y de no haberse hallado mi madre conmigo en aquel momento, estoy convencida de que no estaría aquí, escribiendo esto.

¿Por qué había sucedido? Es una de esas cosas que no pueden saberse con certeza. La explicación más plausible es que la bomba analgésica no estaba bien ajustada, lo que quiere decir que mi organismo estaba recibiendo más Dilaudid (un anestésico) del que podía procesar. Básicamente, lo que hacen los analgésicos es bloquear los receptores de tu cerebro que le indican a tu organismo que estás sufriendo dolor. Pero si te excedes con la dosis, los receptores dejan de funcionar del todo y tu cerebro deja de enviar a los pulmones la orden de funcionamiento. Y si los pulmones no envían oxígeno al corazón y éste deja de bombear sangre a tu cerebro, todos los órganos se colapsan.

¿Llegué a morir del todo? Es difícil de decir. No respiraba y no tenía pulso. Y desde luego, si los médicos y las enfermeras no hubieran entrado cuando lo hicieron, habría fallecido en algún momento de aquellos nueve minutos. Pero no se te considera clínicamente muerto hasta que un médico certifica la hora del fallecimiento, lo que suele hacer una vez transcurridos cinco minutos desde que cesan las maniobras de reanimación. Hay gente que dice que cuando tu corazón deja de latir y tus pulmones dejan de funcionar, básicamente estás muerto, pero mientras el cerebro siga funcionando, siempre existe la posibilidad de que te traigan de vuelta a la Tierra desde el filo del abismo. Esto es lo que me pasó a mí. Los médicos me llenaron los pulmones de oxígeno y así consiguieron que volviese a respirar antes de que mi cerebro muriese (y yo con él).

Aun así, siempre le digo a la gente que morí y regresé. No soy médico y no sé si, técnicamente, esto es cierto al cien por cien, pero sé que ya no estaba en mi cuerpo. Sé que, sin ninguna duda, pasé a otro mundo. Y es más fácil decir que morí que hablar de analgesia controlada por el paciente y receptores cerebrales.

Con todo, aquellos nueve minutos fueron peores para mi madre que para mí. Yo ya no estaba atrapada en aquella habitación de hospital, pero ella sí, viendo cómo pasaba su hija por diez tonalidades distintas del azul. Mi madre recuerda que uno de los médicos se me subió encima y comenzó a propinarme golpes en el pecho; también recuerda que todos trabajaban de manera tan frenética que tenían los pijamas y las batas manchados de sudor. Debió de ser aterrador. Al principio ella permaneció lejos de la cama, rezando silenciosamente en un rincón, pero al cabo de unos minutos desesperados dijo:

—Ahora está todo en tus manos, Dios.

Entonces se colocó al lado de la cama, para acariciarme el pelo y decirme que me quería.

—Por favor, Crystal, quédate con nosotros. No te vayas —me suplicaba una y otra vez—. Si puedes, vuelve, por favor. Vuelve, por favor.

Siempre dice que mis nueve minutos en el cielo fueron nueve minutos en el Infierno para ella.

La primera señal positiva para ella fue cuando oyó decir a un médico:

—Ha parpadeado.

En ese momento empezó a gritar mi nombre. En cuanto los médicos vieron que volvía a estar en mi cuerpo, entraron en acción. Me administraron una dosis de Narcan, un fármaco que se utiliza para contrarrestar los efectos de las sobredosis. Básicamente, impide que los narcóticos lleguen a tus receptores, de manera que los pulmones y el corazón reciben la orden de volver a ponerse en funcionamiento.

Pero también los libera para empezar a enviar otra vez señales de dolor, razón por la que mi cuerpo se vio asaltado al instante por una increíble agonía. Y cuando empezó a remitir este dolor, volví a sentir las penetrantes punzadas de la pancreatitis. Me trasladaron a la Unidad de Cuidados Intensivos, donde, transcurrido un rato, volvieron a administrarme calmantes, así que me pasé los días siguientes entrando y saliendo de un sueño profundo inducido por la medicación. Estaba tan débil que las enfermeras tenían que despertarme para obligarme a comer un poco de gelatina. Sólo recuerdo vagamente algunas visitas: Virgil y mi madre, claro está, y los padres de Virgil, y JP y Sabyre, y mi hermano Jayson. E incluso mi padre, que vino desde Illinois. Toda la gente a la que había echado de mi lado era la primera que acudía a él. Pero estaba tan dormida que apenas si recuerdo nada sobre aquellas visitas.

Lo que sí recuerdo con claridad —y fue algo que se prolongó durante un tiempo considerable— es lo que sentí al volver a estar en mi cuerpo humano. Estaba bastante enfadada, por expresarlo de manera suave. Simplemente, me había gustado tanto estar con Dios y deseaba tanto volver a su lado que sentía resentimiento hacia la gente que me había salvado la vida. Los médicos, las enfermeras, mi madre, incluso Virgil... todo el que había querido que sobreviviese y, en mi mente, me había impedido regresar al cielo.

—¿Por qué me obligasteis a regresar? —les preguntaba una y otra vez durante aquellas primeras horas—. No era decisión vuestra.

Ahora, puede que estés pensando: «Espera un momento, ¿no estabas encantada de encontrarte de nuevo con tu esposo y tus hijos?». Hasta puede que te preguntes: «¿Cómo podías sentir deseos de quedarte en el cielo cuando sabías lo que supondría a tu familia el hecho de perderte?». Son buenas preguntas y a lo largo de los tres últimos años me las he planteado con mucha frecuencia. Y la respuesta es siempre la misma: por encima de cualquier otra cosa, lo que yo quería era estar con Dios.

Puedes creerme cuando te digo que antes de que me pasara aquello no creía posible amar más de lo que amas a tus hijos. Pero es que nunca había estado en presencia de Dios. Como ya he dicho, eso lo cambió todo. Comprendí al instante que el amor de Dios es más grande y más intenso que cualquier otra clase de amor. Y no únicamente lo comprendí: lo sentí, lo escuché y lo vi y saboreé con todas las fibras de mi ser. Cuando estaba en forma espiritual, simplemente no podía concebir otra cosa que estar con Dios. Sé que suena extraño, pero ni siquiera el recuerdo de mis dos bebés me hacía sentir el deseo de volver a mi forma humana. Lo he hablado con mis hijos y, honradamente, creo que les duele. De vez en cuando les gusta utilizarlo para fastidiarme, como lo de aquella ocasión en que llegué tarde a recogerlos al colegio.

—Caray, mami —suelen decir—, gracias por escogernos a nosotros.

Pero en los primeros días tras mi regreso del cielo, así es como me sentía. Aunque ya no podía volver allí, me sentía aún impregnada por la presencia de Dios y toda la experiencia milagrosa que había experimentado. Seguía sintiéndome mucho más apegada a mi forma espiritual que a la humana. Pero al margen de ello, lo que pasaba en realidad es que echaba muchísimo de menos a Dios. Anhelaba volver a estar a su lado y seguía sintiéndome sumergida en el resplandor de su grandeza. Cuando Moisés bajó del monte Sinaí, donde había hablado con Dios, su rostro resplandecía de la gloria divina, así que tuvo que tapárselo para que la gente no le tuviese miedo. Pues lo que yo sentía era algo parecido. A ver, es que no había estado con un presidente, un famoso o algo así. ¡Era el Creador del universo! ¡El Señor Dios de Israel!

No es algo que uno pueda pasar por alto, como si tal cosa.

Poco a poco, en el transcurso de los días siguientes, comencé a sentirme agradecida por volver a estar con mi familia. Habían acudido corriendo a mi lado, incluso aquellos a los que había intentado alejar. Aún echaba de menos a Dios, pero estar rodeada por mis seres queridos me hizo comprender de nuevo que la vida es un don maravilloso que debemos valorar y atesorar. No es que de pronto, como si hubiera apretado un botón mágico, empezase a sentirme feliz. Fue algo gradual, que sucedió al mismo tiempo que recuperaba el control de mi cuerpo y comenzaba a vislumbrar indicios de la obra de Dios aquí, en la Tierra. Por ejemplo, a los pocos días de que me diesen el alta, celebramos el cumpleaños de Sabyre en nuestra casa. Vinieron muchos amigos, tomamos helado y abrimos regalos. Me senté con mis mellizos en brazos, primero uno y luego el otro, y allí, en el salón de mi casa, di gracias por volver a estar con mi familia. Me sentía bendecida por tener unos hijos preciosos y un marido maravilloso. Por primera vez desde mi regreso, era auténticamente feliz.

Una semana después era Navidad. Mi hermano nos pidió que fuésemos a Oklahoma City a pasar las vacaciones con él, así que cogimos a los niños y nos pusimos en camino. Metimos todos los regalos en la parte trasera de la furgoneta, ocultos bajo una manta para que los pequeños no los viesen, porque sabíamos que si lo hacían empezarían a hacer preguntas sobre Papá Noel. No llevábamos ni cinco minutos en la carretera cuando estalló otra de esas horribles tormentas de Oklahoma. Viento glacial y un manto de hielo y nieve. Virgil apenas veía más allá de su nariz, así que no podíamos pasar de quince o veinte kilómetros por hora, e incluso esa velocidad parecía excesiva. Vimos que la nieve comenzaba a amontonarse

CRYSTAL McVEA

en el arcén y decidimos parar en un pueblo cercano para decidir si debíamos continuar. Cuando nos informamos de que la tormenta afectaba a todo el estado, y que, por tanto, no tenía sentido echar marcha atrás, optamos por continuar con todo el cuidado posible.

El viaje, que en condiciones normales nos habría llevado dos horas, terminó prolongándose durante trece. Los limpiaparabrisas se congelaban constantemente y Virgil tenía que bajarse del coche para arreglarlos. Nos cruzamos con mucha gente que se había salido de la carretera o había quedado atrapada en la nieve y Virgil siempre paraba para echarles una mano y ayudarlos a volver a la carretera. La nevada era tan copiosa que no podíamos ver los letreros de la autopista, así que al cabo de un rato dejamos de saber dónde estábamos. La posibilidad de que cortaran algún tramo de ella nos aterrorizaba, porque nos habríamos quedado atrapados, pero por suerte no sucedió. Pasadas las primeras horas, los niños empezaron a tener hambre, así que les di la cesta con embutido, queso y galletas saladas que había preparado. Algunas horas más tarde, una vez que se terminó, nos comimos los caramelos y las chocolatinas que llevábamos para colgar en los calcetines del árbol de Navidad.

Hubo un momento en el que nos quedamos atrapados, cerca de un aparcamiento de Oklahoma City. Había coches parados por todas partes y otros que derrapaban sobre el hielo y los embestían. Tardamos dos horas en salir de la nieve, pero con la ayuda de otros conductores, Virgil logró colocar unos tablones debajo de los neumáticos y mover el *minivan*. Luego volvimos a quedarnos atrapados, esta vez a pocas manzanas de la casa de mi hermano. Para entonces estaba tan asustada y cansada que pensé seriamente en coger a los niños y seguir andando. Por suerte, en ese momento salieron tres señores de la nada y ayudaron a Virgil a sacar el vehículo de la nieve. Y, finalmente, logramos llegar de una pieza a la casa de mi hermano.

Habían sido trece horas realmente complicadas y hubo momentos en los que temí de verdad que nos pasara algo. Pero el hecho es que dentro del vehículo estábamos calentitos y cómodos, teníamos comida de sobra y los niños se lo pasaron en grande comiéndose las chocolatinas de Navidad. Lo cierto es que la mayor parte de esas trece horas fueron divertidas. Las autopistas permanecieron abiertas, no nos quedamos sin gasolina y logramos llegar a la casa de mi hermano sanos y salvos. Y lo más sorprendente de todo es que pude ver en acción lo mejor del espíritu humano. Virgil salió una vez tras otra de nuestro coche para ayudar a la gente que se había quedado atrapada en la nieve y unos completos desconocidos acudieron en nuestro auxilio cuando más lo necesitábamos. Me sentí profundamente conmovida por los increíbles actos de bondad que pude presenciar aquel día.

Y cuando me di cuenta de esto, comprendí también que me alegraba sinceramente de estar de nuevo en la Tierra. ¿Te acuerdas de que antes describí las grandes llanuras y las escarpadas montañas de Oklahoma, su fauna salvaje y los muchos dones divinos que la adornan? Bueno, pues me había olvidado de uno: sus habitantes. Aquella gélida noche en la peligrosa autopista volví a ver en acción la mano de Dios, esta vez en sus creaciones humanas. Aquello me llegó al corazón y al alma y me hizo sentir bendecida de nuevo por el privilegio de encontrarme allí, entre sus muchos y maravillosos dones.

Tras superar mi enfado con todos los que, según pensaba hasta entonces, me habían sacado a rastras del cielo, me di cuenta de que todas las cuentas pendientes y todos los agravios que durante tantos años me habían pesado en el alma habían desaparecido. Era como si Dios me hubiese limpiado por completo por dentro. Y todos los grandes problemas —el resentimiento con el que había vivido durante muchos años— habían desaparecido, sin más. Por ejemplo, había estado muy enfadada con todos los que le debían dinero a Virgil —y no hablo de unos cientos de dólares, sino de cantidades que podrían habernos cambiado la vida—, pero tras mi estancia en el cielo un día le dije de buenas a primeras:

—Sé que no vamos a recuperar ese dinero y no pasa nada. Tenemos que rezar por ellos.

Virgil me miró con expresión rara, porque sabía cómo era yo con el dinero. Dice que fue entonces cuando empezó a creer de verdad que había estado con Dios, al ver que renunciaba a una deuda sin pestañear. Pero aquello sólo era una muestra de la magnitud del perdón de Dios.

No sé. Simplemente me sentía liberada de toda la basura que había acarreado durante toda mi vida. Le pedí a la madre de Virgil que me perdonara por haber intentado apartarla de nuestro lado. Le pedí a él que me perdonara por obligarlo a elegir entre su familia y yo. Le pedí a mi hermano que me perdonara por no prestarle atención suficiente cuando éramos jóvenes y a mi madre por convertirla siempre en blanco de mi rabia. Hasta llamé a mi padre en Illinois para pedirle perdón.

—Oh, no, no tienes que disculparte por nada —repuso.

—Claro que sí —repliqué—. Necesito que me perdones por haber sido tan dura contigo.

También dejé de darle tanto valor a mis posesiones materiales. Siempre había sentido un gran apego a los objetos que significaban algo para mí, pero después de haber muerto, todas aquellas cosas dejaron de importarme. Les dije a mis amigos:

—Si alguna vez os ha gustado algo de lo que hay en mi casa, éste es un buen momento para pedírmelo, porque estoy lista para desprenderme de todo.

Sinceramente te digo que no me habría importado que lo regalásemos todo y nos mudásemos a una barraca de una sola habitación. Después de lo que me había sucedido me había dado cuenta de que mi auténtica fortuna la formaban mi familia, mis amigos y el amor de Dios, y el resto no importaba demasiado.

Fui consciente de que quería y me preocupaba por todo el mundo. En efecto, gente con la que había estado furiosa —como los padres de JP y Sabyre— de repente me inspiraba un amor y una compasión profundos. Me sentía rebosante de compasión y tristeza por todo el que alguna vez me había hecho daño o me había ofendido y rezaba por ellos, pues sabía que eran creaciones perfectas de Dios. Sabía que, al igual que aquella niñita feliz que había visto en la luz había sufrido muchísimo durante su vida, también habían padecido un montón quienes me habían hecho daño a mí. También ellos habían sido niños inocentes y así era como Dios los veía, como hijos a los que amaba con independencia de todo lo demás. Ahora que sabía lo que sabía, no quería que una sola persona en todo el mundo, ni tan siquiera mi peor enemigo, quedara apartado de la luz del Creador. Deseaba que estuvieran todos allí conmigo, en la gloria de su grandeza. Hasta entonces había cargado con el peso de mis agravios y había sido muy dada a juzgar a los demás. E incluso en algunas ocasiones, después de mi muerte, me sorprendí haciéndolo de nuevo... pero algo había cambiado tras mi visita al cielo, porque cuando juzgaba me autocensuraba de inmediato —«No, Crystal. Recuerda lo que Él hizo por ti», me decía— y, al hacerlo, el juicio desaparecía en la nada.

Con el tiempo, la decepción que me había provocado tener que abandonar la presencia de Dios fue remitiendo, pero la sensación de euforia y dicha por haber estado en su presencia no lo hicieron, sino todo lo contrario. Ya no había nada que me fastidiase o hiciese enfadar y rebosaba compasión y cariño. Aquellos nueve minutos me habían transformado de la cabeza a los pies y, en todos los aspectos importantes, era una criatura nueva.

Tras una vida entera de dudas, era una de las hijas amadas de Dios y nada volvería a ser lo mismo.

Ahora me doy cuenta de que empecé a contar mi historia uno o dos segundos después de haber regresado.

—Estoy en la luz más hermosa —le había dicho a la enfermera y luego a mi madre. Ésta me ha contado que nada más volver del cielo le conté al médico que me había rescatado de las garras de la muerte que había estado con Dios y que cuando lo oyó, se echó a llorar. Era un hombre de fe y creía lo que le había explicado, así que lloró de alegría.

Me pasé los primeros días aturdida por los efectos de los calmantes, pero en cuanto empecé a sentirme mejor, descubrí que estaba impaciente por hablar de lo que me había sucedido. Quería contarle a todo el mundo dónde había estado y lo que había visto. Como es natural, se lo expliqué todo a Virgil, y la historia lo conmovió hasta el punto de hacerlo llorar. También se lo conté a mi madre y a todos los médicos y enfermeras que pasaron por mi habitación o cerca de ella. Finalmente, cuando me sacaron de la UCI y me llevaron a una habitación normal, tuve la oportunidad de compartir mi historia con alguien que no era un pariente ni un miembro del personal.

Una tarde, cuando estaba sola en mi cuarto, entró una señora de la limpieza bastante mayor. Tarareaba una antigua canción góspel mientras fregaba el suelo. Yo aún tenía muchos dolores, pero volví la cabeza todo lo que pude, la miré y me aclaré la garganta.

—¿Cree usted en Dios? —le pregunté.

—Oh, sí, cariño —me respondió ella.

—Acabo de morir y he visto a Dios —le confesé—. He estado en su presencia.

La mujer, sin dejar de fregar, contestó:

—Sí, niña, alabemos al Señor.

Me sorprendió su naturalidad y le pregunté si me creía.

—Oh, sí, niña, creo. Oh, sí, creo.

Y siguió fregando y tarareando su canción.

No es que aquella mujer no creyese que lo que me había pasado en el cielo era un milagro. Es que había creído en la grandeza de Dios durante la mayor parte de su vida, mientras que yo sólo estaba segura de ella desde hacía un par de días. Su fe era tan grande que no le sorprendía nada lo que había hecho Dios por mí. Y eso, descubrí entonces, me parecía algo increíble. La fuerza de su fe elevó mi espíritu y comprendí que estaba impaciente por contarle a más gente lo que me había sucedido.

Finalmente, ocho días después de haber muerto, me dieron el alta. Aunque la pancreatitis había desaparecido, mi cuerpo seguía realmente maltrecho. Me sentía como si tuviese todas las costillas rotas. Cada vez que tosía o me reía tenía que apretarme una almohada contra el estómago para contener un poco el dolor.

Un par de días después de mi regreso a casa, llamó un cobrador. Cuando estaba poniéndome al día de lo que debíamos, lo interrumpí.

—¿Cree usted en Dios? —pregunté.

—Hum, sí —respondió.

Entonces le relaté la historia de mi muerte, mi subida al cielo y mi visión de Dios. Al terminar, se produjo una prolongada pausa antes de que el hombre volviese a hablar.

—Bueno —dijo—. Entonces, ¿cuándo piensa hacer el ingreso?

Allá donde iba buscaba oportunidades para contar mi historia. Una vez, Virgil y yo quedamos con un grupo de cristianos que conocíamos. Yo ya les había contado a algunos mi historia y me habían pedido que la compartiese con el grupo. Nunca me había sentido cómoda hablando en público, pero tampoco sería una reunión muy numerosa (éramos unos siete). Así que inspiré hondo y me lancé de cabeza. Al terminar, esperaba que me preguntasen más detalles sobre el tiempo que había pasado con Dios. Supuse que querrían saberlo todo. Pero nadie me preguntó nada. Hubo sólo un silencio y algunas palabras de agradecimiento, antes de que cambiáramos de tema. Y en aquel momento, un pensamiento terrible apareció en mi cabeza: «¡Creen que estoy mintiendo! ¡O que estoy loca!».

Por primera vez, me sentí estúpida por haber contado mi historia. Nunca se me había ocurrido que pudieran no creerme y daba por sentado que todo el que me escuchase acabaría tan emocionado como yo. Pero a los allí presentes mi historia les había dejado indiferentes o, sencillamente, no se la habían creído. La constatación de este hecho supuso un duro golpe. Me puse roja como un tomate y me quedé allí sentada, embargada por un sentimiento de completa vergüenza y pesadumbre. Sentía deseos de levantarme de un salto y decir: «No lo habéis entendido. ¿No sabéis por qué estamos aquí?». Pero lo que hice fue encerrarme en mi cascarón.

Aun así, seguía sin poder contener el afán por compartir lo que me había sucedido con el mundo, así que en los días siguientes aproveché cualquier ocasión para hacerlo. Por encima de todo, deseaba expresar la pasión que sentía por Dios. Sin embargo, la mayoría de las veces la reacción que obtenía no era la que esperaba. Sí, había gente que parecía genuinamente conmovida por mi relato, pero otros se limitaban a escucharme, esbozar una sonrisa y seguir con sus vidas. Se me presentó otra oportunidad de compartir mi historia con un pequeño grupo, que incluía a una de las personas que ya la había oído antes. Al terminar, me miró y comentó:

—Caray, lo que te gusta hablar.

Me quedé boquiabierta. Ni que les hubiera contado que había conocido a un famoso o al presidente. ¡Estaba hablando de Dios! ¿Por qué no se sentían tan conmovidos y llenos de dicha como yo? ¿Qué estaba haciendo mal?

La gota que colmó el vaso llegó unas tres semanas después de haber salido del hospital. Estaba en una reunión informal y la conversación derivó hacia Dios. Empecé a contar lo que me había pasado y lo maravilloso que había sido estar en su presencia. Entonces vi que una de las presentes ponía los ojos en blanco. Ya sabes, en plan «¡Oh, no, ya está de nuevo con lo mismo!». Al instante dejé de hablar y me marché de la habitación. Me sentía estúpida y avergonzada y lo peor de todo es que tenía la sensación de que nadie me creía. En aquel preciso instante decidí que no volvería a contárselo a nadie. Iba a reincorporarme a mi trabajo en el colegio al cabo de pocos días y lo último que necesitaba era convertirme en la comidilla del pueblo con mis locuras. Sencillamente, decidí callarme.

En ese momento volví a ser totalmente humana.

Durante los meses siguientes me pasaba las noches llorando porque echaba muchísimo de menos a Dios y no podía seguir compartiendo mi historia. «Cuéntales lo que puedas recordar», me había dicho Dios, pero cuando intentaba hacerlo, sólo conseguía hacer el ridículo. Aún no tenía la respuesta a una acuciante pregunta: ¿para qué me había hecho volver? Si quería que les hablase a todos sobre su gloria, ¿por qué permitía que no me creyese nadie? Yo deseaba hablar de Él sin parar, pero también sentía que allá donde iba se me cerraban todas las puertas. Ya no sabía qué hacer.

Pero en medio de aquella prueba hubo una persona que siempre escuchaba mi historia. Cada noche, Virgil se volvía hacia mí en la cama y me pedía:

—Cuéntamelo otra vez. Cuéntame todo lo que sucedió.

Y no digo de vez en cuando. Todas las noches. Así que me volvía hacia Virgil, me enjugaba las lágrimas y comenzaba:

—Bueno, pues el caso es que cerré los ojos y me quedé dormida. Y al despertar estaba en el cielo.

Virgil me escuchaba, totalmente absorto, y al acabar la narración alabábamos juntos a Dios.

Puede que hubiera sido la última persona que escuchó mi historia de no haber sido porque, unos meses más tarde, sucedió algo extraordinario, y nada menos que en la cocina de nuestra casa.

CRYSTAL McVEA

Resulta irónico que me afectase tanto la incredulidad de la gente. Es decir, yo había sido la mayor escéptica del mundo antes de que me pasase lo que me pasó. Si, unos años antes, alguien se me hubiera acercado y me hubiese dicho que había muerto y había subido al cielo, estoy convencida de que habría sonreído diplomáticamente y me habría marchado pensando que estaba chalado. Es más, si ahora mismo me abordase alguien y me dijera que había estado con Dios, no sé sí lo creería. Soy consciente de que una historia como la mía no es fácil de creer. No todo el mundo puede estar tan seguro sobre el poder de Dios como aquella maravillosa mujer de la limpieza.

La reacción a mi historia —y más en concreto la de aquella mujer que había puesto los ojos en blanco— me obligó a dar un paso atrás y analizar en profundidad lo que me había sucedido. Desde luego, yo misma no creía que estuviese loca, pero el hecho de que otros sí lo creyesen plantó una pequeña semilla de duda en mi mente. ¿Recordaba bien las cosas? ¿Era posible que mi cerebro me hubiese jugado una mala pasada? Hay toda clase de teorías sobre las personas que dicen haber tenido visio-

nes —lo que los médicos llaman experiencias episódicas— cuando les ronda la muerte. La interrupción de la
respiración puede provocar visión en túnel, lo que podría
explicar ese túnel que dice ver tanta gente. Cuando se
para el corazón puede suceder que se vean luces brillantes, lo que muchos consideran un fenómeno de naturaleza
médica y no espiritual. Y cuando el cerebro deja de recibir
oxígeno, puede empezar a activar neuronas que llevan
años o incluso décadas inactivas, lo que a su vez puede
desenterrar recuerdos de personas y experiencias del pasado. Los escépticos más recalcitrantes podrán encontrar
el modo de explicar mi historia con argumentos médicos.

Pero claro, todos esos expertos basan su opinión en libros de medicina, no en conocimientos de primera mano.
¿Cómo pueden decir si algo es real sin haberlo experimentado ellos mismos? ¿Y cómo se explica la presencia
de Dios en esas experiencias episódicas? Una cosa es ver
a un pariente fallecido, pero ¿qué clase de neurona puede
producir la potente luminosidad que yo reconocí al instante como Dios? ¿Cómo se explica la sensación de estar
absolutamente rebosante de amor de Dios? En los meses
siguientes, pasé incontables horas sentada, reflexionan-
do sobre aquellos nueve minutos fatídicos. Tenía que estar totalmente segura de lo que me había sucedido.

Una de las primeras cosas que constaté es que había
olvidado mucho más de lo que recordaba sobre la experiencia. He descrito ya la nítida sensación de que había
una serie de canales abiertos que me permitían comuni-
carme con mis ángeles y con Dios a través de los cuales la
información se transmitía de manera ilimitada e instantánea. Y lo que es más importante, aquellos canales me

CRYSTAL McVEA

permitían comprender plenamente la perfección del plan de Dios. Él me dejó ver la verdad absoluta sobre todo lo que importa en la vida. Antes incluso de que pudiera formularle mis preguntas, me mostraba las respuestas.

Pero luego, al volver a mi forma humana, dejé de tener acceso a esas respuestas. Seguía sabiendo que el plan de Dios es perfecto, pero olvidé los detalles y el porqué de su perfección. Por mucho que lo intentara, no podía recordar todo lo que mis ángeles y yo nos transmitimos mutuamente, a pesar de que sabía que eran montañas de información y verdad, en una conversación constante, perfectamente fluida, maravillosa y sin palabras. Era como el sueño que tuve sobre el plan de Dios, el que me hizo despertar a Virgil. A la mañana siguiente me había olvidado de los principales detalles, pero el recuerdo del sueño en sí mismo seguía fresco en mi mente. Así me hacía sentir el tiempo que había pasado en el cielo. Podía rememorar perfectamente la sensación de milagro y majestad, pero no la mayoría de los detalles que me habían provocado semejante dicha mientras estaba allí.

Puede que no estemos hechos para tener este tipo de comprensión infinita aquí en la Tierra. Si la tuviéramos, no necesitaríamos la fe para nada, porque estaríamos seguros de todo. Hay una razón para que no podamos tener ese conocimiento en este mundo y Dios la conoce. Lo único que podemos hacer es tener fe en Él y en el plan que ha trazado para nosotros. En mi caso, el increíble regalo que me hizo es la certeza de que su plan es perfecto.

Lo que recuerdo con más claridad es su última instrucción: «Cuéntales lo que puedas recordar». No me dijo que les contara lo que había sucedido, sino lo que pudiera recordar. Puede que a los humanos nos sea imposible describir o incluso comprender en toda su gloria el cielo con las herramientas de que disponemos en la Tierra. «Ojo no ha visto, ni oído ha escuchado, ni han subido en corazón de hombre, las cosas que Dios ha preparado para los que lo aman», dice en Corintios 1:2,9. Pero sabe Dios que recordar aunque sólo sea una pequeña fracción de lo que me mostró ha sido más que suficiente para cambiarme la vida. Es como si un pequeño atisbo del amor de Dios me llenara de tal modo que podría estallar. Tal vez no podamos asimilar más que una pequeña parte de la realidad de Dios. Sin embargo, como su plan es perfecto, sé que únicamente necesitamos esa pequeña parte.

Así que hice lo que Dios me había pedido y compartí todo lo que podía recordar. Y eso es lo que he hecho en este libro contigo, ni más ni menos. Como ya he dicho, si hubiera querido inventarme una historia, la habría hecho mucho más dramática. Y si hubiera querido que fuese realmente efectiva, habría dicho que allí arriba había conocido a mi segundo hijo, el hijo que perdí cuando aborté.

Mucha de la gente que ha oído mi relato asume que la niña que vi, la niña que estaba en la luz con su cesta, era la que perdí en aquel aborto. Les parece lógico que Dios me diese la oportunidad de encontrarme con la hija a la que no había llegado a conocer. Pero eso no fue lo que pasó. Supe, en cuanto Dios levantó la abrumadora sensación de amor que me invadía, que aquella niña era yo.

Cuando se lo conté a mi madre, se echó a llorar. Más

adelante, al volver a casa, buscó los viejos álbumes de fotografías en el armario y los sacó. Al cabo de un rato encontró lo que andaba buscando: una vieja fotografía de mí cuando era niña, en color. En la foto llevo un gorrito redondo y un vestido blanco de verano con reflejos amarillos. No llevo ninguna cesta, pero mi madre dice que tenía una y aún se acuerda de que me encantaba llevarla a todas partes.

En esa imagen tengo tres años.

No recuerdo la foto, el vestido ni la cesta, pero no me sorprende que mi madre la encontrara. Y nunca tendré la menor duda de por qué me mostró Dios a aquella preciosa niñita.

No obstante, aunque estaba segura de lo que había visto y de su significado, no lo estaba tanto con respecto a la idea de contarlo. No sabía si podría soportar otro gesto de desdén u otra mirada de indiferencia. Anhelaba hablar sobre Dios, pero hacerlo en público me hacía sentir idiota. Así que me lo guardé dentro de mí y durante varios largos meses no se lo conté a nadie. La cosa más importante que jamás me había sucedido terminó enterrada entre los trastos viejos de mi cabeza.

Hasta que un buen día de julio de 2010, siete meses después de mi muerte, me llamó Pauline, una conocida. Aquella llamada fue el comienzo de algo realmente milagroso.

—Crystal, ¿te gustaría venir a compartir tu testimonio con algunos de los parroquianos de mi iglesia?

Por aquel entonces yo regentaba una pequeña guardería y Pauline era la directora del programa de alimentos que nos ayudaba con las comidas para los niños. Le había contado mi historia en enero y en esos momentos, meses más tarde, me llamaba para pedirme que se la explicara a sus amigos. Tardé unos dos segundos en responder.

—La verdad es que preferiría no hacerlo... —dije.

Pero Pauline no iba a aceptar un no por respuesta. Me dijo que era un grupo de no más de cuatro o cinco personas. Ya les había hablado sobre mí y estaban impacientes por escuchar mi testimonio. Puse toda clase de excusas, pero ella insistió. En algún momento de la conversación me acordé de que su iglesia estaba en Thomas, un pequeño pueblo situado a dos horas de viaje, al norte, y caí en la cuenta de que si contaba mi historia allí, mis oyentes serían gente a la que no conocía y a la que no tendría por qué volver a ver.

Pero hasta entonces sólo lo había hecho en escenarios informales, y aquello sería más como dar un discurso. Y hablar en público es algo que realmente detesto. Siempre que tengo que levantarme para hablar delante de más de tres o cuatro personas, me pongo roja y empiezo a sudar. Aun así, la verdad es que, en secreto, me moría de ganas de contarle mi experiencia a alguien que no fuese Virgil. Y sólo era un pequeño grupo de personas que vivían a dos horas de mi casa. ¿Qué era lo peor que podía suceder? ¿Un ataque de vergüenza? Al final, vencida por la insistencia de Pauline, accedí.

Nada más hacerlo me arrepentí, pero entonces pensé que si la presión se volvía excesiva, siempre podía echarme atrás.

Unos días más tarde, Pauline me llamó para contarme que me iba a mandar un folleto sobre la charla, que había preparado ella misma. ¿Un folleto? ¿Para qué iba a necesitar un folleto con un auditorio de cinco personas? Al cabo de otros dos días, volvió a llamarme para preguntar si me importaría que invitase a un par de personas más. Tuve la sensación de que me había tendido una emboscada.

—Mira, no creo que pueda hacerlo, la verdad —le confesé.

—Oh, claro que puedes.

En las semanas anteriores a la charla empecé a tener dificultades para conciliar el sueño. Dos semanas antes del momento fatídico, mientras preparaba la cena —debo confesar que no soy una gran cocinera, algo de lo que no estoy orgullosa—, me planteé muy seriamente la idea de cancelarlo todo. Virgil estaba a mi lado, junto al fregadero, secando las tazas. Estábamos hablando del día que habíamos pasado, de los niños y de lo que había que comprar. Era una noche normal, o al menos tan normal como había sido mi vida desde el día de mi muerte, diez meses antes.

Entonces, de repente, sucedió. El mensaje, el empujoncito, tengo varias formas de llamarlo. El mejor modo de describir la sensación que me invadió de repente es decir que me sentí como si Dios estuviera a mi alrededor, por todas partes. Me sentí impregnada de Él, de la cabeza a los pies. No fue una sensación tan intensa como cuando me bañó su amor en el cielo, pero es que aquello me había sucedido estando en forma espiritual. ¡Y esto me estaba pasando en la cocina de mi casa! Otras veces había experimentado aquellos empujoncitos de Dios —como cuando me dijo que le diese a la camarera cien dólares de propina—, pero éste era especialmente fuerte y nítido. Eran cuatro sencillas palabras, que de repente aparecieron en mi interior: «Cuéntales toda la historia».

Solté la cuchara con la que estaba removiendo la comida y me aparté ligeramente de los fuegos. Enterré la cara entre las manos y me eché a llorar.

—¡Oh, Dios... oh, Dios!

Virgil acudió corriendo.

—¿Estás bien? ¿Te has quemado?

—Quiere que se lo cuente todo —balbucí—. ¡Quiere que se lo cuente todo!

Mi marido comprendió al instante a quién me refería. Y ambos sabíamos lo que significaba «todo». Dios no quería que hablase sólo de mi visita al cielo. Quería que contase también mi vida. Quería que revelase mis más profundos secretos, las mismas cosas que me había pasado toda la vida tratando de ocultar. Los abusos sexuales, la aversión por mí misma, el aborto: todo.

—¿Por qué hace esto? —pregunté, una vez tras otra—. Dios, por favor, no me obligues a hacerlo.

Virgil, como suele suceder cuando pierdo los estribos, no dijo gran cosa. Se limitó a abrazarme y consolarme. En todos aquellos meses en los que había estado escuchando mi relato una noche tras otra, ni una sola vez se había comportado como si estuviera cansado de él. Nunca me había dicho: «Crystal, que ya me lo sé». La fortaleza de su fe era un enorme consuelo para mí y su increíble amor por Dios siempre me levantaba el ánimo cuando más lo necesitaba. Y en aquel momento de llanto y dudas ante las órdenes de Dios, él sabía que yo le necesitaba más que nunca.

—Si crees que no puedes hacerlo, reza y pídele a Dios que te dispense de hacerlo —me aconsejó con voz calmada—. Pero si no lo hace, sé obediente y haz lo que quiere que hagas.

¿Cómo podía discutir algo así?

Durante las dos semanas siguientes, recé todas las noches.

—Por favor, no me obligues a hacerlo —le supliqué a Dios una vez tras otra. Y esperé a que me indicara, como ya había hecho en otras ocasiones, que me había liberado de la carga. Pero no hubo indicación, mensaje ni empujoncito. Cuando quise darme cuenta, la noche de mi charla en Thomas estaba a la vuelta de la esquina. «Dios —pensé—, si vas a dispensarme de hacerlo, es mejor que lo hagas ya. Se te está acabando el tiempo, en serio.» Me aferraba con todas mis fuerzas a la esperanza de que escuchase mis plegarias en el último minuto, pero por si no lo hacía, sabía que había algo que debía hacer antes de la charla.

Tenía que contarle a mi madre lo del aborto.

Habían pasado casi quince años desde entonces y no lo había hablado aún con ella. Si por mí hubiera sido, nunca lo habría hecho. Dios me había liberado de mi culpa, pero aun así no quería causar ningún dolor a mi familia. Y ahora Él me pedía que rescatase ese secreto que había mantenido profundamente enterrado en mi pasado y lo compartiese con el mundo. Si iba a hacerlo, le debía a mi madre el privilegio de contárselo antes que nadie. Era una conversación que detestaba tener que mantener, pero sabía que no había alternativa.

La noche antes de la charla, cogí el teléfono y la llamé. Cuando respondió, yo ya me había echado a llorar.

—¿Qué sucede, cielo? —me preguntó al oírme—. Dime qué pasa.

Traté de hablar, pero no podía contener el llanto. Me estaba costando más de lo que esperaba, y eso que estaba segura de que me costaría mucho.

—Mamá, tengo que contarte una cosa —balbucí entre hipidos—. Pero te vas a avergonzar de mí.

—No pasa nada, cariño —respondió—. Sácatelo de dentro.

Sentí que pasaba una hora entera antes de que, con voz susurrante, lograra al fin contarle la verdad. El silencio inundó el otro lado de la línea telefónica y me di cuenta que le había partido el corazón. Esperé los inevitables reproches: «¿Cómo pudiste hacerlo?» y «¿En qué estabas pensando?». Esperé su juicio.

Lo que hizo mi madre, sin embargo, fue decirme que me amaba y que su opinión sobre mí no había variado. Me dijo que sentía que hubiera tenido que sobrellevarlo sola y que ojalá hubiera podido aconsejarme mejor para que no lo hiciera.

—Siento mucho que no pudieras acudir a mí —reconoció con voz triste—. Siento mucho no haber estado ahí para ti.

Fue una de las conversaciones más duras que he mantenido en toda mi vida. Pero al terminar, me sorprendió lo aliviada que me hizo sentir. El oscuro secreto que había llevado conmigo durante tantos años había dejado de serlo así, como si tal cosa. Dios seguía levantando los velos de vergüenza con los que yo misma me había cubierto.

A la mañana siguiente, un cálido domingo de octubre, Virgil y yo cogimos a los niños y salimos hacia Thomas.

No les había hablado a mis hijos de los abusos ni del aborto, así que nuestro plan consistía en que Virgil se quedase con los cuatro en las afueras de la iglesia mientras yo hablaba dentro. Cuando era joven, mi madre había compartido conmigo demasiadas cosas —cosas de adultos en las que no tendría que haber pensado— y yo no quería hacer lo mismo con ellos. Quería protegerlos de realidades que aún no necesitaban saber. Después de la charla, iríamos a un laberinto de maíz y a montar en una carreta que había en un campo de calabazas y tanto JP como Sabyre lo esperaban con impaciencia. No sabían que su madre estaba al borde de un ataque de nervios.

No creo que llegase a conciliar el sueño aquella noche, pero estaba demasiado nerviosa para sentirme cansada. Durante todo el viaje hasta Thomas, no hice más que rezar a Dios para que me quitase aquella carga de encima. Llevaba unos pantalones Capri y una bonita camisa, algo desenfadado, pero sinceramente he de decir que ni siquiera recuerdo haberme vestido aquella mañana. Era casi como si estuviese en trance.

Y entonces, al llegar a la iglesia de la localidad, vi que no había cuatro o cinco mujeres esperando. ¡Más bien eran unas treinta!

Me quedé horrorizada. Fui directamente a la guardería de la iglesia con los mellizos y me escondí allí. No quería ver a nadie ni hablar con nadie. Al cabo de un rato, el grupo sirvió un *brunch*, pero yo estaba demasiado nerviosa para comer. Me senté a una de las mesas de atrás, con Virgil y los niños, y traté de no cruzar la mirada con ninguna de ellas. El viejo sistema de cierre de Crystal estaba funcionando a pleno rendimiento.

Finalmente, una vez terminado el *brunch*, llegó la hora de mi charla. El corazón me latía con tal fuerza que era como si estuvieran golpeándome el pecho con un mazo. Virgil se llevó a los niños al jardín de detrás de la iglesia, donde había una maravillosa Arca de Noé para jugar. Nada me habría gustado más que poder meterme en aquella enorme embarcación y esconderme con ellos. Entré en la capilla, tomé asiento en el último de los asientos y seguí rezándole a Dios.

En el altar había un pequeño escenario con una batería y una guitarra, y un grupo tocó unas cuantas canciones para dar inicio a la ceremonia. Cada vez que comprobaba que tocaban otra me ponía muy feliz, porque eso me daba cuatro o cinco minutos más para rezar. Aún no había renunciado a la esperanza de que Dios me salvara de aquello y me permitiese levantarme y hablar únicamente sobre su gloria. La idea de contar mi aborto a una sala llena de desconocidas me ponía físicamente enferma.

Al terminar la última canción, vi que Pauline se dirigía al altar y se puso frente al micrófono. Dio las gracias a todo el mundo por venir y dijo algunas palabras sobre Dios. A continuación empezó a hablar de mí. Mi corazón palpitaba con más fuerza que la batería. Les contó a todas las presentes que yo había caído enferma en diciembre, que había muerto y vuelto a la vida, que había compartido mi historia con ella y que por eso estaba allí. Y entonces me miró y me indicó:

—Crystal, sube.

No sé por qué no me fallaron las piernas, pero de algún

modo logré levantarme. Mientras me acercaba adonde ella estaba no dejé de rezar un instante. Dios aún podía quitarme aquella carga de los hombros, pero se lo estaba tomando con muchísima calma. «Dios, si no me vas a sacar de ésta —supliqué—, al menos quédate a mi lado.»

Dirigí la mirada hacia las mujeres que llenaban la iglesia y al instante sentí que me ponía colorada. Sí, estaba acostumbrada a hablar ante un aula llena de escolares, pero eso no tiene nada de especial. Si metes la pata, ¿qué van a decir? Además, los escolares no juzgan a los demás. Los adultos sí. Debí de quedarme un minuto largo frente al micrófono sin decir nada.

Finalmente empecé a contar mi historia. Comencé por el momento de mi muerte, pues supuse que de ese modo le daría a Dios otros diez minutos para librarme de aquello. Al llegar a la parte de la niña pequeña me eché a llorar, porque sólo faltaban segundos para tener que explicar por qué Dios había querido mostrarme a mí misma de niña. Estaba a punto de revelarles mi más vergonzoso secreto a treinta completas desconocidas. Lloraba con tal fuerza que tuve que cubrirme la cara con las manos. «Ya está, Dios. Ahora o nunca. Por favor, no me obligues a hacer esto.»

No hubo nada, salvo silencio.

Me retiré las manos de la cara y vislumbré a Virgil, de pie al fondo de la capilla. Había dejado a los niños al cargo de JP para poder oírme. En aquel momento, al ver a mi marido, supe que Dios no iba a intervenir. Así que cerré los ojos, volví a taparme la cara y, entre sollozos, comencé a hablar. Y así fue como di mi testimonio: como un sollozante despojo humano con la cara cubierta por unas manos temblorosas.

Durante los quince minutos siguientes, todo salió a la luz. Los abusos sexuales, la sensación de inutilidad, el aborto. Cosas que había mantenido ocultas durante muchísimo tiempo, aquella enorme cadena de secretos y vergüenza que me había mantenido esclavizada durante la mayor parte de mi vida... Todo salió en tropel. Y mientras hablaba, se formó un pensamiento en mi cabeza.

«Piensan que eres una persona espantosa.»

No obstante, aun así, seguí adelante. ¿Qué otra cosa podía hacer? Mantuve los ojos cerrados y las manos en la cara todo el tiempo. De hecho, me asombra que alguien pudiera oír una sola palabra de lo que dije. Al terminar, hubo unos tímidos aplausos de cortesía, pero la verdad es que me daba igual lo que pensaran. Lo único que quería era coger a mi familia y salir de allí.

Me dirigí hacia la salida y, cuando estaba a pocos pasos de la puerta, una mujer se interpuso en mi camino. Me miró con una gran sonrisa en la cara y me dio las gracias por estar allí. Luego dio un paso hacia mí. Y luego otro. Cuando quise darme cuenta de lo que estaba pasando, sus brazos me rodeaban.

Me estaba abrazando.

Miré por encima de su hombro mientras me estrechaba y vi algo que no podía creer: una larga fila de mujeres, esperando para hacer lo mismo.

Una a una, se me acercaron, me dieron las gracias y me abrazaron. Me dijeron lo mucho que agradecían mi sinceridad y lo mucho que les había gustado que les hablara

CRYSTAL McVEA

del cielo. Mujeres de todas clases. Jóvenes y menos jóvenes. Una con parálisis cerebral. Una abuela de más de ochenta años con un original peinado encrespado. Empresarias en traje de chaqueta. No podía creer lo que estaba pasando. En aquella pequeña iglesia no había ni rastro de las críticas y la indiferencia que había esperado. Lo que había era alegría, agradecimiento y una especie de electricidad ambiental. Pauline me dijo más tarde que nunca había sentido tanta energía en un grupo de parroquianos.

Y entonces, la mujer del peinado encrespado dijo:

—La luz que estaba a su lado era bellísima.

Y lo primero que pensé fue «¿Cómo?». Sí, le había pedido a Dios que no me dejara sola en ese lance, pero ¿de verdad lo había hecho? No era escepticismo. A fin de cuentas, Él me había llevado al cielo, así que estar junto a mí en una pequeña iglesia no podía resultarle muy complicado. No obstante, me sentía tan superada por los acontecimientos que dejé pasar el comentario sin decir nada.

En aquel momento se me acercaron otras dos mujeres. Tendrían treinta y tantos años y vestían con elegantes trajes de chaqueta. La primera me dio las gracias y un breve abrazo, pero cuando le tocó el turno a la segunda, no me soltó. Me abrazó y me abrazó, más y más fuerte cada vez, y entonces me di cuenta de que se echaba a llorar. No sabía lo que estaba pasando.

Finalmente, la mujer se apartó y me miró con ojos enrojecidos.

—Nunca se lo había contado a nadie —me confesó en voz baja—, pero cuando era más joven aborté. Y pensaba que Dios nunca podría perdonarme. Pero después de haberla oído hoy sé que si ha podido perdonarla a usted, podrá perdonarme también a mí.

Entonces fui yo la que se echó a llorar. Sentí que me inundaba una repentina oleada de amor y comprensión, como si me acabaran de revelar algo maravilloso. Miré a aquella mujer preciosa. Vi lo rota que estaba por dentro, pero también vi que el amor de Dios había empezado a curarla, ¡allí mismo, frente a mis ojos!

—¡Es por ti! —balbuceé—. ¡Tú eres la razón por la que me ha pedido que haga esto! ¡Dios te ama mucho, mucho!

Finalmente comprendía lo que estaba pasando. Dios no lo había hecho para castigarme, avergonzarme o hacerme quedar como una idiota, sino porque sabía que mi historia ayudaría a otros que habían pasado por algo parecido, los ayudaría a romper sus propias cadenas de vergüenza y secretos. «Porque por gracia sois salvos por medio de la fe —dice en Efesios 2:8,9— y esto no de vosotros, pues es don de Dios.» Todo el tormento que había padecido por dentro, las dudas y la aprensión, desaparecieron como por ensalmo. Aquélla era la razón de que me hubiera enviado de regreso a la Tierra. Aquélla era la razón por la que me había pedido que contara mi historia entera. Si una pecadora como yo podía ser perdonada, cualquiera podía serlo. Dios ama a todos sus hijos, todos y cada uno de ellos. Aquél era el mensaje que debía transmitir mi historia.

Finalmente lo entendía.

Sólo más adelante repararía en la canción que sonaba de fondo cuando terminé mi historia. Era un maravilloso tema llamado *Amazing Grace (My Chains Are Gone)*, de un artista llamado Chris Tomlin.

Cuando estaba preparada para marcharme, me fijé en

que se había formado un grupo al pie del altar. Estaban reunidas alrededor de una mujer de unos setenta años que lloraba, apoyada en un bastón. Todas la tocaban con las manos mientras rezaban.

Una de las mujeres del grupo se me acercó y me requirió:

—Tienes que ver esto.

Me acerqué por detrás a la mujer del bastón. Lloraba de forma tan desconsolada que estuvo a punto de caerse. Cuando se dio cuenta de que me encontraba allí, se volvió todo lo que pudo y me miró.

—Tengo setenta y cinco años —me dijo—. Y cuando tenía cinco, mi abuelo comenzó a abusar de mí.

Sentí que el corazón me daba un vuelco. La mujer se apoyó en el bastón y continuó:

—Traté de contárselo a mi madre y su respuesta fue que no dijese nada. Traté de contárselo a otras personas y me dijeron lo mismo. Estaba furiosa con Dios porque no entendía por qué no me ayudaba. La única respuesta que se me ocurría era que no me quería. Me he pasado toda la vida pensando que Dios no me quería.

Las lágrimas surcaban su cara. Y la mía.

—¡Y ahora sé que no es así! —afirmó con voz rota—. ¡Sé que me ama! ¡Me ha amado desde el principio!

Aquella mujer entregó su vida a Jesús aquel día y fue transformada.

Salí de la iglesia y me detuve bajo la radiante luz del sol. Las únicas palabras que alcancé a decir fueron:

—¡Oh, Dios!

CAPÍTULO 17

Lo que sucedió en aquella iglesia lo cambió todo.

Pero como ya he dicho antes, el hecho de que hayas estado en el cielo no quiere decir que dejes de ser humana. Incluso después de haber visto cómo afectaba mi charla a aquellas mujeres, seguía dándome miedo contar mi historia delante de demasiada gente. Puede que fuese una reacción egoísta por mi parte, pero seguía preocupándome el qué dirán.

Así que durante las primeras semanas después de aquello, me mostré muy selectiva a la hora de elegir la gente a la que le abría mi corazón. No salía a la calle, cogía al primero que pasaba y le decía: «Eh, ¿sabes una cosa? ¡He muerto!». Temía que nuestros amigos nos diesen de lado, así que me cuidaba mucho de no abrir las compuertas antes de tiempo con los demás.

Por aquel entonces, Virgil y yo invitamos a cenar a nuestra casa a una pareja con la que habíamos entablado una auténtica amistad. Amber era maestra, como yo, y su marido Brandon era un carpintero de talento y una gran persona en general. Sentían profunda pasión por el amor y la misericordia de Dios y eran gente totalmente llana y sencilla. Nos sentíamos como si los conociésemos de toda la vida.

Ya habían oído una versión condensada de mi historia en la iglesia y, cuando llegaron a casa, Brandon nos pidió saber más. Vacilé, temiendo que si se los contaba todo —especialmente lo de los encuentros demoníacos— los espantaría. Pero también era consciente de que sería duro no compartir una parte tan importante de mi vida con gente a la que consideraba buenos amigos.

Así que cogí aire y me lancé a contarles la historia entera. Y sí, cada pocos minutos me detenía para decir: «Bueno, pues ya lo sabéis. Estoy segura de que ahora pensaréis que somos unos excéntricos y no querréis volver a saber nada de nosotros». Y también dije: «Sé que esto os va a parecer una locura» o algo así como veinte veces. Pero en cada una de ellas, Amber y Brandon me animaron a continuar. Así que lo hice.

Y una vez que terminé, pregunté:

—No vais a darnos de lado, ¿verdad?

A lo que Amber respondió:

—Oh, vamos, relájate un poco. Tampoco es para tanto. A ver, ¿tenéis un poco de helado?

Mi historia no los había sorprendido ni extrañado lo más mínimo. La aceptaban como real, porque ya sabían que con Dios todo es posible. A partir de aquella noche, nuestra amistad se hizo más sólida que nunca.

Pero no podía esperar que todo el mundo fuese tan receptivo como Amber y Brandon, así que seguía comportándome con discreción. Un par de meses después de la charla, Virgil y yo cambiamos de parroquia porque necesitábamos una que tuviese un programa juvenil. Escogimos una iglesia sin adscripción expresa, que celebraba sus servicios en un antiguo cine. El vestíbulo del mismo aún contaba con un mostrador de cristal y una máquina de palomitas, lo que tenía fascinados a los fieles más jóvenes. Pero lo que más nos gustaba a Virgil y a mí es que era una comunidad llena de vida. Los dos nos habíamos criado en iglesias confesionales, lo que nos había proporcionado sólidos cimientos teológicos, pero nunca habíamos estado en una iglesia donde se venerara a Dios tan abiertamente, con tanta emoción, durante el servicio, y fue esto lo que más me conmovió, pues dicha emoción me recordó a lo que había sentido en presencia de Dios. No les avergonzaba alzar los brazos y alabar a Dios, o incluso echarse a llorar. Recuerdo haber pensado «¡caray, esta gente ni siquiera ha visto a Dios después de haber muerto y mira cómo lo aman!». Fuimos conscientes de que habíamos encontrado nuestro sitio.

En esa iglesia, todas las semanas algunos parroquianos se reunían en lo que llamaban un Grupo de Vida, esto es, se juntaban para hablar de su vida, de sus alegrías y sus plegarias, sus problemas y sus anécdotas. Me encantó la idea, así que mi marido y yo nos apuntamos para el miércoles por la noche. El primer día, de camino hacia la iglesia, le advertí:

—No le cuentes a nadie lo mío.

Comprendió que no quería llamar la atención en la primera sesión a la que asistíamos y me prometió que no lo mencionaría.

Cuando llevábamos más o menos media hora de reunión, comenzamos a hablar de cómo sería estar en presencia de Dios. Uno de los miembros, una mujer encantadora llamada Diane, reconoció con ojos llorosos:

—Sólo puedo imaginarme lo que será estar con Dios.

Me mordí el labio y miré a Virgil como diciéndole «Recuerda lo que me has prometido». Pero Diane siguió hablando y preguntándose cómo sería Dios, con una pasión y un anhelo de saber que resultaban asombrosos. Me costó muchísimo no ponerme en pie de un salto para contar mi historia. En ese momento oí una voz masculina:

—Pues mira, mi mujer murió y subió al cielo —comentó Virgil con timidez.

«Eso sí que es discreción, cariño.»

Al final resultó que mis temores eran infundados. Diane y su marido, Ruy, se inclinaron hacia adelante y ella se frotó las manos mientras me pedía:

—Oh, cuéntanoslo todo.

A todos los miembros del grupo les encantó la historia. Les ofrecí una versión resumida, pero no fue suficiente para ella. Me pidió mi número de teléfono y al día siguiente quedamos y se la conté entera. Estaba convencida de que cuando lo hiciera, su emoción se disiparía. Pero no fue así. Comenzó a leerme citas de las Escrituras sobre la guerra espiritual y a partir de entonces se convirtió en una de mis grandes amigas y mi mentora espiritual.

También me llevó a su casa a conocer a la esposa de nuestro pastor, Opal. Ésta tiene el pelo de un rojo intenso y una sonrisa que te funde el corazón. Es una mujer pintoresca y extrovertida y la verdad es que me intimidaba un poco. Le había cogido mucho cariño a nuestra nueva parroquia y, como de costumbre, me preocupaba que mi historia le llevase a pensar que era una persona excéntrica y me pidiese que la abandonara. Estaba tan nerviosa que empecé a temblar y me eché a llorar.

Opal me lanzó una de las miradas llenas de calma y seguridad que la caracterizan.

—¿Por qué tienes tanto miedo?

No supe qué responder, lo que fue una suerte porque tampoco esperó a que lo hiciese.

—Dios no es fuente de miedo —sentenció—. Es fuente de autoridad.

Era una mujer muy natural y práctica. Escuchó mi relato y hablamos un poco sobre ello. Me dio algunos consejos maravillosos y luego, como si tal cosa, se levantó y dijo:

—Señoras, he de irme. Tengo hora en la peluquería.

Recuerdo haber pensado: «¡Vaya, ya me gustaría ser como ella!». Su fortaleza espiritual me tenía hipnotizada. Estaba totalmente segura de Dios, de su poder y de su gracia. Nada podía amilanarla, ni siquiera las manifestaciones demoníacas que a mí siempre me dejaban temblando. El mejor modo de describirla es decir que Opal derramó la verdad en mí. Me ayudó a darme cuenta de que no importaba lo que pensasen los demás sobre mi historia. Yo sabía que era verdad de principio a fin y tenía que dejar de preocuparme por las reacciones de la gente. ¡Así de sencillo! La fe y la convicción de Opal eran tan tranquilizadoras que creo que aquella noche di un paso más en mi propia autoridad en Cristo.

Era maravilloso que la gente reaccionara de manera positiva a mi historia, pero no siempre era así. Hubo veces en las que, cuando creía que a una determinada persona la habían puesto en mi camino para que la escuchara, ésta me soltaba que lo que le había contado no tenía relevancia para ella.

—Muchas gracias por compartirla conmigo. Te creo, de verdad, pero no sé por qué razón tenías que contármela —me respondió una mujer en una ocasión, antes de levantarse y marcharse.

En otra ocasión, me fijé en alguien que estaba cerca y sentí otro de aquellos intensos empujoncitos: «Esa mujer necesita tu testimonio». Aún no me sentía muy cómoda en mi papel de «mujer del cielo», pero el empujoncito era ineludible. Así que me acerqué a ella y le conté mi historia.

—Crystal, vaya, qué historia tan bonita, pero no sé qué te ha llevado a pensar que tenías que contármela —exclamó cuando terminé.

No podía creer que estuviese pasando de nuevo. ¿Acaso mi propósito no era compartir mi relato con gente que necesitaba oírlo? Me disculpé con la mujer y me despedí de ella. «Dios —me quejé en silencio—, me estás haciendo quedar como una auténtica idiota.»

Unos cuantos meses después, recibí una llamada de la primera mujer, que me dijo que teníamos que hablar.

—Tenías razón —reconoció cuando nos encontramos—. Había una razón por la que tenía que oír tu historia. —Mientras hablábamos, pude ver lo mal que estaba... tal como lo había estado yo en su momento. Y también me di cuenta de que el mensaje de Dios la había ayudado a rasgar su propia y espantosa cortina de vergüenza. Había tardado algún tiempo en decidirse a hacerlo, pero al menos había iniciado el proceso de curación espiritual.

«Así que, al final, Dios sabía lo que estaba haciendo —me dije—. ¿Qué te parece?»

Poco después me llamó la segunda mujer. Me dijo más o menos lo mismo: que al oír mi historia le había entrado el pánico y por eso negó que tuviese alguna relevancia para ella. Pero la verdad es que la tenía y oírla la llevó a comprender que Dios nunca había dejado de quererla, al margen de lo que le hubiera sucedido en el pasado.

Tras años de secretismo y vergüenza, también ella era libre.

Después de aquello no volví a cuestionar los empujoncitos de Dios.

Los empujoncitos se producen en momentos totalmente fortuitos y por lo general no demasiado convenientes. Estoy de compras con mis hijos y de repente siento uno: «Cuéntale tu historia a esa persona. Necesita oírla». No pasa todos los días, pero no es raro que se repita varias veces por semana. Lo he hecho en tantas ocasiones que a Virgil y los niños ha dejado de sorprenderles que de repente me pare y comience a parlotear sobre el cielo. Bueno, a los niños sí que les asusta un poco. Una vez, cuando Sabyre y yo estábamos en la cola del supermercado, recibí uno para que le contase la historia a la mujer que teníamos detrás. Había mucha gente en aquella fila y la pobre mujer estaba allí, rebuscando en su monedero, sin molestar a nadie. Un momento más bien poco propicio para oír una confesión sobre mi muerte, pero ya había aprendido a no ignorar las instrucciones de Dios, así que me di la vuelta e inicié una conversación.

Sabyre se dio cuenta al instante de lo que estaba pasando y me dijo:

—Mamá, te espero ahí.

Sabía por propia experiencia que aquello se prolongaría un rato, así que pensó que lo mejor sería buscar un sitio cómodo para sentarse.

En otra ocasión estábamos en una de nuestras hamburgueserías preferidas, un establecimiento del condado de Comanche llamado Meers, donde preparan unas impresionantes hamburguesas con pepinillos fritos (riquísimos, por si no los has probado). Acababa de llegar la comida cuando me fijé en las tres ancianas que ocupaban la mesa de al lado. Al instante recibí un empujoncito relacionado con una de ellas y pensé: «¿En serio? Pero ¡si acaban de servirme mi hamburguesa!». Pero como he dicho, ya había aprendido a no discutir con Dios. Esperé a que se presentara la oportunidad y entonces me lancé a tumba abierta.

—Hola —las saludé—, ¿de dónde son?

Resultó que conocíamos al marido de la mujer. No necesitaba saber nada más.

—Sé que esto les va a parecer una locura —me excusé—, pero en 2009 morí y subí al cielo.

La mujer me miró con una expresión totalmente vacía. Sabía que aquél era el momento en el que la situación podía inclinarse a uno u otro lado. Transcurridos unos segundos, me preguntó:

—¿Quieres sentarte con nosotras y contárnoslo?

Fui a su mesa y les conté mi historia y, cuando estaba a medias, vi que los ojos de la mujer comenzaban a humedecerse. Era la única confirmación que necesitaba: Dios volvía a tener razón.

—¿Sabe? —dijo la mujer cuando terminé—. Cuando era niña abusaron de mí.

—Y de mí —añadió alguien, y al volverme vi a su amiga. También ella se había echado a llorar.

«¡Hombre, dos por el precio de una! ¡Buen trabajo, Señor!»

Esa experiencia sólo tuvo una consecuencia negativa: al volver a mi mesa, comprobé que Virgil se había zampado mi hamburguesa.

Es algo que me ha pasado muchas veces en los últimos meses. Me gusta pensar que es «la dieta de Dios».

Algunos de los empujoncitos que he recibido desembocaron en encuentros realmente extraordinarios. En 2011 asistí a una conferencia para mujeres no muy lejos de mi pueblo natal. El primer día estaba en la cafetería, sosteniendo una bandeja, buscando un sitio para sentarme. Conocía a algunas de las mujeres que ya estaban sentadas, pero todos los sitios estaban ocupados. Sólo había una silla libre en una mesa ocupada por varias jóvenes a las que no conocía de nada. Me senté allí y con la cabeza gacha y en silencio, me dispuse a comer.

Estaba a punto de tomar el primer bocado cuando recibí el empujoncito: «Cuéntaselo».

Al levantar la mirada, me encontré con una preciosa jovencita, al otro lado de la mesa. Debía de tener veintipocos años y lucía una preciosa cabellera castaña que le llegaba hasta los hombros. «¡Oh, Dios, no! Estoy en una mesa llena de desconocidas. ¿Cómo esperas que lo haga? ¿Cómo saco el tema?» Sentí que me ponía roja.

Pero a pesar de ello dejé el tenedor, tomé aire y la miré a los ojos.

—Verás —le dije—, en 2009 morí y subí al cielo y ahora Dios quiere que te lo cuente.

La chica puso cara de cierto azoramiento y respondió:

—Eh… De acuerdo.

Así que le conté mi historia. No estaba justo a mi lado, así que las demás jóvenes de la mesa estaban oyéndonos, cosa que me hizo sentir aún más avergonzada. Pero, aun así, le dije lo mucho que la quería Dios —lo muchísimo que la quería— y le aseguré que, con independencia de lo que hubiera hecho o le hubieran hecho, su amor nunca le fallaría. Fue entonces cuando se echó a llorar.

Dios volvía a tener razón. Bueno, como siempre.

Más tarde, cuando ya estábamos solas, se sinceró:

—Esto sólo se lo había contado a una persona en toda mi vida. No lo sabe ni mi madre, pero cuando era más joven, mi padrastro abusó de mí.

Nunca había hablado abiertamente sobre ello. En lugar de hacerlo, se lo había guardado muy dentro de sí, posiblemente con la intención de mantenerlo en secreto hasta el día de su muerte. Pero aquel día el amor de Dios hizo añicos el secreto y las cadenas se soltaron. Su curación había comenzado. No sé si habría llegado a contarle a alguien la historia de todos modos, pero lo que sí sé es que Dios me puso en su camino para que pudiera transmitirle lo mucho que la amaba.

Luego está la historia de Patricia, una profesora de educación especial con la que trabajaba. Es una mujer vivaz, divertida e increíblemente amable y me encanta tenerla como amiga. Unos años antes de que nos conociésemos, su hija adolescente se mató en un accidente de tráfico. Yo estaba al corriente del suceso, pero nunca habíamos hablado sobre el tema.

Llevábamos algún tiempo sin vernos cuando llevé a Willow, que por entonces contaba aproximadamente un año, a verla. Patricia estaba en el pasillo, junto a la cafetería, mientras sus alumnos, en el escenario, practicaban la función del día de la Madre. Estaban cantando *You Raise Me Up*, una preciosa canción de Josh Groban que habla de cómo nos ayuda Dios a levantarnos cuando estamos hundidos. Cuando Patricia levantó la mirada hacia nosotros, me di cuenta de que estaba llorando. Parecía que la letra de la canción la había conmovido.

Entonces sucedió algo tan singular como sorprendente. Willow es una dulce niñita a la que le gusta meter las narices en todo y que aborda la vida con una curiosidad innata, pero a pesar de ello, siempre le cuesta sentirse cómoda con gente desconocida. En efecto, es un poco tímida con las personas a las que no conoce y precisamente por eso me sorprendió tanto que, al darse cuenta de que Patricia estaba llorando, se abalanzase sobre ella y la rodease con sus delgados bracitos.

Patricia estaba anonadada. Cerró los ojos y le devolvió el gesto. Permanecieron abrazadas una eternidad. Y mientras ellas estaban así, los niños cantaban su preciosa canción, una canción que dice que, cuando llegan los malos momentos «Estoy aquí esperando, inmóvil y en silencio / Hasta que vienes y te sientas un rato conmigo».

Sólo cuando terminaron de cantar, Willow la soltó y se volvió hacia mí como si no hubiera pasado nada extraordinario. Entonces me acerqué a Patricia y la abracé yo también.

—Es la canción que sonó en el funeral de Heather —me informó.

Ahora entendía por qué estaba llorando, pero seguía sin comprender la conexión con Willow. Entonces continuó hablando:

—Después del funeral, plantamos un árbol en su memoria. Y era un sauce.

¿La mano de Dios en acción o una mera coincidencia? Supongo que pensarás que a estas alturas ya no debería seguir planteándome estas cosas, pero aún lo hago de vez en cuando. Vi con mis propios ojos cómo ofrecía Willow a mi amiga el consuelo cuando más lo necesitaba, con un gesto que parecía insólito en ella. ¿Y la canción? ¿Y el árbol? Si fue una coincidencia, bendita coincidencia.

Después de aquello recibí un fuerte empujoncito para contarle a Patricia mi historia. Le envié un mensaje de correo electrónico para decirle que teníamos que hablar y quedamos en una cafetería del pueblo. De camino allí comencé a preocuparme. Casi había llegado a un punto en el que me daba igual que la gente pensara que estaba chiflada, casi. Recé para preguntarle a Dios si estaba seguro de que tenía que contarle mi historia a mi amiga. Y entonces, por alguna razón, le pregunté si había algo que pudiera decirle para que supiese que le estaba contando la verdad. Porque si sabía que lo que le decía era verdad, sabría que su hija estaba bien.

En ese mismo momento, las palabras «conejo azul» se formaron en mi cabeza.

Pensé: «Vale, dile "conejo azul"», pero de inmediato cambié de idea: «No, no le digas eso. Es una locura. Para empezar, no existen los conejos azules. Sólo es una idea absurda que se me ha metido en la cabeza. Olvídalo. Ni lo menciones. Le cuentas tu historia y te vas».

No obstante, ya en la cafetería, sentí el impulso de mencionar lo del conejo azul. Decidí mentirle y decirle que era algo que había soñado.

—Verás —dije—, ayer tuve un sueño muy raro en el que Heather me decía que te dijese «conejo azul», para hacerte saber que está bien. Qué extraño, ¿verdad? —lo dije en un tono despreocupado, como para quitarle importancia.

Patricia se quedó petrificada en el sitio, sin decir nada ni demostrar emoción alguna. Me sentí como una idiota al instante.

—Los sueños son absurdos —me justifiqué—. Siento haber sacado el tema.

Entonces le conté mi historia. Al terminar, ella seguía en silencio y sin moverse. Finalmente me miró y rompió el silencio.

—El color favorito de Heather era el azul. Y su animal favorito era el conejo. En la granja de su abuelo criamos unos conejitos preciosos de orejas largas en su memoria.

CRYSTAL McVEA

Le gustaban tanto que la llamábamos Conejito de Caramelo.

Estaba llorando y, sin poder evitarlo, yo también me eché a llorar.

—También tenía un viejo conejito de peluche con el que dormía todas las noches —añadió—. Crystal, aquel conejito de peluche era de color azul.

Nuestro Dios es un dios de amor, misericordia, perdón y gran poder y en su bondad es capaz de hacer cosas realmente asombrosas. Así que no sé por qué debería sorprenderme que me mandase las palabras «conejo azul». Y, sin embargo, siempre que pasa algo parecido, me deja totalmente perpleja. Supongo que nunca me acostumbraré a su grandeza.

Estaba en la floristería del Walmart cuando sucedió otro encuentro extraordinario. Tenía a Micah en brazos y Virgil se encontraba junto a unas azaleas, con Willow. En ese preciso instante vi a una conocida, Shearl, empujando la silla de ruedas de su hijo Mickey. Éste, que por aquel entonces tenía más de veinte años, había tenido un accidente de coche a consecuencia del cual padecía graves secuelas motoras y cerebrales. Shearl y yo hablamos un rato de temas intrascendentes antes de que me dijese:

—¿Sabes?, me encantaría que me contaras tu historia alguna vez.

Normalmente mi respuesta habría sido «Claro, cualquier día de éstos», pero por alguna razón, lo que le contesté fue:

—¿Qué tal ahora?

Hay veces en que, si la situación lo pide, endulzo un poco el relato. En lugar de decir que aborté, puedo decir que cuando era joven sentía que realmente no valía nada, por ejemplo. Pero en aquel caso, sentí el impulso de no guardarme nada en el tintero. Así que se lo conté todo allí mismo, en la zona de la floristería. Dejé a Micah en manos de mi marido y les ofrecí a Shearl y a su hijo la versión completa de mi vida.

Hacia el final, cuando estaba hablando de la grandeza de Dios, me di cuenta de que a Mickey comenzaban a saltársele las lágrimas para, acto seguido, echarse a llorar desconsoladamente. Algo que había dicho debía de haberle afectado mucho.

—¿Estás bien, Mickey? —le preguntó Shearl—. ¿Quieres que Crystal pare?

Oí que Mickey pronunciaba con dificultad las siguientes palabras:

—No. Sigue contando.

Así que lo hice. Cuando acabé, Shearl me abrazó, me dio las gracias y afirmó:

—Somos creyentes. Creemos en un Dios de curación y milagros.

Me explicó que, cuando llevaron a Mickey al hospital, después de su accidente, estuvo a punto de perderlo. Su corazón se paró dos veces y tuvieron que reanimarlo.

En ese momento, el chico levantó la mirada hacia mí, con la cara surcada de lágrimas y, a pesar de lo mucho que le costaba, volvió a hablar:

—Pero yo no vi a Dios —me aseguró con voz rota—. Yo no vi a Dios.

CRYSTAL McVEA

Mi corazón se llenó de amor por él. Se llenó del amor de Dios por él. Me arrodillé, lo miré a los ojos y le cogí las manos.

—Mickey, no tengo todas las respuestas —le dije—. No sé por qué te pasó lo que te pasó. No sé por qué tuviste aquel accidente ni por qué tienes que pasar por todo esto, pero sí sé una cosa: el plan de Dios es perfecto. Es precisamente todo lo malo que ha habido en mi vida lo que más lo ha glorificado —y entonces añadí—: Dios es real. Es real.

Lo repetí. Y luego otra vez. Y otra y otra.

Mickey no apartó los ojos un solo instante. Entonces pregunté si podía rezar por él. Allí mismo, en la floristería, puse mis manos sobre Mickey, y Shearl hizo lo mismo. Y mientras los clientes pasaban por delante y nos lanzaban miradas de sorpresa, dimos gracias por la presencia de Dios en nuestras vidas, rezamos por la recuperación de Mickey y alabamos al Señor por haber hecho que nos encontrásemos en ese establecimiento de nuestro pueblo.

Shearl me contaría más adelante que mis palabras habían significado mucho para su hijo. Es un joven magnífico que cree con todo su corazón que Dios lo hará caminar de nuevo y nadie que lo conozca lo pone en duda. Pero en sus momentos más oscuros, su fe se ha visto sometida a prueba, como nos sucede a todos.

—A veces —opina Shearl—, la gente necesita que se le recuerde que Dios es real.

He pensado mucho en Mickey desde nuestro encuentro en la floristería y creo que él hizo que me diese cuenta de una profunda verdad sobre mi experiencia. De hecho, es una verdad que está en el corazón mismo del mensaje de Dios para nosotros. Sí, Él me hizo el milagroso regalo de su presencia y su sabiduría y, debido a mi visita al cielo, ahora reboso de emoción y pasión por Él. El amor que nos transmitimos mutuamente me cambió para siempre. Me considero mucho más que afortunada por haber recibido aquella experiencia y no sé lo que habría sido de mi vida sin ella.

Pero la cuestión es ésta: no hace falta que mueras y vayas al cielo para experimentar a Dios.

Mira a Mickey. Estuvo en la misma situación que yo —en un hospital, suspendido entre la vida y la muerte— pero él no vio al Señor. Sin embargo, ama a Dios con todas las fibras de su ser y cree que Él lo ayudará a volver a caminar. Su pasión es tan grande como la mía, o puede que aún mayor, ¡y eso que no ha estado en presencia de Dios! Su extraordinaria fe me llega al corazón y me conmueve el alma. Y no es la única. He visto la misma pasión ardiente en otros cristianos que no necesitaron ir al cielo para saber que Dios es real, para amarlo con todas sus fuerzas y convertirse en sus guerreros en la Tierra.

Lo que me lleva a mi gran amiga Amber.

La pasión de Amber por Dios me deja sin aliento. Es joven, preciosa, está llena de vida y todos los niños de su clase de cuarto la aman a muerte. También ejerce como mentora de un grupo de adolescentes y la gente la llama «La que susurra a las adolescentes». Cuando estás a su alrededor, te das cuenta de que su fe es algo vivo, algo

CRYSTAL MCVEA

que respira. Lo que Amber comprende, y me ha ayudado a mí a comprender, es que todo el mundo tiene una historia, todo el mundo tiene un testimonio. Todos nacemos en el pecado, todos soportamos dolor y sufrimiento y todos y cada uno de nosotros podemos liberarnos de esa carga cuando nos damos cuenta de que hay en nosotros más —mucho más— que ese dolor y ese sufrimiento. Si somos capaces de ver la grandeza de Dios hasta en nuestros momentos más aciagos, podremos ser libres. «Hasta la basura más asquerosa por la que pasamos glorifica a Dios —suele decir, de esa manera que le es tan propia—; Dios es capaz de crear belleza a partir de las cenizas y eso es algo que el Diablo detesta.»

Dios ha creado belleza a partir de las cenizas de la vida de Amber. Ella ha visto su grandeza en sus desventuras. Amber demuestra cada día que no hace falta ir al cielo para creer en Dios y ser su guerrera y por esa razón le pregunté si querría compartir contigo su testimonio, un testimonio increíblemente personal y convincente. Accedió.

Es una chica de Texas que, desde muy temprana edad, supo que llevaba dentro el Espíritu Santo. Pero al igual que yo, tuvo una infancia dura. Creció en un ambiente de caos y disfunción. En medio de todo aquello, siempre sintió el deseo de vivir por Dios, porque en el fondo de su corazón sabía que había nacido para algo mejor de lo que veía en su entorno. Así que combatió todas las penalidades que estaban poniendo su fe a prueba. Mientras todas las demás jóvenes del instituto fumaban, bebían, mantenían relaciones sexuales e, incluso, coqueteaban con las drogas, Amber se mantuvo alejada de todo aquello. Iba a alguna fiesta de vez en cuando, pero siempre era la que se encargaba de conducir a la vuelta.

Hasta que un día, en el último año de instituto, cedió a las presiones de la vida. Permitió que la amargura y el resentimiento que le inspiraba su situación se convirtieran en rebeldía abierta. Dejó el equipo de porristas y faltó tantas veces a clase que incluso tuvo que dar cuenta de ello ante la ley. Fumaba marihuana y empezó a exhibir un comportamiento promiscuo. Probó las pastillas y comenzó a beber de manera habitual. Tenía terribles peleas con su madre y, al llegar a los diecisiete años, se marchó de casa. Dejó que la rabia que llevaba dentro —y las mentiras del enemigo— la arrastraran consigo.

En ese mismo año, además, quedó embarazada.

Amber no creía en el aborto. En cuarto, cuando todos los estudiantes escribieron una carta al presidente Clinton, escogieron la suya para publicarla en un periódico. La mayoría de los niños le decían al presidente lo mucho que les gustaba o las ganas que tenían de visitar la Casa Blanca. Amber escribió que estaba convencida de que la vida comienza en el momento de la concepción. Pero, aun así, cuando quedó embarazada, le entró el pánico al pensar que tener un niño siendo tan joven la condenaría al mismo tipo de vida que habían llevado sus padres, una vida de pobreza, peleas e infelicidad. El pánico engandeció a la mentira de que puedes abortar y seguir con tu vida sin mirar atrás. En contra de lo que le dictaba su instinto, reunió 450 dólares en efectivo y fue a una clínica abortista de un pueblo situado a tres horas del suyo. Se pasó todo el viaje llorando. No le contó lo ocurrido a nadie, salvo a su madre y su novio, pero su hermana de

CRYSTAL McVEA

once años, Lacey, la oyó hablar sobre ello, y rezó y rezó para que el aborto no saliese bien.

Amber se sentó en la sala de espera de la clínica, con sus sofás circulares y sus revisteros. Se colocó cerca de la puerta, lejos de todos los demás. Sentía el mismo impulso que yo en su día: «Levántate y vete a casa». Pero era como si el cuerpo le pesase un millón de toneladas. Se sometió a la intervención y luego salió a la cegadora luz del sol, embargada por una profunda sensación de vergüenza. Estuvo una semana sin ir al instituto. Se tumbaba en la cama y no hacía más que llorar, dormir y seguir llorando.

Pero un mes más tarde, se percató de que no le venía la regla. Había roto con su novio y no había vuelto a tener relaciones desde entonces, así que era bastante sorprendente. Se hizo un test de embarazo sólo para estar segura de que no seguía encinta y el resultado fue positivo.

Seguía embarazada.

Dejaré que ella misma continúe con la historia a partir de aquí:

> Sabía que tenía que ser un error. Ni que yo fuese la Virgen María, o algo así... La verdad es que no entendía lo que estaba pasando. Después de la prueba me quedé toda la noche tumbada en la cama, llorando de miedo y confusión, cuando, de repente reparé en que tenía el vientre ligeramente abultado. Me lo toqué un par de veces y sentí una especie de temblores suaves y rápidos. Cuando pienso en ello ahora, me doy cuenta de que Dios me permitió percibirlos porque sabía que no estaba convencida de que estuviera creciendo un niño en mis entrañas. En aquel momento, en mi cama, fue como si Dios estuviera diciéndome: «No puedes negar que soy el que da la vida».

Pero seguía muy asustada y confusa, así que le pedí a mi madre que me llevase al Servicio de Urgencias del hospital de Amarillo. Me hicieron una ecografía, que demostró que estaba embarazada de catorce semanas... y que el niño se encontraba perfectamente.

Llamé a la clínica para averiguar lo que había sucedido y me dijeron que nunca habían visto nada parecido. Dijeron que tal vez fuesen gemelos y que sólo hubieran encontrado a uno. Pero yo no necesitaba que me diesen ninguna respuesta. Sabía lo que pasaba: era obra de Dios, que quería ofrecerme una segunda oportunidad.

Sin embargo, al cabo de veinte semanas, desperté en medio de un charco de sangre. Mi madre me llevó corriendo a Urgencias. A las veintiuna semanas me puse de parto. Los médicos me dijeron que aquello era fruto de un útero bicorne que sufría de nacimiento y que no tenía nada que ver con el aborto. También me dijeron que el niño no era viable y que no tenía ninguna probabilidad de sobrevivir. No los escuché. En medio del parto me levanté de la cama, me puse de rodillas y le recé a Dios que me dejara tener el bebé.

Tras diez horas de esfuerzo, di a luz a una niña. Estaba viva, pero tenía dificultades para respirar. Medía poco más de treinta centímetros y pesaba menos de medio kilo.

Las enfermeras se la llevaron a la Unidad de Cuidados Intensivos Neonatales, cortaron un diminuto trozo de tela a modo de pañal y la envolvieron en una mantita de rayas de color rosa y azul. A continuación la metieron en la incubadora. Estaban asombradas de que siguiera viva. Una de ellas me preguntó si quería abrazarla a través de las aberturas de la urna de cristal. En mi estado de agonía emocional, logré murmurar un «no». No es que no quisiera abrazar a mi hija, lo que pasaba es que en aquellos momentos pensé: «Ya está bien, Dios, esto me va a destrozar. No puedo soportarlo. Es imposible que la abrace, la quiera y luego vea cómo me la arrebatas. Con toda la mierda que he tenido que tragar en mi vida, ¿ahora me haces esto?». Estaba llena de rabia y resentimiento hacia Él. ¿Qué clase de Dios jugaría con una persona de esa manera? ¿Acaso no iba a ser aquella mi segunda oportunidad?

En una borrosa sucesión de acontecimientos, mi familia y mis amigos iban y venían para ofrecerme su amor y su apoyo. Mi mejor amiga, Lauren, que me conocía tan bien como yo misma, no dijo una palabra. Simplemente se tumbó en mi cama y se quedó allí, a mi lado. Y mientras sucedía todo esto, mi hermana menor, Lacey, estaba en la Unidad de Cuidados Intensivos Neonatales, frente a la incubadora donde estaba mi hijita. Lacey, que durante semanas había rezado para que mi hija sobreviviese, estaba experimentando la dicha y el regalo de una plegaria respondida.

Una enfermera volvió a preguntarme si quería abrazar a la niña y volví a responder que no. Nadie pensaba que pudiera sobrevivir demasiado y yo no quería verla si iba a ser la última vez. Mis amigos y familiares pasaron uno a uno por la Unidad de Cuidados Intensivos Neonatales para despedirse del bebé. Yo permanecí en mi habitación, en completo silencio. Estaba acabada, había tocado fondo.

Ni siquiera me di cuenta, pero habían transcurrido treinta minutos desde el nacimiento de la niña. Por alguna razón seguía aferrándose a la vida. Fue entonces cuando vino una sicóloga para hablar conmigo.

—Amber, quiero que lo pienses muy en serio —dijo—. Dentro de unos años, ¿no lamentarás no haber abrazado a tu hija?

De repente me di cuenta de que tenía razón.

—Oh, Dios, sí. ¡Quiero abrazarla! —grité. Una enfermera me trajo a mi niña, en su incubadora, envuelta en su mantita de rayas de color rosa y azul.

No podía creer lo diminuta y frágil que parecía. No era más grande que la palma de mi mano y tenía un cuerpo y unos bracitos muy, muy delgados. Pero para mi sorpresa parecía un bebé, un bebé perfecto aunque demasiado pequeño. Podía oír cómo pugnaba por respirar con minúsculas y roncas inhalaciones. Una enfermera me explicó que sonaba así porque aún no tenía los pulmones plenamente desarrollados. Yo sólo podía abrazarla, mirarla y quererla con todo mi corazón. Y mientras levantaba una parte de la mantita para contemplar aquella creación pequeña y perfecta, un pensamiento inundó mi mente: «Ésta es la vida que quería destruir».

En el dolor y la tristeza de aquel momento, no comprendí que Dios estaba mostrándome su amor redentor.

Entonces oí que mi hija exhalaba un último y diminuto aliento.

Saqué los brazos de la incubadora y la enfermera se la llevó de la habitación. Un instante después volvió a la habitación y me cogió la mano.

—Amber —dijo—, ahora está con Jesús.

Mi bebé se aferró a la vida durante cuarenta y dos minutos, el tiempo justo para que pudiera abrazarla.

No tengo todas las respuestas, pero sé que Dios me dio una segunda oportunidad para que pudiera ver cómo su mano poderosa creaba belleza a partir de cenizas. Sé que aquellos minutos con mi hija me cambiaron la vida. Le dieron otra perspectiva llena de belleza a mi propósito en la vida y a mi destino. Mi hija me mostró un amor de verdad: el amor de mi Padre. Y ahora no querría desprenderme del dolor y sufrimiento que sentí en aquellos momentos, porque desembocaron en aquel milagro, en el momento en que pude abrazar a mi niña durante aquellos minutos.

En aquel trance, Dios me mostró que es la llave de la vida

y de la muerte. Se llevó mi aplastante vergüenza y mi tristeza y los reemplazó con la potente verdad de su redención.
Hay mil cosas sobre Dios que aún no entiendo. Hay veces en
que lucho contra Él, pero al final siempre acabo recordando
que es el bien. Me mostró que soy más que el dolor y el sufrimiento de mi vida. Soy una de sus perfectas creaciones y Él
siempre está ahí. Es mi amor redentor.

Y ahora mi bebé forma parte de mi testimonio.

Se llama Kylie Ryan.

CAPÍTULO 18

Apenas un par de meses antes de que empezara a escribir este libro, asistí a una reunión cristiana en Oklahoma City. La verdad es que me encantaba encontrarme con otros creyentes y hablar de nuestras vidas. Supongo que no te sorprenderá que te diga que en los tres días que duró dicha reunión tuve que contar mi historia varias veces. La última noche, una mujer que había oído mi testimonio me preguntó si me importaría pasar por la habitación en la que se alojaba para relatar mi historia a unos cuantos amigos. «¡Claro —convine—, será un placer!» No tendría ningún problema en hablar con tres o cuatro personas.

Cuando entré en la habitación, apenas se podía pasar por la puerta. Estaba abarrotada. Era un espacio muy pequeño, con dos camas gemelas, una litera en una esquina y una o dos sillas... Y había gente sentada en todas las superficies disponibles, incluida la moqueta que cubría el suelo. Había allí mujeres de todas las edades, desde sesentonas a adolescentes, y todas ellas me miraban con expresión expectante. Había cinco chicas muy jóvenes subidas en la litera de arriba. No las conté, pero debía de haber al menos veinticinco mujeres allí apelotonadas.

Recuerdo que pensé: «¡Oh, vaya!».

Siguiendo su costumbre, mi corazón se puso a latir de manera desbocada y me puse como un tomate. Pero inspiré profundamente y les conté mi historia. Lloré mucho, sobre todo durante la parte del aborto.

—No lloro por remordimientos —les aclaré a todas—. Lloro porque la chica perdida que era me inspira tristeza.

En medio de todo aquello, entró mi amiga Amber con un cuenco de helado.

—¡Vaya caras! —exclamó—. ¿De qué estáis hablando?

Al verme lo dedujo y sonrió.

—Oh, bueno, esa historia ya la he oído un millar de veces —dijo mientras me guiñaba un ojo—. Hasta luego.

Creo que quería que me acostumbrase a contar mi historia sin que ella estuviera delante.

Cuando terminé era casi la una de la madrugada. Me dirigí hacia la puerta, pero una mujer se interpuso en mi camino. Era algo a lo que comenzaba a acostumbrarme.

—Disculpa, Crystal, ¿tienes un momento para hablar? —preguntó. Estaba anegada en llanto y le temblaban los labios. Comprendí lo que se avecinaba—. Nunca le he contado esto a nadie —reconoció—. A nadie. Así que me cuesta mucho decirlo en voz alta.

«Cuéntamelo, hermana —me dije—. Sácatelo de dentro.»

—Cuando era joven —habló al fin— abusaron sexualmente de mí.

Hablamos durante varios minutos y luego rezamos juntas.

—El enemigo quiere que lo guardes en secreto —le in-

diqué—. Al enemigo le encantan los secretos y la vergüenza.

Posteriormente me enteré de que había empezado a
dar charlas para contar su experiencia y ayudar a otras
mujeres que han sido objeto de abusos. El círculo de salvación se amplía. Por todas partes caen las cadenas.

De camino a mi habitación me abordó otra joven, Kelli.

—Sé que te parecerá absurdo —se excusó de antema-
no—, pero cuando estabas hablando, he dejado de verte
la cara.

—¿Qué quieres decir?

—Sólo veía una luz brillante alrededor de tu rostro.
Era como un halo dorado.

Ya me habían dicho algo parecido en otra ocasión —la
mujer de pelo encrespado de Thomas, aseguraba haber
visto una preciosa luz a mi lado—, pero por aquel entonces no le había concedido demasiada importancia. E
igualmente, en esos momentos busqué otra explicación,
como el reflejo de la luz de una lámpara sobre un espejo
o algo por el estilo. Recé con Kelli durante varios minutos y finalmente me fui a la cama.

Pero al día siguiente, otra joven se me acercó y me comentó:

—Crystal, no se te veía la cara mientras hablabas. Estaba totalmente cubierta de luz.

En total, tres de las mujeres que habían estado en la
abarrotada habitación aquella noche me dijeron que no
me habían visto la cara. Que lo único que se veía era una
luz dorada e intensa.

Sé que lo que vieron fue un atisbo de la presencia de
Dios y eso me hizo llorar. Para serte sincera, lloré porque

estaba celosa. Y estaba celosa porque ellas habían podido ver a Dios. Lo sé, lo sé, yo estuve en su presencia, así que, ¿qué sentido tenía estar celosa? Pero el hecho es que desde el mismo instante en que conocí a Dios, supe que lo seguiría durante el resto de mi vida.

Hay mucha gente que, al oír mi historia, me hace la misma pregunta:

—¿Por qué te escogió Dios a ti?

He pensado mucho en ello desde el año 2009 y la mejor respuesta que se me ocurre es: «¿Y por qué no?».

Lo que quiero decir es que no tengo absolutamente nada de especial. No es que Dios haya dicho: «Mira, ahí va Crystal. Menuda maravilla, ¿eh?». No soy ni mejor ni peor que nadie. Soy una esposa, madre y maestra de un pueblo de Oklahoma. Una persona normal en todos los sentidos. ¿Quién sabe? Puede que Dios pensase: «¡Vaya!, hay que ver lo que le gusta hablar... Si consigo que empiece a hablar sobre esto, no dejará de hacerlo en la vida». Si pensó eso, bueno, tenía razón.

Pero la verdad es que no sé por qué me ha concedido este don. No sé por qué vi lo que no han visto otras personas que regresaron de la muerte. Y la verdad es que tampoco necesito saberlo. Puede que no siempre comprenda el plan de Dios, pero sé que es perfecto.

Y, de todos modos, lo de menos es el porqué de su decisión, puesto que aquí lo importante no soy yo. ¿Y la luz que vieron esas mujeres? Tampoco era yo. Era la luz de Dios. Mi historia y mi testimonio son de Dios. Todo lo que he vivido es de Dios. Este libro es un libro sobre Dios y sobre su efecto en nuestras vidas.

Así que cuando digo «¿Y por qué no?» lo que quiero decir es que soy como cualquier otra de las personas que han buscado a Dios. Soy como cualesquiera de los que alguna vez han anhelado sentir su presencia. A pesar de todas las dudas y el escepticismo que me mantuvieron encadenada durante años, puedo decir con toda sinceridad que nunca dejé de buscarlo. Nunca dejé de anhelar una relación con Él. Ni siquiera en mis momentos más oscuros, cuando juré expulsarlo de mi vida, lo hice de verdad. Seguí hablando con Él y Él siguió persiguiéndome.

Yo hablaba y Él escuchaba todas mis palabras. Él hablaba y yo, en cambio, no escuchaba nada.

Puede que me escogiese porque se cansó de que no le prestara atención.

No obstante, la cuestión es: Dios nos habla a todos.

Sí, Dios estaba allí conmigo, mientras yo contaba mi historia. Pero es que siempre está con todos nosotros, con independencia de lo que estemos haciendo. No hace falta que veas una luz radiante para saber que Dios está contigo. No tienes que morir y subir al cielo para estar en su presencia. Lo único que necesitas es tener una relación con Él. Lo único que tienes que hacer es buscarlo. «Buscad y hallaréis —dice Mateo 7,7—. Llamad y se os abrirá.»

Yo busqué y llamé sin descanso. Y por fin lo encontré. O, para ser más exactos, Él me encontró a mí.

　　　　　　　　　　CRYSTAL MCVEA

Siempre quiero contarle a todo el mundo que Dios es real. Pero en este viaje he descubierto que, la mayoría de las veces, la gente a la que creo estar prestando servicio en realidad me lo está prestando a mí. Cuando creo que les estoy dando una lección sobre Dios, son ellos los que me la dan a mí, una lección sobre la fe.

Un ejemplo: cuando los mellizos estaban ingresados en la Unidad de Cuidados Intensivos Neonatales, mucha gente rezaba por ellos a diario. Un día, una compañera de trabajo de mi madre, Danica, pasó por el hospital con su marido Danny, que era pastor en otro pueblo. Una enfermera me dijo que no les habían dejado entrar en la Unidad. Podrían haberse marchado, pero no lo hicieron.

Lo que hicieron fue apoyar las manos en las puertas metálicas que daban acceso a ella y elevar su plegaria por los niños allí mismo.

No mucho después, nos enteramos de que Danny estaba gravemente enfermo. Virgil y yo rezamos mucho por él, lo mismo que él había hecho por mis hijos pero entonces, un día, mientras estaba sentada en la consulta de un médico, sentí otro de los empujoncitos de Dios. No quería sólo que rezase por Danny, sino que también quería que le diese 600 dólares. Ahora bien, por aquel entonces mis dos hijos mayores estaban a punto de empezar un nuevo curso, así que teníamos que comprarles zapatos nuevos y otras cosas. Y luego estaban la hipoteca y el resto de las facturas, así que no teníamos ni un dólar de sobra. Pero, aun así, Dios insistía en que le mandase el dinero a Danny. Llamé a mi marido, le conté lo del empujoncito y él, como siempre, no lo dudó ni un segundo.

—Hazle un cheque —me ordenó.

Yo no sabía de dónde iba a sacar el dinero y me quedé allí sentada, en la consulta del médico, y le recé a Dios para que me ayudase a comprender.

En ese preciso instante —precisamente en ése— recibí un mensaje de texto de una mujer de mi iglesia. Era el primero que me mandaba en toda su vida y rezaba simplemente: «Hebreos 11,1». Sólo eso, ni una palabra más. Busqué una Biblia en la sala de espera de la consulta y la abrí rápidamente para buscar el versículo. Lo que leí me dejó estupefacta.

«Es, pues, la fe, la sustancia de las cosas que se esperan, la demostración de lo que no se ve.»

Sin venir a cuento, una amiga me había enviado un mensaje sobre la fe. De inmediato supe que Dios estaba hablándome otra vez. Mientras, allí sentada, intentaba encontrarle sentido a sus instrucciones, Él me había enviado un sencillo mensaje: «Ten fe en mí». Aquella misma noche le enviamos a Danny el dinero.

Unos meses más tarde, su estado empeoró. Estaba perdiendo peso a pasos agigantados y todo indicaba que no le quedaba mucho tiempo de vida. Virgil y yo fuimos a verlo y me senté a su lado, lo cogí de la mano y recé con su esposa y él. Le dije lo mucho que había significado para nosotros que ambos rezasen por nuestros mellizos en el hospital. Y él, con voz débil, me respondió lo importante que había sido para ellos el dinero que les habíamos mandado.

—Estábamos muy necesitados y yo rezaba y rezaba —me explicó—. Y entonces nos mandasteis exactamente lo que nos hacía falta. Dios respondió a nuestras plegarias.

Allí sentada, pensé «Dios me utilizó para ayudar a Danny». Pero, como he dicho antes, siempre que creo ofrecer ayuda a alguien, es ese alguien quien en realidad me la ofrece a mí.

En un momento dado de la visita, Danny me miró y preguntó:

—¿Cómo es el cielo?

Le conté lo que se sentía al estar con Dios. Describí la alegría casi insoportable que me embargó al encontrarme con mi yo más joven. Y entonces añadí:

—Verás, Danny, Dios me llevó a su lado antes de que pudiera sentir ningún dolor. No hubo sufrimiento. Sólo dicha.

Al oír esto, sonrió y se volvió hacia su esposa. No le dijo nada y tampoco hizo falta. Danica estaba llorando, pero no de tristeza, sino de alivio.

—Es lo que más me preocupaba —me confió entre lágrimas—. No soporto la idea de que sufra.

Danny extrajo consuelo de mis palabras, pero no para él, sino para su esposa. No me preguntó por el cielo porque sintiese curiosidad. También eso lo hizo por Danica. Quería que ella supiese que, al final, cuando le fallasen el cuerpo y la mente y estuviese en su momento más vulnerable, no debía sufrir por él, porque ya se habría ido. Ya estaría de camino al cielo.

¡Qué gran lección de fe y amor! Es extraordinario que Dios no deje nunca de enseñarme. La fortaleza de la fe de Danny me llenó de esperanza e inspiración. Sin embargo, Dios no había terminado aún su trabajo. Cuando Virgil y yo estábamos a punto de marcharnos, nos fijamos en una preciosa cruz colgada en la pared. Le dije a Danny lo mucho que me gustaba y respondió:

—Es mi escultura favorita.

Yo no había visto escultura alguna, volumen alguno, sólo la cruz. Pero entonces su esposa se apartó y pude ver que había un versículo a un lado de la cruz.

«Es, pues, la fe, la sustancia de las cosas que se esperan, la demostración de lo que no se ve.»

Era Hebreos 11,1 otra vez. Hoy, tengo ese versículo pintado sobre la pared de mi casa. Lo puse para que me recuerde la enseñanza que me ofreció Danny en los últimos días de su vida y cada vez que paso por delante me acuerdo de él.

Dios siempre me sorprende. Cuando creo que estoy enseñando, en realidad estoy aprendiendo. Cuando hablo con mi amiga Amber, siempre saco mucho más de lo que entrego. Cuando hablé con mi amiga Patricia sobre su hija Heather, la fe que demostraba frente a una pérdida tan terrible me llegó al corazón. Por no hablar de Shearl y su valiente hijo Mickey. Shearl me explicaría más tarde que, cuando me vio en el Walmart, sintió el extraño impulso de acercarse y hablarme. No lo obedeció y pasó de largo, pero al final dio media vuelta. Pasó otras dos veces por delante y otras dos veces dio media vuelta antes de decidirse a hablarme.

Así que, mientras que yo pensaba que Dios me había puesto en la zona de la floristería para que hablase con ellos, lo que había hecho en realidad era ponerlos a ellos allí para que hablasen conmigo.

¿Por qué? Por Mickey.

Mickey es, de un modo que no puedo sino admirar, un guerrero de Dios. Salió despedido de un camión y, además de romperse la espalda, sufrió un grave traumatismo cerebral. Si la ambulancia hubiera llegado un minuto más tarde, habría muerto allí mismo, en la carretera. Estuvo tres semanas en coma y los médicos le dijeron a su madre que seguramente no sobreviviría. No obstante, cuando aconsejaron a su familia que se reuniesen para despedirse de él, lo que hicieron fue rezar a Dios para pedirle que le salvase la vida. Le insuflaron vida leyendo las Escrituras, a su lado. Y en cuestión de horas, el estado de Mickey mejoró. Y al final lo superó.

Tiempo después los médicos dijeron que posiblemente no volvería a hablar o a reír... y ya hace ambas cosas. Y aunque lleva una vida muy complicada y aún tiene una batalla muy dura que librar por delante, nunca ha maldecido a Dios, no ha dudado de Él ni le ha preguntado por qué le pasó lo que le pasó. Todo su dolor y su sufrimiento no han conseguido más que multiplicar su confianza en el amor de Dios. Incluso en la más oscura de las oscuridades, siente su presencia.

Belleza a partir de cenizas.

Cuando le pregunté si podía contar su historia en este libro, no lo dudó.

—Sí —dijo—. Quiero que Dios me utilice. Quiero que la gente sepa que el Dios al que adoro es un Dios de amor.

Hay otra pregunta que suelen hacerme:

—¿Cómo suena la voz de Dios?

No sé si esperan que diga que Dios tiene una voz grave y atronadora que desciende desde las alturas, pero la verdad es que para mí no fue así en absoluto. Cuando escucho la voz de Dios —es decir, cuando aparece de pronto uno de esos pensamientos en mi cabeza o recibo uno de sus empujoncitos— lo que escucho es mi propia voz. Y como es la mía, a veces resulta un poco confuso. Al principio solía confundir las órdenes de Dios con pensamientos fortuitos y absurdos, como aquella vez en que intenté resistirme para no regalarle los cien dólares a la camarera o cuando estuve a punto de no hablarle a Patricia del conejo azul. Pero ahora reconozco las órdenes de Dios porque la mayoría de las veces se trata de cosas que no quiero hacer. Suelen ser cosas que me van a avergonzar y, como ya he dicho, detesto sentirme avergonzada. Pero así es como sé que es idea de Dios y no mía: me coloca en situaciones comprometidas en las que yo misma nunca me pondría.

Esto no quiere decir que nunca haya debates internos en mi cabeza por ningún pensamiento, porque a veces los hay. Y eso es porque el enemigo también utiliza mi propia voz para hablarme. Así que tengo que parar un momento y preguntarme: «Si sigo mi instinto en este caso, ¿me ayudaré a mí misma o a otros? ¿Esto es cosa de la carne o del espíritu?». Y si lo pienso un poco, siempre acabo por concluir: «No, eso no es cosa de Dios. Es cosa de la carne». Así es como terminas por aprender a reconocer tu voz, la del enemigo y la de Dios.

Pero Dios no utiliza sólo palabras para hablar con nosotros. A veces puede servirse de una sensación, o un impulso, que nos atrae hacia una persona o un sitio. Y a veces acude a nosotros en nuestros sueños.

¿Recuerdas cuando te hablé del sueño en el que veía a mi hermano Jayson cantando y dirigiendo las plegarias de una congregación desde el altar de una iglesia? Por aquel entonces, con veintitantos años, tenía algunos problemas serios. Por dentro sólo sentía un profundo resentimiento por la infancia que había perdido y por lo que había sido de su vida. Se convirtió en un bebedor impenitente. Me contó que, una noche, despertó al volante de su camión mientras cruzaba un maizal a casi cien kilómetros por hora. En otra ocasión viajó en moto de Oklahoma City a nuestro pueblo en plena noche, un viaje de dos horas de duración. Estaba completamente borracho, no llevaba casco e hizo todo el camino a casi doscientos kilómetros por hora. Nada le importaba lo bastante como para hacerlo cambiar, ni tan siquiera él mismo. Se había hecho a la idea de una muerte solitaria y prematura provocada por el alcohol y le parecía bien.

Finalmente, su comportamiento desembocó en cuatro arrestos por conducción bajo los efectos del alcohol. Durante todo este proceso, siempre mantuvo la misma idea con respecto a Dios. Mientras que yo andaba siempre sumida en las dudas —¿existe o no?— para él la respuesta era clara: «Dios no existe». Cuando iba a verlo a su casa y trataba de sacar el tema, siempre me cortaba:

—No me vengas con tus supersticiones.

Así que nunca hablábamos sobre Dios. Pero nunca olvidé mi sueño y me aferraba a la esperanza de que Él lo salvara algún día. Curiosamente, creía a pies juntillas que lo haría, a pesar de que no estaba nada segura de que fuese a hacerlo conmigo.

Pues bien, hoy las cosas son distintas. Hoy Jayson canta y adora a Dios desde el altar de una iglesia, igual que en mi sueño.

¿Cómo sucedió? Curiosamente, mi hermano dice que

fue en una celda. Estaba allí tras su cuarto arresto, enfrentándose a la perspectiva de pasar diez años en prisión. El hombre que dormía en la cama de debajo de la litera era un adicto al crack que proclamaba a voces su inocencia. El tercer compañero de reclusión, un anciano enjuto, estaba sentado en el suelo y leía una Biblia en silencio.

Al cabo de un rato, Jayson se cansó de escuchar las excusas del adicto y las razones por las que no había pasado el análisis de drogas. Asomó la cabeza por debajo de la litera y se dirigió al tipo:

—Pero ¿te estás escuchando, hombre? Escúchate. ¡Estás aquí porque tomas drogas! ¡Tomas drogas! ¡Es lo que haces!

En ese momento el anciano sentado en el suelo habló por primera vez. Jayson recuerda que parecía un hippie entrado en años, con unas gafas ahumadas y un tatuaje de un barco pirata y un compás en el brazo. Le recordaba a Jerry García.* Cuando mi hermano terminó de arengar a su compañero de celda, el viejo lo miró y le preguntó:

—¿Y por qué estás tú aquí?

No era una pregunta, en realidad, y Jayson no respondió. Se quedó tumbado en la cama, mirando el techo. Sabía adónde quería ir el anciano a parar. ¿Quién era él para cargar contra su compañero de celda cuando era tan miserable y tan adicto como él? Aquellas seis palabras fueron una lección dolorosa y devastadora para mi hermano. No dejaban espacio a las excusas y consiguieron que volviese por fin la vista hacia sí mismo y constatase hasta qué punto había tocado fondo.

* Músico estadounidense, líder de Grateful Dead. (N. del t.)

Y allí mismo, en la litera superior, decidió pasar página y dejar atrás su vieja vida.

Al día siguiente los guardias sacaron a los reclusos de las celdas para proceder a su recuento. Cuando terminaron y volvieron a meterlos, Jayson se dio cuenta de que el viejo había desaparecido.

—¿Qué le ha pasado al viejo ese? —preguntó al adicto.

—¿Qué viejo? —preguntó éste.

Cuando Jayson ató cabos, preguntó al guardia cuánta gente más había en la celda.

—¿Cuántas literas ves, atontado? —replicó el guardia.

¿El anciano había sido una alucinación? Ni siquiera en sus peores borracheras había llegado a tener alucinaciones como aquélla. ¿Era una manifestación de su estado mental? ¿O había sido un mensaje de Dios? Jayson no lo sabía con certeza. Pero lo que sí sabía es que había entrado en prisión como un hombre roto y salió compuesto. Salió deseando cambiar.

Y lo hizo. Empezó a acudir a reuniones de Alcohólicos Anónimos y dejó de beber. Asistía a unas charlas llamadas Ateos Prácticos y se dio cuenta de que quería entablar una relación con Dios. Y el 2 de noviembre, a las 12.47 de la tarde —recuerda el día y la fecha con total precisión—, aceptó a Jesucristo en su vida.

Ahora Dios es el primero en la vida de Jayson y a Él le otorga todo el mérito por haber conocido a la mujer a la que él denomina Mi Nº 2, su esposa, Melissa. La conoció tras conseguir un empleo en la Universidad Cristiana, donde ella trabajaba. Mi hermano no quería una relación, pero Dios tenía otros planes. Melissa es una chica dulce y de extraordinaria belleza, con «una sonrisa tan grande que hace sonreír a todos los demás», como suele decir él. Nunca lo he visto tan feliz.

Hoy, Jayson dirige la capilla de la facultad en la que trabaja y acostumbra a subirse al altar para dirigir a los demás mientras cantan, como hacía en mi sueño.

—El dolor y el miedo pueden dominar tu vida durante mucho tiempo —asevera—. Pero el miedo y la fe no pueden coexistir. Tienes que elegir a quién quieres servir y eso es lo que yo hice. Y ahora todo lo que hago procuro que sea a mayor gloria de Dios.

Dios salvó a mi hermano de la misma oscuridad que a mí.

El otro sueño extraño que había tenido me intrigó durante mucho tiempo. Es el que me hizo despertar a Virgil para decirle que conocía el plan perfecto de Dios para nosotros. Luego sólo pude recordar algunos detalles dispersos, como un par de números y una gran muralla. No supe lo que significaba nada de eso, hasta cierto día en que vino mi tío con su Biblia. Me pidió que le dijese el primer número que recordaba y respondí que 16. Así que fue al decimosexto libro de la Biblia, el libro de Nehemías.

—¿Cuál era el segundo número? —me preguntó, y respondí que el 6. Fue al sexto capítulo y comenzó a leerlo en voz alta.

Contaba que Nehemías construyó una gran muralla.

De hecho, restauró las depauperadas murallas de Jerusalén. Era un trabajo que tendría que haber durado años, pero Nehemías completó la obra en apenas cincuenta y dos días.

«Y aconteció que cuando se enteraron todos nuestros enemigos y lo vieron todas las naciones que estaban alrededor nuestro, desfalleció su ánimo —se dice en Nehemías 6,16—, porque reconocieron que esta obra había sido hecha con la ayuda de nuestro Dios.»

Al menos ya sabía lo que significaba la muralla de mi sueño, pero seguía sin comprender lo que tenía que ver conmigo. ¿Qué clase de muralla quería Dios que restaurase? ¿Qué se suponía que tenía que hacer? Seguí pensando y rezando sobre la muralla, pero no llegué a ninguna parte.

Entonces un día, me encontré con un pasaje del Libro de Isaías en la obra que estaba leyendo.

«Nunca más se oirá en tu tierra violencia, destrucción ni quebrantamiento en tus términos —dice Isaías 60,18—, sino que a tus muros llamarás Salvación, y a tus puertas Alabanza.»

Al leerlo comprendí que la muralla de mi sueño no era una muralla en sentido literal: era la salvación de Dios. Él había restaurado mi capacidad de aceptar la salvación que Dios había muerto para ofrecerme y en esos momentos me estaba enviando al mundo para que lo contara.

Pero, ojo, no es que me esté comparando con Nehemías, ni nada por el estilo. Aun con todo lo que he vivido, no tengo todas las respuestas. Ni siquiera la mayoría. Sólo soy una cristiana del montón que ama profundamente a Dios y siempre está buscando la manera de acercarse a Él. Y al comprender lo que significaba mi sueño conseguí precisamente eso: acercarme más a Dios.

Efectivamente, Cristo murió por mis pecados, pero durante la mayor parte de mi vida no lo creí. Creía que había muerto por los pecados de otros, no por los míos. Pensaba que era una persona horrible, indigna de su compasión. Y así no podía aceptar la salvación que Cristo murió para darme.

No obstante, Dios me concedió un regalo maravilloso, el regalo de su gloriosa presencia y después de aquello sí que acepté su salvación. Comprendí que no era una persona indigna y que mis actos no eran imperdonables. Dios arrancó las cortinas de vergüenza que me rodeaban. Y ahora quiere que comparta mi historia con otros, con la esperanza de que también ellos puedan aceptar su salvación. Cuando hablo de todas las cosas que me han pasado en la vida, lo hago con la esperanza de dar a otros las fuerzas que necesitan para hacerlo también, muchas veces por vez primera. Y cuando lo hacen, Dios rompe el ciclo de dolor y secreto. Arranca, repito, las cortinas de vergüenza. Y de este modo se restaura la salvación.

La salvación de Dios siempre estuvo allí para ellos, como lo estaba para mí. Dios sólo necesita que la aceptemos. Necesita que lo escojamos a Él.

Y ésa, comprendí, era la razón por la que había dejado que yo pensase que podría regresar al cielo, cuando desde el principio su plan era enviarme de vuelta a la Tierra. Me dio la oportunidad de escogerlo y eso es exactamente lo que hice: escogí quedarme a su lado. Antes de aquello nunca habría creído que podría amar a Dios más que a ninguna otra cosa, pero una vez que tomé la decisión de quedarme con Él me habría sido imposible comprender algo diferente. Dios me dio la opción para que recordara siempre que había optado por Él. La decisión lo era todo.

Pero, tal vez estés pensando, ¿por qué transmitió Dios su mensaje de un modo tan confuso? ¿Por qué fue necesario que tuviese un sueño, y luego leyese la Biblia y luego leyese otro libro que me condujese hasta el verso de Isaías? ¿Por qué Dios, sencillamente, no me explicó las cosas con claridad? Porque necesita que lo escojamos. Necesita que queramos encontrarlo. Si Dios nos diese instrucciones, no seríamos más que sus marionetas. Pero Él no creó un mundo lleno de marionetas. Creó gente que vive y respira, dotada de libre albedrío. No escogemos a Dios porque tengamos que hacerlo, sino que lo hacemos porque queremos.

Ahora creo que por eso presencié aquellos ataques demoníacos. Hablar de ellos, compartirlos, era lo que más miedo me daba. Pero lo cierto es que sucedieron y tuve que lidiar con ellos. Fueron un paso más en el proceso por el que reconocí que Dios es real. Al fin y al cabo, si esos demonios —el enemigo— me daban auténtico pavor, es que creía que el enemigo era real. Y si creía que él era real, ¿por qué no iba a creer que Dios también lo era? La razón de mi vulnerabilidad frente al enemigo era mi miedo. El enemigo se alimenta de miedo. Yo era como la oveja descarriada que se aleja del rebaño y obliga al pastor a ir a buscarla. El enemigo irá a por ti si ve que estás sola y tienes miedo. Y yo estaba sola y mortalmente asustada... hasta que me salvaron.

Hasta que Dios me encontró y yo encontré a Dios.

Escoger esta relación con Dios es la esencia de la salvación. La salvación no es un salvoconducto, que te permite hacer lo que te da la gana y te deja un historial limpio. Los pecados que cometes en la Tierra siempre tendrán consecuencias. Yo aún lloro por el niño que perdí cuando era más joven y se me parte el corazón cada vez que pienso en todas las malas decisiones que he tomado. Mi forma humana siempre llevará las cicatrices de aquellos pecados, pero como escogí a Dios por encima de todo lo demás, Él ha limpiado mi espíritu. Dios me ha proporcionado la salvación. Dios me ha bañado en su amor. Esto no quiere decir que salvación signifique únicamente reservar un sitio en el cielo. La salvación es algo que existe aquí, en la Tierra. Dios tiene un propósito para nosotros, aquí y ahora. Quiere que llevemos una vida de plenitud y bondad a mayor gloria suya. Pero no podremos hacerlo si nos atormentan los secretos y la vergüenza. Las murallas de nuestra salvación comenzarán a agrietarse y desplomarse y dejarán pasar al enemigo. Así que debemos llamar a nuestros muros Salvación y a nuestras puertas Alabanza. Debemos restaurar las murallas, ladrillo a ladrillo, para poder vivir en la plenitud y gloria de Dios.

La clave, en mi caso, fue la obediencia. Tardé mucho en llegar hasta ese punto, pero hoy, cuando oigo a Dios, lo obedezco. Recuerdo con toda nitidez haberle oído decirme que escribiría este libro. Fue tan claro como el día: «Voy a mandar a alguien para que te ayude a contar tu historia.» Y eso fue precisamente lo que sucedió. Créeme, lo más duro que he hecho nunca ha sido desnudar mi vida en estas páginas. Fue doloroso mostrarse tan transparente y tuve que luchar muchísimo para hacerlo.

Pero eso era lo que Dios quería que hiciese, así que eso es lo que hago. Salgo y cuento mi historia, y comparto el mensaje que Dios quería que compartiese cuando me envió de regreso aquí. ¿Y cuál es ese mensaje? Tiene muchas facetas, pero yo lo expresaría del siguiente modo:

«Dios es real y todos somos dignos de su amor y su salvación porque para Él lo somos.»

Puede que suene sencillo, pero para mí lo cambió todo. Fue la respuesta que había estado buscando tanto tiempo. Y ahora que la he encontrado, el mayor deseo que alberga mi corazón es que todo el mundo —todo el mundo— la encuentre también. Quiero que estén todos allí, conmigo, bañándose en el resplandor que irradia el amor de Dios. Hasta mi peor enemigo o los mayores pecadores del mundo. Me duele la idea de que alguien, sea quien sea, experimente lo contrario a lo que yo sentí con Dios. Nadie tendría que vivir en una oscuridad tan horrible.

Y del mismo modo que Dios perdonó mis pecados, ya no albergo rabia ni resentimiento algunos por ninguna de las personas que me han hecho mal en esta vida. Los amo profundamente y los llevo muy cerca de mi corazón: mi preciosa madre, que cometió errores pero nunca me abandonó ni dejó de luchar por mí; mi padre, que al igual que yo buscaba el amor y la aceptación, e intentó ser mi papá en la medida de sus posibilidades; mi padrastro, que a pesar de pasarse toda su vida luchando contra sus propios demonios, encontró el modo de demostrar amor a una niña pequeña cuando le fue posible; la gente que abusó de mí; los hombres que me maltrataron; y todo aquel con el que he tenido algún tipo de problema.

Pero lo más importante de todo es que me he perdonado a mí misma.

Todos nosotros somos creaciones perfectas de Dios, dignas de su amor.

CAPÍTULO 19

¿Y ahora qué?

¿Qué me depara el futuro, ahora que he muerto, he subido al cielo y he vuelto para compartir el mensaje de Dios? ¿Cuál es la siguiente parada en el increíble viaje que he emprendido? Simplemente no lo sé. Ninguno de nosotros conoce lo que le depara el futuro. Pero lo más bonito es que tampoco nos hace falta. «Porque yo sé los pensamientos que tengo acerca de vosotros —dice el Señor en Jeremías 29,11—, pensamientos de paz, y no de mal, para daros el fin que esperáis.»

En estos tiempos doy gracias a Dios por muchísimas cosas, pero sobre todo por mi familia, que tanta dicha y felicidad me regala cada día. Incluso la abuela Ernie, con todo lo que la echo de menos. Sigo acordándome de cuando me escondía debajo de su vestido y de cuando paseaba con ella por su precioso jardín, con aquellas losetas maravillosas. Ahora soy yo quien las tiene, en la entrada de casa. Y cada vez que las piso, recuerdo a mi abuela con nostalgia. Pero también sé que sigue conmigo, aquí, en mi corazón.

Hablo constantemente con mi padre por teléfono y ahora nos llevamos muy bien. Puedo contarle muchas cosas que no podría compartir con mi madre porque la alteraría, mientras que él, a quien nunca se le ha dado bien demostrar sus emociones, siempre mantiene la calma. Estamos descubriendo que cada vez nos resulta más fácil ser amigos. El otro día miré a Micah y él me devolvió la mirada, precioso, y lo aupé y le di un abrazo. Mientras lo hacía me di cuenta con sorpresa de lo mucho que se parecía a mi padre en las fotos de cuando tenía su misma edad. Eso hizo que me preguntara si mi padre me cogería alguna vez en brazos y me abrazaría de aquel modo. Hice una fotografía al niño, se la mandé a mi padre y le dije que lo quería. Era lo más parecido a un abrazo que podía regalarle.

Ahora me doy cuenta de que fue mejor padre de lo que nunca le reconocí. Y sé que me quiere mucho. Aquellos años que pasé en Illinois, dice ahora, fueron los mejores de su vida.

En cuanto a mi madre... en fin, la quiero, qué más puedo decir. Como ya he dicho, es la única persona que ha estado a mi lado toda la vida, incluso cuando nos llevábamos como el perro y el gato. Nunca he olvidado sus pequeños detalles de bondad y amor, e incluso me he apropiado de algunos de ellos —como las notitas en las servilletas que meto en las loncheras de mis hijos— para mi propia vida. He aprendido mucho de mi madre y aún sigo haciéndolo.

A los mellizos, gracias a Dios, les va muy bien. Cuando los ves correr por el salón detrás de unas pompas de jabón, cuesta creer que cuando nacieron apenas pesaban más que un paquete de azúcar. No alcanzo a expresar la alegría que me produce verlos con su padre, que los quiere con locura. ¿Y qué puedo decir de Virgil, el hombre más amable y cariñoso que jamás he conocido? Me apoya con una energía ardiente e inagotable. Dios es la roca en la que me sustento, sí, pero Virgil también.

Mi hijo JP está convirtiéndose en un hombre notable. Es cariñoso y amable con su hermanito y sus hermanitas y siempre está ahí para quien lo necesita. Ahora va al instituto y toca la trompeta en su banda. Y dedica su tiempo libre al violín, que también se le da bastante bien. No recuerda casi nada sobre el accidente de moto, aunque aún le duele la rodilla cuando llueve y no oye por el oído derecho. Siempre tiene que decirles a sus amigos:

—Ven a este lado para que pueda oírte.

Aún hay días en los que lo invade la furia, pero está trabajando muy duro para convertirse en la mejor persona posible. Su sueño era ingresar en el ejército, pero no puede por su problema de audición. Sin embargo, él lo acepta con resignación, gracias a la sólida y personal relación que ha entablado con Dios.

—Yo lo interpreto como que Dios está redirigiendo mi vida para que pueda hacer lo que Él quiere —dice—. Básicamente, me dejo llevar. Haré lo que Él me pida.

Ahora su sueño es ir a la universidad y convertirse en agente de policía, y estoy segura de que será uno excelente.

A mi preciosa hija Sabyre, que acaba de entrar en el instituto, también le encanta la música. Sueña con viajar a Nashville algún día y le encantan Ed Sheeran, Taylor Swift y el grupo Jesus Culture.* Confía en grabar su pro-

---

* Cantautor y guitarrista del Reino Unido, cantante y compositora estadounidense especializada en música *country* y grupo que interpreta música cristiana, respectivamente. *(N. del t.)*

pio demo y quizá labrarse una carrera como cantante. Si te digo la verdad, tiene una voz maravillosa, así que apuesto a que lo conseguirá. Incluso la han invitado a ingresar en el grupo de alabanza y plegaria de nuestra iglesia, lo que es un enorme honor y un gran logro. ¡Qué orgullosa me siento de ella! Sabyre no tiene apenas relación con su padre biológico, a pesar de que, Dios la bendiga, lo ha intentado. Hace no mucho le escribió una larga y sentida carta y se la envió a prisión, donde cumple condena, con la esperanza de que, al menos, pudieran hablar de vez en cuando. Pero él no ha contestado. Me partía el corazón verla mirar el buzón a diario. Pero como ya he dicho, los niños son bastante resistentes. Sabyre ha tomado la determinación de escribir a su padre una nueva carta cada semana, hasta conseguir que le responda.

Y en esas cartas luchará por un padre al que no recuerda y le presentará a un Dios al que él no conoce. Al igual que JP, tiene una relación muy sólida con Dios. El verano pasado fue a un campamento para cristianos y la experiencia le llegó al corazón hasta tal punto que al volver me dijo:

—Mamá, quiero que me bauticen.

Así que un caluroso día de agosto condujimos hasta el lago Altus, donde la gente acude a bañarse, a nadar y a tumbarse al sol. Sabyre pidió a Amber, que es como una hermana mayor para ella, que hiciese los honores.

—¿Tienes licencia para bautizarme? —le preguntó en broma.

—Oh, por favor... —respondió a Amber.

Pero fue a ver a su pastor y le preguntó si, en efecto, se necesita licencia para bautizar a alguien. Y resulta que lo único que hace falta es amor y pasión por Dios.

Mientras JP vigilaba a los mellizos en la orilla, Sabyre, Virgil, Amber y Brandon se metieron hasta la cintura en el agua. Yo sólo me metí hasta las rodillas para poder sacar las fotos. Como íbamos todos vestidos, la gente que pasaba por la playa nos lanzó algunas miradas bastante raras, pero me daba lo mismo: he descubierto que sentirse avergonzada es un pequeño precio a cambio de glorificar a Dios.

Amber se metió en el agua con la vieja y desgastada Biblia del rey Jaime de su abuelo, abierta en Colosenses 2:13,14. Mientras Brandon rodeaba a mi niña con los brazos, ella leyó:

—Y a vosotros, estando muertos en pecados y en la incircuncisión de vuestra carne, os dio vida juntamente con Él, perdonándoos todos los pecados; anulando el acta de los decretos que había contra nosotros, que nos era contraria, quitándola de en medio y clavándola en la cruz.

Entonces Brandon la ayudó a echarse hacia atrás y le introdujo la cabeza en el agua. La pobre Sabyre, que detesta los peces por alguna razón que desconozco, contemplaba aterrada la posibilidad de que alguna cosilla viscosa y escamosa la tocase, pero los peces decidieron mantenerse a distancia. Cuando Sabyre salió del agua fría, Amber le dijo:

—Ve y vive una nueva vida de amor y misericordia, una vida a mayor gloria de Dios.

El día era demasiado caluroso como para quedarse mucho tiempo por allí, así que volvimos a casa y celebramos el bautizo con una tarta helada. Los mellizos bailaron por todas partes, como suelen hacer, y todo el mundo pasó un día dichoso y alegre. Fue uno de los mejores de mi vida. Cuando estaba sentada en el sofá, rodeada por mi familia, pensé: «Gracias, Dios mío».

Antes de que pasara todo esto no sabía si existía Dios, pero ahora sé —con más certeza que nunca— que Dios es real.

Antes de todo esto, creía que no era digna de su amor y salvación, pero ahora sé que lo soy.

Antes de todo esto, me preguntaba cómo sería estar en presencia de Dios, pero ahora sé que es algo glorioso.

Y esto es algo que todos podemos saber.

No hace falta que mueras y subas al cielo. Para estar en presencia de Dios, lo único que tienes que hacer es elegirlo.

Lo único que tienes que hacer es creer.

Después de que muriese y subiese al cielo, mi madre rebuscó en algunos de sus viejos álbumes familiares y sacó esta foto de cuando yo tenía tres años. Llevo el mismo vestido con el que me vi en el cielo.

«Sin embargo, en todo esto somos más que vencedores por medio de aquel que nos amó.

Pues estoy convencido de que ni la muerte ni la vida, ni los ángeles ni los demonios, ni lo presente ni lo por venir, ni los poderes, ni lo alto ni lo profundo, ni cosa alguna en toda la creación, podrá apartarnos del amor que Dios nos ha manifestado en Cristo Jesús nuestro Señor.»

ROMANOS 8:37,39

AGRADECIMIENTOS

Crystal McVea

Quisiera dar las gracias a las siguientes personas, sin las que jamás habría podido contar mi historia.

A mi marido, Virgil. No hay palabras para expresar el amor que siento por ti. Eres el hombre más bondadoso, honorable y cariñoso que he conocido en mi vida. Tal como dice nuestra canción «Dios bendijo el camino enrevesado que me condujo hasta ti». Gracias por ser mi mejor amigo y el amor de mi vida.

A mis preciosos hijos, JP, Sabyre, Willow y Micah. Los cuatro sois fuente de alegría, amor y orgullo para mí. Gracias por una vida entera de cariño y risas.

A mis padres. Os quiero más de lo que seguramente haya sido capaz de transmitir alguna vez. Gracias por quererme cuando estaba creciendo y no asesinarme cuando era adolescente. Ahora que también yo tengo hijos, he desarrollado un nuevo aprecio por vosotros. No os habría cambiado por otros ni aunque hubiera podido.

A mi hermano Jayson. Fuiste mi compañero de correrías y has terminado por convertirte en uno de mis mejores amigos. Tu constante aliento y tu sentido del humor me han ayudado a seguir adelante en la vida. Siempre me ayudaste a reír en vez de llorar. Y para que quede constancia, mereció la pena desprenderse de mi perra por ti. Melissa, gracias por querer a mi hermano y completar su vida. ¡Me encanta tenerte como hermana!

A Kara Benton, que siempre ha creído en mi historia y en mí. ¡Gracias por alegrarme y por dejarme ser yo misma!

A Amber Taylor, por hacerme reír como nadie. Tu fe y tu ardor en Dios me inflaman (y los tuyos también, Brandon).

A Patricia y a Shearl, por ser una inspiración para mí. Gracias por compartir vuestra vida en este libro.

A Laura Schroff, por remover las aguas. Sin ti, nunca habría contado mi historia. ¡Dios ha tendido un hermoso hilo invisible entre ambas!

A todos mis amigos y mi familia, por prestarme vuestro ánimo, vuestro hombro cuando necesitaba llorar y vuestra fuerza en la plegaria. Vuestro amor y apoyo significan más para mí de lo que nunca sabréis.

Al personal de Howard Books, especialmente a mi maravillosa editora Jessica Wong y a Jonathan Merkh. Muchísimas gracias por hacer posible que haya contado mi historia. Dios me ha rodeado de gente maravillosa.

A Nena, Jan y Dupree-Miller, por ser los mejores agentes del mundo.

Y por último, pero desde luego no menos importante, a Alex Tresniowski. Dios me prometió enviar a alguien para contar mi historia y ha merecido la pena esperar a que llegases. No sólo te has convertido en mi amigo; ya eres parte de mi familia para siempre.

Alex Tresniowski

Ante todo, quisiera expresar mi enorme agradecimiento a Crystal McVea por dejar que la acompañe en su maravilloso viaje. A tu lado he aprendido muchísimo sobre el valor y la fe y me considero afortunado por poder llamarte amiga. Seremos camaradas para siempre. Gracias también a Virgil y a vuestros maravillosos hijos, JP, Sabyre, Micah y Willow, por hacerme sentir parte de vuestra hermosa familia.

Gracias a mi querida amiga Laura Schroff por cambiarme la vida y hacer que este libro fuese posible. Eres la persona más generosa que conozco. Gracias a todo el personal de Howard Books, y sobre todo a otra introvertida como yo, Jessica: eres brillante. Gracias a Nena Madonia y a Jan Miller: sois las mejores. Gracias a mi compañero de golf, Mark Apovian, y a J por *La vida de Pi*. Gracias a Fran, Rich, Zachary, Emily, Tam, Howic, Nick, Susan y Humboldt por ser la mejor familia que se podría tener. Gracias a Manley, Guy, LiLi, Nino, She She y Ders por estar en mi corazón. Gracias a Amy, Neil, Siena, Karen, Greg, Ollie, Cutler, Jen, Kate, Angie y Lindsay por hacerme sentir tan afortunado.

Y gracias a ti, Lorraine Stundis, por todo.

GUÍA DE LECTURA

Despertar en el cielo es la autobiografía de Crystal McVea y la historia del día en el que, durante nueve minutos, murió, subió al cielo y estuvo en presencia de Dios. En este relato extraordinario, la autora comparte con sus lectores la experiencia de caminar con Dios hacia las puertas del cielo, un lugar tan lleno de luz y amor que no quería abandonarlo para regresar a la Tierra. Sin embargo, milagrosamente, revivió y recobró la conciencia en una habitación de hospital llena de médicos y enfermeras, junto a su madre. Su encuentro con Dios la convirtió en una creyente, a pesar de su complicado pasado. En *Despertar en el cielo*, Crystal comparte su historia —tanto las partes buenas como las malas— con la esperanza de difundir el mensaje de amor y redención de Dios.

PREGUNTAS PARA EL DEBATE

1. *Despertar en el cielo* se inicia con una carta de Laura Schroff, autora de *El hilo invisible*. ¿Cómo contribuye esta carta a enmarcar la historia de Crystal? ¿Qué crees que hizo que Laura prestara atención a su mensaje?

2. Volvamos a recordar el momento en que muere Crystal. ¿Cuál es tu reacción a la escena de su muerte? ¿Son los detalles —la luz brillante, la calidez, el amor— los que esperabas? ¿Por qué crees que Crystal optó por comenzar su relato con el momento de su muerte, en lugar de hacerlo con su complicada infancia?

3. Crystal describe la primera persona a la que vio en el cielo, ella misma: «Al contrario que en la Tierra, donde vivía atormentada por dudas y temores, en el cielo no había otra cosa que una certeza total sobre mi identidad. [...] Me invadió un profundo conocimiento de mí misma [...] para dejar al descubierto, por primera vez, a la auténtica yo». ¿Por qué crees que Dios nos muestra a nosotros mismos cuando llegamos al cielo? ¿Crees que a todo el mundo le espera él mismo? ¿Qué descubrió Crystal sobre sí misma, con enorme sorpresa? ¿Qué crees que podría revelarte Dios sobre ti?

4. Se diría que Crystal se ha pasado su vida entera perseguida por la muerte, comenzando por el momento en que su padrastro, Hank, entró en su dormitorio y le disparó con un fusil. ¿En qué otros momentos de su historia se ve Crystal cara a cara con la muerte? ¿Qué sentido les atribuyes a todos estos encuentros?

5. «El denominador común era yo. El problema tenía que estar dentro de mí», dice Crystal con relación a los abusos que sufrió de niña. ¿Crees que la reacción visceral de Crystal, culparse a sí misma, es habitual? Describe algún momento de tu vida en el que algún patrón de circunstancias te haya hecho sentir culpable, aunque se tratase de una situación que escapaba a tu control.

6. Uno de los temas centrales de la historia de Crystal es el perdón: con respecto a sí misma, a sus padres y a quienes abusaron de ella. ¿Por qué crees que es tan importante el perdón para ella? ¿Por qué sólo fue capaz de encontrar perdón en su corazón después de haber muerto y conocido a Dios?

7. ¿Cómo ha modelado el sufrimiento a la persona que es Crystal hoy en día? ¿De qué maneras ha sufrido física, mental, económica y espiritualmente? ¿Has tenido problemas similares en tu vida? ¿Crees, como ella, que el sufrimiento puede acercarnos a Dios y que «nuestros peores momentos son precisamente aquellos en los que con más intensidad se revela la gracia de Dios»? ¿Por qué?

8. Hablemos de Virgil. ¿Qué papel desempeña en la «salvación» de la vida de Crystal? ¿Qué crees que lo caracteriza? ¿Lo ves como una especie de ángel? Se-

gún Crystal, Virgil aportó estabilidad a su vida, pero ¿qué más aportó?

9. Crystal considera sus encuentros demoníacos como pruebas enviadas por Dios para fortalecer su fe. ¿Cómo los describirías tú?

10. ¿De qué modo, según Crystal, Dios la hizo sentir «entera» y por qué es un sentimiento tan importante?

11. ¿Cuál considera Crystal que es la misión que le ha encomendado Dios? ¿Qué la llevó a darse cuenta de que ésa era su misión? ¿Cuál crees que es la tuya?

12. Crystal define del siguiente modo el mensaje de Dios: «Dios es real y todos somos dignos de su amor y salvación porque Él nos encuentra dignos». Crystal concibe el papel de Dios como el de un padre que ama a sus hijos. ¿Ves a Dios como una figura paterna? Si tuvieses que definir el mensaje de Dios para ti, ¿cómo lo harías?

13. ¿Crees que es importante que conozcamos la historia de la muerte y regreso a la Tierra de Crystal? ¿Por qué razón? ¿Qué nos enseña *Despertar en el cielo* sobre la fe ciega?

ACTIVIDADES ADICIONALES
CÓMO MEJORAR TU CLUB DE LECTURA

1. En *Despertar en el cielo*, Crystal cita las Escrituras con
frecuencia para explicar el plan de Dios para su vida.
Lee en voz alta ante tu grupo la siguiente cita de Romanos 8:37,39:

> Sin embargo, en todo esto somos más que vencedores
> por medio de aquel que nos amó.
> Pues estoy convencido de que ni la muerte ni la vida, ni
> los ángeles ni los demonios, ni lo presente ni lo por venir,
> ni los poderes, ni lo alto ni lo profundo, ni cosa alguna en
> toda la creación, podrá apartarnos del amor que Dios nos
> ha manifestado en Cristo Jesús nuestro Señor.

> ¿Por qué crees que Crystal decidió cerrar su libro
> con estos versículos? ¿Por qué pueden servir como si-
> nopsis de la obra? ¿Ha habido algo en tu vida que
> haya tratado de apartarte del amor de Dios? ¿Cómo
> superaste la separación y recobraste la fe? Comparte
> con tu grupo los pasajes de las Escrituras que te hayan
> ayudado a superar tus pruebas de fe o la separación
> de Dios.

2. Crystal menciona la belleza de su estado natal, Oklahoma, una tierra que describe como «extensa, llana y

muy hermosa». Cita además al poeta indígena americano N. Scott Momaday, quien escribió también sobre esta región, donde (según él) «empezó la creación». Lee en voz alta con tu grupo el poema de N. Scott Momaday *The Delight Song of Tsoai-talee* (puedes encontrarlo en The Poetry Foundation: <www.poetryfoun dation.org/poem/175895>). ¿Cómo se relaciona este poema con el mensaje de Crystal de que Dios nos ama y nuestras vidas son valiosas a sus ojos? ¿Qué verso del poema es el que más te conmueve? ¿Por qué?

3. Gracias a los empujoncitos de Dios, Crystal tuvo la oportunidad de conocer a personas muy distintas. Es más, estos empujoncitos la ayudaron a adentrarse por caminos que por sí sola quizá nunca hubiera transitado. Uno de ellos se produjo mientras estaba viendo el programa del Dr. Phil. Su mensaje a Laura Schroff desembocó en la creación de *Despertar en el cielo*. Lee con tu grupo el libro de Laura, *El hilo invisible*. ¿Por qué razón, en tu opinión, Dios dio a Crystal el «empujoncito» de ponerse en contacto con Laura? ¿Qué conexión existe entre ambas historias? ¿Cómo se manifiesta el amor de Dios en la historia de Laura? ¿Y en la de Crystal? ¿Y en la tuya?

PREGUNTAS PARA CRYSTAL McVEA

Dices que tu última comunicación directa con Dios fue la más intensa porque te dijo «Cuéntales lo que puedas recordar». ¿Por qué fue el mensaje más intenso e importante? ¿Por qué crees que Dios quería que contaras tu historia?

Cuando Dios me dijo «Cuéntales lo que puedas recordar» lo que estaba diciéndome era lo que tenía que hacer con el resto de mi vida. Fue muy importante oír algo así en boca de Dios, directamente. Por eso me envió de regreso y por eso hoy estoy aquí y no en el cielo. Porque Dios aún tiene planes para mí en la Tierra. Y ahora comprendo que la razón por la que quiere que cuente la historia de mi vida es que puede ayudar a toda esa gente que hay por ahí y que está pasando por los mismos problemas y afrontando los mismos retos que yo en su día. Dios quiere enviarles el mensaje de que es real y los ama y son dignos de su amor, que es el mismo que me comunicó a mí. Y creo que la historia del tiempo que pasé en el cielo, por sí sola, no tendría tanta fuerza sin la historia de mi vida y de la persona que era antes de conocer a Dios.

En Despertar en el cielo *alternas entre tu encuentro con Dios y la historia de tu vida, pasada y presente. ¿Por qué decidiste estructurarla de este modo? ¿Crees que el formato no lineal refleja la forma que tiene Dios de comunicarse con nosotros?*

La verdad es que Dios ha estado en mi vida desde siempre y lo estará para siempre, sólo que yo no era consciente de ello. Es como aquellos sueños que me envió y que yo no entendía. Sólo al cabo de los años, al mirar atrás, pude comprender que eran cosa de Dios, su manera de decirme algo. Así que desde mi punto de vista, el hecho de que los capítulos del cielo aparezcan a lo largo de toda la obra es una manera de reforzar la idea de que Dios siempre ha estado ahí para mí, de que no hubo ningún período en toda mi vida en el que no estuviese. Dios siempre ha estado presente en mi vida, aunque no me diese cuenta de ello. Y mi pequeña visita al cielo me permitió volver a mirar mi vida con una nueva perspectiva y darme cuenta de que siempre estuvo ahí. Y quería que el libro transmitiese la misma sensación: la de que Dios siempre está ahí, tratando de comunicarse con nosotros, incluso en los peores momentos de nuestra vida.

Cuando hablas de «el enemigo», ¿te refieres al Diablo o a otra forma de maldad? En tu opinión, ¿cómo podemos reconocer a este «enemigo»?

Cuando hablo del «enemigo», me refiero a Satán y al reino demoníaco. En Juan 10 y otros muchos versículos de las Escrituras, Jesús nos advierte sobre él. Hay mucha gente que cree en Dios pero no en el enemigo del que Jesús nos habla. Una de mis citas favoritas dice «El mayor truco del Demonio ha sido convencer al mundo de que no existe». Imagínate el caos que puede sembrar en tu vida si no crees que sea real. Creo que podemos recono-

Preguntas para Crystal McVea

cer la obra de Satán y de los demonios con sólo escuchar las advertencias de Jesús: que el enemigo viene a matar, robar y destruir.

Hablas de las muchas mujeres que han querido compartir sus historias de luchas y corazones rotos tras escuchar tu testimonio. ¿Crees que tu historia es especialmente importante para las mujeres que han sido objeto de abusos? ¿Crees que tu vocación principal es dotar de fuerza a las mujeres?

Es cierto que muchas mujeres han acudido a mí para contarme su historia, pero creo que mi testimonio está dirigido a cualquiera que esté buscando a Dios, sea hombre o mujer. Las cosas por las que pasé —el aborto, los abusos sexuales, el abandono— no son cosas que afecten sólo a las mujeres. El aborto también afecta a los hombres. Y los abusos sexuales. Ahora bien, puede que mi historia sea especialmente relevante para las mujeres porque se cuenta desde la perspectiva de una mujer y las mujeres pueden sentirse identificadas con las cosas de las que hablo. Pero realmente creo que mi testimonio puede ser importante para cualquiera que se pregunte «¿Dios es real? ¿Dios me ama? ¿Soy importante?». Dar con la respuesta a estas preguntas puede dotar de fuerza a cualquiera, con independencia de que sea un hombre o una mujer.

Hablemos un poco más de los «empujoncitos» de Dios. ¿Cómo consigues distinguir tu voz de la de Dios?

Cuando Dios me dice que haga algo, normalmente se trata de alguna cosa que no quiero hacer o me resulta embarazosa. Es como el día que vi a Laura Schroff en el programa del Dr. Phil y Dios me dio uno de sus empujoncitos para que me pusiera en contacto con ella y le pidiese que me ayudase con mi libro. Yo no quería hacerlo. No tenía ganas de ponerme en contacto con una completa desconocida para contarle mi vida y recé una vez tras otra para no tener que hacerlo. Pero Dios siguió dándome sus empujoncitos hasta que finalmente lo hice. Y funcionó. O como la vez que quería que le diese a la camarera una propina de cien dólares. Era lo último que yo habría hecho por mí misma, porque, simplemente, no tenía aquel dinero. Pero lo más bonito de los empujoncitos de Dios es que normalmente me enseña por qué quería que hiciese algo cuando por fin lo he hecho. Y puedo notar la diferencia entre mi voz y la de Dios, porque la mía siempre titubea y duda de todo, mientras que la suya es firme.

¿Crees que el primer paso para creer en el amor de Dios es el perdón? ¿Cuál fue el primer paso que tuviste que dar para convertirte en creyente?

En mi caso, el primer paso para llegar a creer en Dios fue entablar una relación con Jesucristo. Empecé a hablar con Él. Le pedí que entrase en mi vida y mi corazón. Me habían atormentado las dudas durante toda mi vida. Pero incluso cuando no estaba segura, seguí hablando con Jesús y Dios. Desde la niñez hasta el momento de mi muerte, siempre estuve haciéndole preguntas a Dios y pidiéndole que me demostrara cosas. Mi corazón estaba abierto a la posibilidad de que fuese real y de que me amase, aunque no lo estuviera mi cerebro. En mi caso, la capacidad de perdonar llegó más tarde.

Si tuvieras que decir cuál es el tema de tu historia, ¿cuál sería y por qué?

Ay, madre, ni idea. Creo que mi vida es como la de cualquier otra persona y que todas nuestras vidas son una incesante búsqueda de Dios. Y Dios nunca deja de perseguirnos, por muy lejos que nos extraviemos, por muy bajo que caigamos. Así que supongo que el tema de la obra podría ser que el amor de Dios nunca nos falta. Nunca. Y cuando nos percatamos de ello, lo cambia todo. Así que mi historia trata sobre mi búsqueda de Dios y la búsqueda de Dios de mí. La cuestión es que yo siempre la he visto como una bonita historia de amor. Es una historia sobre todas las cosas maravillosas que ha hecho por mí en este viaje. Es una historia sobre el amor que siente Dios por mí y por todos nosotros.

¿Qué ha sido lo peor de compartir tu historia con el mundo? ¿Y lo mejor?

Lo peor ha sido desvelar ante el mundo entero la totalidad de mi vida, en todos sus aspectos, cosa que realmente no deseaba hacer. Mostrarse de manera tan transparente, tan abierta sobre todos los aspectos de mi vida, ha sido muy, muy duro. Pero Dios me dijo que lo contara todo, así que eso es lo que he hecho. Y lo mejor ha sido comprobar lo que hace Dios en las vidas de otros a través de mi testimonio. He sido testigo de un hecho extraordinario que ha sucedido por la gracia de Dios y por lo que Él ha hecho por mí. Mira, no soy una gran oradora y, de hecho, me desagrada mucho tener que hablar delante de grupos grandes de gente. Pero cuando la gente me cuenta lo que Dios ha hecho en sus vidas a través de mi historia, siento que merece la pena.

¿Qué consejo les darías a los lectores que no tengan fe?

Normalmente, cuando hablo con una persona que no es creyente le digo: «Mira, no puedes ser más escéptica de lo que era yo. Te aseguro que te entiendo». Y entonces les explico que lo que tienen que hacer, a toda costa, es mantener la fe en que Dios es real. No deben dejar de perseguirlo, de tratar de encontrarlo, de hablar con Él. No deben cerrar esa línea de comunicación. No deben sacarlo de sus vidas. Es lo mismo que pasa en las relaciones interpersonales: no puede haber relación sin comunicación. Tienes que mantener las líneas abiertas. Hoy en día hablo constantemente con Dios. Cuando friego los platos, o paso la aspiradora, o estoy en el coche... En todo momento. Y no sólo de cosas buenas. A veces digo: «Dios, hoy ha sido un día asqueroso». Pero si no tienes fe, lo que debes hacer es seguir intentándolo, hablando y buscando, y al final Él te encontrará.

Describe el proceso de creación de este libro. ¿Te envió Dios algún «empujoncito» en alguna dirección concreta? ¿Crees que Dios te ordenó que compartieses esta historia con el mundo?

El proceso de convertir este libro en realidad bastaría para escribir otro libro entero. Estuvo repleto de giros, sorpresas y acontecimientos extraños. E incluso cuando las cosas estaban saliendo bien y el libro comenzaba a convertirse en una realidad, lo único que oía por todas partes era «las cosas no suelen salir así. Los libros no se editan de este modo». Así que sabía que era obra de Dios. Fue Dios el que me envió a Laura Schroff y a la persona

Preguntas para Crystal McVea

con la que he escrito la obra, Alex Tresniowski, quien a su vez me puso en contacto con Howard Books. Y el proceso en sí fue muy duro y hubo veces en que me pregunté si Dios habría cometido un error al elegirme a mí. Pero al final todo salió bien. Así que sí, estoy convencida de que Dios quería que compartiese mi historia y me envió a la gente apropiada y por eso no pude quedarme a su lado en el cielo. Porque su plan para mí en la Tierra no había concluido aún.

¿Qué lección esperas que saquen los lectores de esta historia?

Mucha gente no se da cuenta de que Dios la ama y es totalmente digna de su amor. Así que la lección es que, al margen de lo que hayas hecho y de quién seas, siempre eres digno porque Dios te ama. Eres importante porque eres hijo de Dios. Todos y cada uno de nosotros, incluso aquellos que no creen en Él: Dios nos ama y nos encuentra dignos de su amor. No siempre es algo fácil de comprender o aceptar. En la historia de mi vida hay muchos pecados distintos, incluido uno que yo creía demasiado horrible para perdonarlo. Pero a pesar de ello, Dios me encontró digna de su amor y decidió acompañarme. Dios nos hace partícipes a todos. Quiere a la gente que abusó de mí tanto como a mí. Así que espero que la gente que lea mi historia se dé cuenta de que el amor de Dios es vasto, poderoso y completo, y que tienen reservado un sitio a su lado, en el esplendor de su amor.